감정평가사가 풀어 쓴
보상금 설명서

감정평가사가 풀어 쓴 보상금 설명서

발행일   2020년 9월 11일

지은이   조훈희
펴낸이   손형국
펴낸곳   (주)북랩
편집인   선일영   편집   정두철, 윤성아, 최승헌, 이예지, 최예원
디자인   이현수, 한수희, 김민하, 김윤주, 허지혜   제작   박기성, 황동현, 구성우, 권태련
마케팅   김회란, 박진관, 장은별
출판등록 2004. 12. 1(제2012-000051호)
주소   서울특별시 금천구 가산디지털 1로 168, 우림라이온스밸리 B동 B113~114호, C동 B101호
홈페이지 www.book.co.kr
전화번호 (02)2026-5777   팩스   (02)2026-5747

ISBN   979-11-6539-382-3 03360 (종이책)   979-11-6539-383-0 05360 (전자책)

이 도서의 국립중앙도서관 출판예정도서목록(CIP)은 서지정보유통지원시스템 홈페이지(http://seoji.nl.go.kr)와
국가자료공동목록시스템(http://www.nl.go.kr/kolisnet)에서 이용하실 수 있습니다.
(CIP제어번호: 2020039016)

공공사업 보상 현장의 **생생한 이야기**

감정평가사가 풀어 쓴

보상금 설명서

조훈희 지음

북랩 book Lab

머리말

2008년 2월, 숭례문이 불길에 휩싸였다. 온 국민은 충격과 안타까움 속에서 방화로 인한 국보의 훼손을 지켜보아야 했다. 그런데 저자가 받은 충격은 남달랐으니 방화의 이유가 보상금에 대한 불만에서 비롯되었다고 알려졌기 때문이었다. 보도에 따르면 방화자는 도로 개설사업에 토지와 건물을 제공하였으나 사업자로부터 받은 보상금이 적어 불만을 품게 되었고, 급기야 우리나라 국보 제1호인 숭례문에 불을 지름으로써 억울한 심정을 사회에 표출하였다고 한다.

무엇이 평범했을 개인에게 이런 행동을 하게 만들었을까? 그 맺힌 한이나 분노가 얼마나 컸을까? 제도의 문제일까, 개인의 일탈일까? 보상금이 조금 더 많이 책정되었더라면 이러한 행위를 하지 않았을까? 정상적인 법적 절차를 모두 거쳤다고 하였는데, 왜 불만과 분노가 해소되지 못하였을까? 이런 일이 재발하지는 않을까?

공공사업의 보상과 관련된 일을 하는 저자에게는 여러 가지 생각들이 꼬리를 물었다. 피보상자들의 권익 보호를 위해 관련 제도를 개선하고 보상금을 적정한 수준으로 책정하는 것이 무엇보다도 중요하겠지만, 보상을 받는 이들이 법과 제도를 이해하여 보상의 각 과정에서 합리적이고 합법적으로 대처할 수 있도록 관련 법령과 실무 사례 등을 알기 쉽게 전달하는 것도 필요하다는 생각을 하게 되었다.

본서는 이러한 취지에서 쓰였다. 보상과 관련된 법령과 사례를 누구나 이해하기 쉽게 제시하여 국민의 재산권 보호와 원활한 공익사업의 시행이라는 두 가지 병립하는 목표의 구현에 작은 도움이라도 되고자 한다.

　　공익사업에 수용되어 보상을 받는 이들이 보상의 절차와 내용, 기준 등을 이해하여 자신이 받을 보상의 여러 양태를 가늠하고 각각의 절차에 맞추어 적절하게 대응함으로써 스스로 재산권을 보호하면서, 어렵고 답답한 문제라도 법의 테두리 내에서 순리적으로 해결하는 데 도움이 되었으면 한다.

　　사업시행자의 보상 업무 담당자는 업무수행 과정에서 나타나는 유사 사례나 처리방식을 공유할 수 있을 것이며, 피보상자의 일을 대행하는 것을 업으로 하는 사업자들은 사례를 참고하여 그들의 권익 보호에 활용하면 좋을 것 같다. 감정평가사 수험생은 복잡하고 까다로운 보상 법령을 쉽게 이해하는 데 도움이 될 것이다. 그리고 부동산에 관심이 있는 일반인은 가볍게 보상의 이론과 실무를 접하면서 보상을 통한 부동산 투자도 경험할 수 있을 것으로 생각한다.

본서는 다음과 같이 구성되어 있다. PART 1에서는 공익사업의 시행에 따른 토지 등의 수용과 보상의 배경 그리고 근거를, PART 2에서는 보상금 산정 및 수령의 절차와 방법 등을, PART 3에서는 대상별 보상의 구체적인 기준을 설명한다. 사례 설명과 법령 해석을 중심으로 하되 필요한 범위에서 법령 조문을 제시한다. 업무 지침서나 수험서가 아니므로 주로 보상 현장에서 쉽게 만날 수 있는 사례를 제공하여 내용의 딱딱함을 줄이고자 하였다.

간간이 부동산 투자의 관점으로도 설명할 것이다. 수용과 보상은 국가나 공공기관에 토지 등을 매도하고 보상금을 받는 일종의 부동산 거래 과정이므로, 때로는 재테크의 수단이 되기도 한다. 일반적인 거래와는 다른 보상액 산정 방법을 이해하여 단기간에 고수익을 얻는 경우를 주변에서 적지 않게 목격하고 있다.

비교적 소수의 보상 업무 담당자들만 공유하던 정보와 지식을 제공함으로써 공공사업시행이 어려워질까 염려할 필요는 없다고 본다. 현대사회에서 피보상자의 무지를 이용한 미보상 또는 저가 보상은 있을 수 없다. 공개된 정보와 지식으로 인해 온전한 보상이 가능하다면 오히려 불필요한 갈등이나 분쟁을 예방하는 데 도움이 될 것이다.

재량의 여지 없이 법률 규정에 따라 집행되는 냉정한 수용과 보상의 현실을 설명하다 보니 혹시 보상받는 이들의 맺힌 감정을 풀어주지는 못하면서 현실의 견고한 벽만 실감하게 하는 것이 아닐까 우려도 된다. 그래도 저자의 바람이 조금이라도 이루어지기를, 특히 공공사업에 편입되거나 편입이 예정된 이들의 재산 보전과 불안감의 해소에 도움이 되기를 기대한다.

끝으로 보다 살기 좋은 국토를 만들어가는 전국 각지의 보상 업무 담당 공직자들과 관련 사업자들의 노고에 감사드린다.

2020년 9월

조훈희

목차

PART 3 사례별 보상액 산정

PART 1

수용과 보상

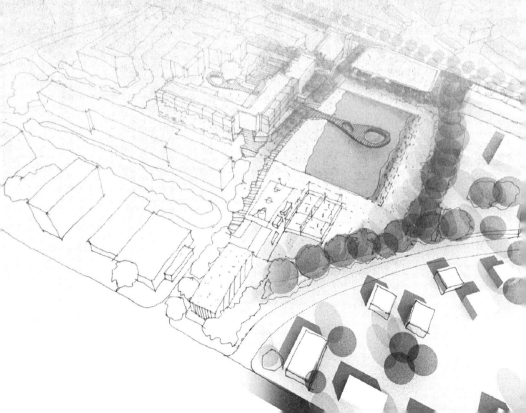

보상을 받게 되면
항상 손해를 보는가

국가에서 토지나 주택과 같은 개인의 재산을 수용하고 보상금을 지급하는 경우, 그 소유자는 일반적으로 큰 손해를 보는 것으로 알려져 있다. 종종 TV 화면에서 공익사업의 시행자를 성토하는 시위대의 모습이 보이기도 하고 일간지의 경제면이나 사회면에서 보상금에 대해 불만을 표출하는 사회적 약자의 목소리와 법을 등에 업고 사업을 밀어붙이는 공공기관의 행태를 다루는 기사가 등장하기도 한다. 보상을 받으면 손해를 본다는 인식이 상식으로 굳어져 있는 듯하다.

이에 대해, 그럴 수도 있지만 그렇지 않은 경우도 많다고 이야기하고 싶다. 토지 등이 공익사업에 수용되고 보상금을 받을 때 일부는 손해를 보기도 하겠지만, 손해보다는 오히려 이익을 얻기도 하고 보는 관점에 따라 손해냐 이익이냐의 헤아림이 달라질 수도 있다고 말하려고 한다. 어쩌면 공익사업에 수용되는 토지나 건물 소유자들의 가슴에 박히는 대못이 될 수 있는 말을 이렇게 할 수 있는 이유와 속사정을 이제부터 이야기해 보겠다.

그에 앞서 그냥 돈으로 환산된, 이른바 재산권의 경제적 가치라는 이름으로 산정되는 보상금 속에 조상 대대로 이어 내려온 문전옥답의 의미나 신혼 시절부터 손때를 묻혀 가꾸어 온 오래된 주택의 가치, 새끼줄을 매어 나팔꽃을 키웠던 고향집의 추억까지는 계산되지 않았을 것이라는 점은 미리 전제해야 할 것 같다.

　도로나 철도를 건설하는 사업, 택지개발을 하는 사업 등 공익사업을 시행하려면 사업 주체는 사업지구에 편입되는 토지나 주택, 수목, 공장 등을 모두 취득하거나 권리를 확보하여야 한다. 이것을 간단히 '수용'이라고 하며 재산권의 수용에 따른 대가를 소유자에게 지급하는 것을 '보상'이라고 한다. 이 과정에는 각각의 역할을 하는 당사자들이 존재한다. 보상금을 책정하는 과정에서 중요한 역할을 담당하는 당사자는 크게 나누어 '토지 등의 소유자'와 사업을 시행하는 '사업 주체', 지방자치단체나 국회, 언론 등 직간접적으로 영향을 미치는 '관계기관', 그리고 직접 보상액을 산정하는 '감정평가사'가 있다. 이제부터 보상금 책정 과정을 이들 당사자 각각의 시각에서 바라보기로 한다.

　우선 보상을 받는 토지 등의 소유자 관점에서 생각해 보자.
　수용과 보상의 과정은 당사자들의 자발적인 의사에 따라 이루어지는 사적인 거래가 아니다. 매도인의 의사를 묻지 않고 엉뚱하게 매수인이 일방적으로 가격을 정해놓고 계약을 하자며 통보하는 형식이기 때문에 여간해서는 매도인에게 거래에 따른 만족감을 주기가 어렵다. 가격도 가격이지만 본인의 의사가 반영되지 않는 일방적인 절차로 인해서 협의 단계 이전부터 거래 자체에 대한 거부감과 불신이 매우 크다.
　일단 보상이 예상되면 목소리를 높이는 것이 여러모로 필요하다. 높은 목소리를 내는 것은 보상액이 확정되기 전에 사업 주체와 관계기관, 감정평가사에게 의사를 전달하는 방법이다. 이 의사전달 과정이 분쟁으로 확대되어 가끔 언론에 등장하기도 한다.

이후 보상액이 확정되고 통보되면 소유자들의 생각은 세 가지로 나뉜다. 첫째는 그런대로 만족한다는 생각, 둘째는 만족하지는 못하지만 받아들일 수밖에 없다는 생각, 셋째는 만족하지도, 받아들이지도 못하겠다는 생각이다.

첫 번째 생각을 하는 이들은 크게 목소리를 높일 필요가 없다. 오히려 이웃이나 친지들이 보상받은 사실을 알게 될까 봐 조심하는 경향이 있다.

"보상금 많이 받으셨어요?"라고 가까운 친척이 묻는다면, "엄청 많이 받았어요."라고 답하는 이들은 거의 없다.

"많이 받기는요. 조금밖에 못 받았어요." 또는 "땅 가지고 있다가 수용되어서 괜히 손해만 보았네요."라고 대부분은 부정적인 답변을 한다. 자랑삼아 이야기할 필요가 없을뿐더러, 행여나 주변의 누가 돈을 빌려달라고 하거나 자선을 요구할까 하여 엄살을 부리기도 한다.

두 번째 생각을 하는 이들은 성향이나 상황에 따라 조금씩은 다른 반응을 보인다. 외부로 불만을 표시하기도 하고, 보상금 액수를 쉬쉬하기도 한다. 목소리를 높여 집단행동에 동참하기도 하지만 쉽게 보상금을 수령하기도 한다. 나름 손해는 보지 않았다고 스스로 위안하면서, 새로운 정보나 추가적인 보상대책에 귀를 기울이는 등 적절하게 처신하며 실리를 찾는다.

세 번째 생각을 하는 이들은 목소리를 내지 않을 수 없다. 실제 손해를 보았거나 보았다고 생각하고 있기에 어떤 방법으로든 외부로 불만을 표출한다. 사회문제로 공론화하여 억울함을 호소하고, 보상금이 재산정되어야 한다고 주장하거나 보상금 이외에 추가적인 대책을 마련해 달라고 적극적으로 요구한다. 이러한 주장과 요구는 분쟁의 모습으로 자주 등장한다.

이같이 보상이 시작되기 전에는 당연히 보상금이 낮게 책정될 것이라고 우려하는 목소리만이 들리고, 보상이 이루어졌을 때는 불만과 성토의 아우성밖에 없다. 만족하는 사람이 있을지라도 이들의 목소리는 들리지 않는다. 이들은 조용히 금융기관별 이자율을 비교하거나 새롭게 매수할 토지를 찾아보는 등 보상금을 활용할 계획을 세우고 있다. 그러나 보상금에 불만을 가진 이들은 외부를 향해 목소리를 높인다. 이들의 목소리는 매우 크고 또한 간절하기에 호소력이 있다. 외부에서 주목하지 않을 수 없다.

보상금을 받기 전이나 받은 후나 상황이 모두 이러하니 언론이나 소문을 통해서만 보상 소식을 접하는 일반인은 '보상금은 항상 낮게 책정되는구나.'라고 생각할 수밖에 없다. 이것이 반복되면서 보상금이 낮게 책정된다는 것은 상식으로 굳어지게 된다.

다음으로는 사업 주체의 위치에서 살펴보자.

일반적으로 사업 주체는 비용을 아끼려 한다고 알려져 있다. 비용을 아낀다는 것은 보상금을 적게 책정하는 것이다. 학자들이나 언론 관계자들과 같이 보상에 관한 어느 정도 지식이 있는 이들을 포함한 많은 국민은 일반적으로 비용을 아끼려는 사업 주체가 보상금 산정 과정에 개입하여 보상금 액수가 낮아지도록 한다고 생각하는 것 같다.

간단히 처지를 바꾸어 이 글을 읽고 있는 여러분이 공무원이든 공공기관 직원이든 보상을 담당하는 사업 주체의 실무자라고 생각해 보자. 보상액을 낮게 책정하여 국가 예산이나 소속 기관의 비용을 절감한다면 아마 뿌듯한 마음이 들고 자부심도 가질 수 있을 것이다. 그런데 상급기관이나 감사부서, 심지어는 내부의 상급자까지 비용 절감 사실을 알지 못한다. 높다 낮다 말할 수 있는 기준 금액이 명확하지 않기 때문이다.

해당 공익사업 착수 이전에 예상 보상액을 분석했을 수 있지만, 그것은 과거 시점에 개략적으로 이루어진 내부 추정일 가능성이 크다. 감정평가를 통해서 시세 혹은 적정가격이라는 추상적 개념이 구체적인 화폐 단위의 보상금으로 확정되기 때문에 과거에 추정한 예상 사업비를 기준으로 비용을 절감했다고 말하지 않는다. 오히려 사전 분석과 예측을 잘못했다는 비판을 들을 수도 있다. 보상액을 절감하여 국가나 기관에 공헌하였다는 평가는 기대하기 어렵다.

그런데 보상액이 낮게 책정되면 현실적으로 어떤 일이 일어나게 될까? 당장 토지 등의 소유자들로부터 심한 민원이 제기된다. 서류 또는 전화에 의한 민원은 사무적으로 처리할 수 있으니 그래도 견딜 만하다. 그런데 심한 경우 성난 민원인들이 사무실로 찾아와 책상을 뒤엎기도 한다. 험한 말을 듣거나 신체적으로 위협을 당하는 일은 비일비재하다. 언론에서 취재를 나오기도 한다. 그 과정에서 큰 스트레스를 받게 된다. 관리자의 처지와 상황도 실무자와 거의 같다.

보상금액이 높게 책정되어 많은 소유자가 만족하게 되면 어떻게 될까?

"요즘 보상금은 예전과 다르게 나름 괜찮은 듯합니다."

"과장님께서 신경을 좀 쓰신 것 같네요."

언쟁이나 다툼 없이 원활하게 보상이 이루어지며, 간혹 보상금이 섭섭하지는 않았다는 정도의 인사말을 들을 수도 있다. 조직 내부의 상급자인 본부장이 부장에게 말한다.

"박 부장은 일 처리가 깔끔하네요. 이렇게 민원이 없는 경우는 처음 봅니다."

비용을 과다 지출했다고 문제가 될까? 문제가 되지 않는다. 감정평가액이 처음 구체적 실체로 드러난 적정가격으로서, 보상금의 책정과 그 적정성의 입증은 감정평가사의 몫이기 때문이다. 사업 예산이 부족하다면 추가 예산을 통해 자금을 지원받거나 보상계약 체결을 미루어 예산이 확보된 다음에 지급하면 된다. 여러분이 사업 주체의 보상담당자 또는 관리자라면 보상액을 낮게 책정하려고 노력하겠는가, 가능하다면 높게 책정되게 하려고 하겠는가?

일부 공기업을 제외하고 보상 업무를 직접 수행하는 대부분의 사업 주체는 지방자치단체이다. 요즘은 지방자치가 실시되고 단체장이 투표를 통해 선출된다. 민선 단체장이 가장 신경 쓰는 부분은 주민 여론이다. 민원이 발생하거나 부정적인 여론이 형성되는 것을 매우 두려워한다. 보상금이 낮게 책정되면 주민 여론이 들끓게 되고 단체장이 주민의 입장에 서지 않는다는 비난이 쏟아진다. 개발사업을 준비하는 담당 과장에게 군수가 이렇게 말했다고 해보자.

"김 과장, 민원이 발생하지 않도록 하세요."

보상금 책정에 관한 직접적인 지시는 아니더라도 이러한 언급을 받은 담당 과장은 보상액을 일부러 낮게 책정하려고 하겠는가, 이왕이면 민원이 덜 발생할 수준으로 보상액이 높게 책정될 수 있도록 힘쓰겠는가? 결론은 자명하다.

정부의 행위를 경제적 관점에서 분석하는 공공선택이론에서는 정치가나 관료에 대해 다음과 같이 말하고 있다. 보상을 담당하는 공직자 개인들의 생각을 유추해 보는 데 도움이 될 것이다.

> 공공선택이론의 근간은 정치적 의사결정의 주체를 사익을 추구하는 개인으로 본다는 점에 있다. 즉, 공공정책을 수립하는 결정권자인 정치가나 관료 역시 기업가나 시장 상인과 마찬가지로 자기 자신의 이익을 위해 노력한다는 가정에 입각한 이론이다.[1]
>
> 국가는 인격이 있는 유기체가 아니라 개인의 총합일 뿐이며, 개인은 정치행위를 할 때를 포함한 어떤 행위이든 이기적으로 행동한다.[2]

예외는 있다. 모든 사업 주체가 항상 보상액을 높이려고만 하는 것은 아니다. 산업단지나 주택단지를 조성할 때 보상액이 높아진다면 조성원가와 분양가격이 같이 높아지고 그렇게 되면 기업유치가 어려워지거나 도시형성이 지연될 수도 있다. 책임의식이 있는 임원 또는 상층 관리자는 사업 수지가 영향을 받거나 토지공급 금액이 상승하

---

1) "공공선택이론", 선사인 논술사전, 『네이버 지식백과』.
2) "공공선택이론", 두산백과, 『네이버 지식백과』.

는 것을 좀 더 중요하게 생각하면서 실무자보다는 보상금액의 변동에 관심을 보이는 경향이 있다.

민간 기업이 산업단지를 조성하거나 아파트 진입로를 개설하면서 토지보상법에 근거하여 토지를 수용할 수도 있다. 이들은 기업의 부정적 이미지 형성과 비용 증가의 사이에서 기업 풍토 또는 책임자 개인의 성향에 따라 어느 적정 지점을 선택하는 것 같다. 보상금이 아주 고가로 책정되기를 바라기도 하고, 또는 반대의 경우도 있다.

그리고 담당자 개인이 공직자의 사명감으로 철저히 무장되어 있어 과다 보상에 따른 예산 낭비를 용납하지 못하거나, 소신껏 업무를 처리하느라 혹은 감정평가사를 신뢰하여 보상액을 산정하는 과정에 전혀 관여하지 않고 공정하고 객관적인 결과만을 내어달라고 요구하기도 한다. 또 다른 사례로는 사업 주체의 담당자가 무능하거나 너무 소극적이어서 보상금 산정 과정을 이해하지도 못하고 관심이 없는 경우도 가끔은 있다.

세 번째로 관계 기관의 입장은 어떠한가.

보상 업무를 직접 수행하지 아니하는 지방자치단체나 광역행정기관, 국회, 언론 등이 여기에 해당한다. LH공사가 택지개발사업을 하기 위해 보상을 하는 경우, 그 지역을 관장하는 행정기관을 예로 들 수 있다.

LH공사나 한국도로공사 등 공기업이 어떤 사업을 할 때 사업구역을 관장하는 행정기관이 보상금이 낮게 책정되기를 바랄 이유는 없다. 오히려 보상금이란 이름의 현금이 좀 더 많이 행정구역 내에 유입되기를 원한다. 보상금은 해당 기관의 예산이 아니므로 확보나 집행에 부담이 없지만, 보상금의 유입은 지역경제에 직접 도움이 될 수 있기 때문이다.

지방자치의 시행으로 시나 군·구 심지어 광역자치단체의 관계자까지도 담당 행정구역에서 시행되는 사업 때문에 본인들에게 불리한 여론이 조성되는 것을 경계한다. 본인들의 입지를 좀 더 강화하며 호의적인 여론 조성을 위한 기회로 삼고자 하여 일부러 보상 현장을 찾아 민원에 힘을 보태기도 한다. 다음의 상투적인 멘트도 잊지 않는다.

"사업 주체는 주민들의 어려운 처지를 고려하시어 법이 허용하는 범위 내에서 최대한의 보상이 이루어질 수 있도록 노력하여 주시기 바랍니다."

보상협의회나 민원 현장에서 어김없이 등장하는 관계 기관의 주문이다. 그 주문의 효과를 기대하는지, 단지 주민에 대한 립서비스인지는 알 수 없지만 좀 더 많은 보상액이 책정되기를 바라는 의사를 공개적으로 표시한다. 사업 주체도 관계 기관의 입장을 무시할 수가 없다. 역시 관계 기관의 낯을 세워주는 발언을 잊지 않는다.

"시장님과 관계자분들이 이렇게까지 관심이 많으신데, 저희도 주민 여러분들을 위해 최대한의 보상이 이루어질 수 있도록 노력하겠습니다."

으레 이렇게 답변을 한다.

국회의원들에게 중요한 것은 주민들의 긍정적 여론이다. 보상 민원 현장에서, "주민 여러분, 재산상 다소의 손해가 있더라도 국가사업에 협조하여 주시기 바랍니다." 이렇게 주민들을 설득할 국회의원은 거의 없다. 국회의원의 멘트도 자치단체장과 유사하며, 심지어는 더 많은 보상이 될 수 있도록 하라고 사업 주체에게 호통을 치기도 한다.

언론도 마찬가지이다. 대부분은 공공기관이 개발사업을 시행하면서 주민 여론을 무시하고 강압적으로 밀어붙이고 있다고 말한다. 이들은 사업 주체가 보상금 책정이나 생활대책의 수립 과정에서 더욱 적극적으로 나서 줄 것을 주문한다. 엄격하게 보상액이 산정되어야 한다는 논조보다는 개발사업시행이 주민들의 처지에서 이루어져야 한다는 데 초점을 맞추면서, 사회적 약자인 독거노인이나 저소득층의 주거환경이 파괴되어 이들이 길거리로 내몰리고 경제적으로 큰 어려움을 겪고 있다는 내용의 기사를 자극적으로 작성하여 내보내기도 한다.

지금까지 토지 등의 소유자, 사업 주체, 관계 기관의 입장에 서서 보상액 책정 과정에서의 각각의 생각을 정리해 보았다. 이를 보면, 그 누구도 보상금이 적게 책정되는 것을 바라지 않는다는 것을 알게 된다. 이제는 실제 보상액을 산정하는 감정평가사의 입장을 살펴보자.

감정평가사는 비교적 높은 주의력과 긴장감을 가지고 감정평가에 임하고 있는 것 같다. 본인의 판단이 보상액 수준에 절대적으로 영향을 미치면서 타인의 재산권을 직접 변동시키고, 직무의 특성이 의뢰인의 이익보다는 공공의 이익을 위하는 것이기 때문이다. 변호사나 법무사, 변리사, 세무사, 공인노무사, 공인중개사 등 국가에서 면허를 부여한 자격증의 소지자들은 대부분 업무를 의뢰한 고객의 이익을 위해 활동한다. 그러나 이들과 달리 감정평가사의 경우는 그 업무의 본질이 의뢰인의 이익 보호가 아니라 공공의 이익과 사인의 이익 사이에서 균형을 유지하는 것이다. 그런 이유로 감정평가사들은 자신들의 입장을 종종 법정의 판사에 비유하기도 한다. 비유의 적절성을 떠나 이들의 이야기를 들어보자.

판사와 감정평가사는 그 직무의 본질이 당사자들의 주장과 사실관계 속에서 한 지점을 선택하는 것이라는 공통점이 있다. 법령에서 정한 기준에 따라 판결을 내리거나 가격을 결정하겠지만, 그 과정에서 이루어지는 많은 개별적·구체적 판단은 판사나 감정평가사 개인의 몫으로 본인의 지식과 경험과 양심에 의존한다. 그리고 한 번 내린 판결이나 가격의 결정은 번복하는 것이 불가능하고, 결과에 불만이 있으면 법령에서 정한 절차에 따라 다른 판사나 감정평가사의 판단을 받아보아야 한다.

판사와 유사하게 항상 이해관계의 사이에서 어떤 선택을 해야 하는 감정평가사이지만 이들에게는 법정의 판사와 같은 권위가 부여되지 않으며, 권위가 부족하기에 이해관계인에게 휘둘릴 가능성이 존재한다. 권위를 갖지 못한 주된 이유는 보상금을 주고받는 당사자들이 보상액을 책정하는 감정평가사를 선정하는 보상 제도에 있다. 일반적으로 사업 주체가 2인의 감정평가사를 선정한다. 그리고 토지소유자도 1인의 감정평가사를 추가로 선정하여 사업 주체에게 추천할 수 있으며, 일정한 규모 이상의 사업에서는 광역자치단체도 사업 주체 대신에 감정평가사 1인을 선정 추천하는 제도가 시행되고 있다.

토지 등의 소유자나 사업 주체, 그리고 관계 기관 누구도 보상금이 적게 책정되는 것을 바라지 않는다고 했는데, 이들이 모두 감정평가사를 선정하거나 추천하고 있다. 보상액이 높게 책정되기를 바라는 당사자들이 본인의 의사는 고려하지 않고 융통성 없이 정확하게 시세를 반영하는 보상금을 산정할 것으로 예상이 되거나 혹은 그동안 그리 높지 않은 수준으로 보상액을 산정하였다는 평판을 가진 감정평가사를 추천하거나 선정하겠는가?

다시 판사에 비유하여 재판을 받을 원고나 피고 또는 검사가 판사를 선정한다고 가정해 보자. 판사가 이들로부터 재판부로 선정이 되어 판결하고 그 대가로 소득을 얻는 형국이라면 어떻게 될까. 원고나 피고 또는 검사는 당연히 자신의 주장을 수용해 줄 것 같은 판사를 재판부로 선정할 것이며, 이들로부터 선정되지 못한 판사는 재판할 기회가 적고 소득도 낮을 수밖에 없다. 특별히 어디에 소속되지 아니하고 소득에 관심도 없다면 얘기가 조금은 다르겠지만 영리회사 구성원 신분이거나 가족의 생계를 생각하는 보통의 판사라면 눈치를 보는 판결을 반복하여 자신의 평판을 관리할 것이다.

이런 제도가 적용된 형사 사건에서 피고뿐 아니라 직업상 피고의 죄를 찾아 재판에 넘긴 검사들도 피고의 처지에 공감하거나 피고의 거친 반응을 회피하고자 또는 업무의 편의를 위해 대부분 형량이 낮아지기를 원한다면, 이러한 이해관계자들에 의해 선정된 판사는 법의 규정이나 본인의 양심이 허용하는 범위 내에서 가장 낮은 수준의 형량으로 판결할 가능성이 크다.

감정평가사들은 소신과 수입, 두 가지 중에서 무엇을 선택할까? 현행 법령과 제도에서는 소신을 지키며 공정하게만 업무를 처리하는 감정평가사는 보상액을 산정할 기회를 자주 가질 수 없게 된다. 수입을 중요하게 생각하는 감정평가사는 자신을 선임한 당사자들의 의도를 거슬러 가면서 소신을 지키기가 쉽지 않다. 객관적 근거와 본인의 소신에 기초한 공정한 감정평가 그리고 더 많은 수입을 가져다주는 '법이 허용하는 범위 내에서의 최대한의 보상액을 제시하는' 감정평가 가운데 어떤 쪽을 선택할 것인지 강요받게 되며, 결국은 후자를 선택한 자가 보상금을 산정할 기회를 얻는다. 보상금액이 높게 책정될 개연성이 여기에 있다.

현실이 이렇다. 빙산의 일각이 빙산의 모습을 모두 보여주지는 못하며, 우리가 상식이라고 믿어왔던 것이 상식이 아닐 수 있다. 만나는 사람 다수가 그렇게 말하였다 하여, 언론에서 보도하고 학자들이 논문으로 발표하였다고 해서 보상금이 모두 낮게 책정되는 것은 아니다. 투기가 어떻게 발생하는가? 개발사업이 예정된 곳 또는 그 인근 토지를 미리 매입하였다가 보상금을 받거나 사업시행이익에 의한 지가 상승을 통해 이익을 얻은 것이 대표적인 토지 투기이다. 보상금이 낮게 책정되어 보상을 받는 것이 항상 손해라면 개발예정지역 내에서는 투기가 발생하지 않을 것이다. 보상을 받아 이익을 얻을 수 있을 때 이런 투기가 성립한다.

그렇다면 보상액은 항상 높게만 책정될까. 감정평가사가 사업 주체나 토지 등의 소유자로부터 선정되어 이해 당사자들로부터 온전히 자유로울 수 없으나 그렇다고 그 결과가 모두 잘못된 과다 보상으로 이어진다고 말하기도 어렵다.

감정평가 과정은 이중, 삼중의 제어 장치를 갖추고 있다. 보상액 산정을 위한 감정평가를 할 때 우선 1인 또는 2인의 심사가 필요하고,

법인의 본사와 한국감정평가사협회의 심사를 거치기도 한다. 국토교통부의 타당성 심사, 사업 주체의 보상금에 대한 내부 감시, 감사원의 감사, 민·형사 소송 등 감정평가 결과의 적정성을 따지는 외부 기관의 검증이 있으며, 그 결과 잘못이 드러난다면 징계나 배상의 처분이 내려지기도 한다. 어떤 감정평가사는 자신의 책상 위에 날카로운 칼날의 검이 가는 줄에 매달려있는 느낌이라고 말한다.

재평가가 이루어지는 수용재결이나 행정소송 과정에서 간접적으로 감정평가의 적절성을 검증받는 것 외에도 이런 직접적인 많은 견제 장치가 마련되어 있으므로, 눈에 띄는 과도한 보상이 이루어질 가능성은 낮은 편이다. 가는 줄에 매달린 머리 위의 칼날을 의식하는 보통의 감정평가사라면 매번 외줄을 타듯이 모험을 하며 왜곡된 결과물을 내어놓을 수는 없다.

정리해 보자. 현행 보상 제도에서 감정평가사는 보상금을 높게 책정되기를 바라는 토지 등의 소유자와 사업 주체로부터 직간접적인 영향을 받고 있으며, 그 결과 보상금은 일반 국민이 막연히 생각하는 것보다 높은 액수로 산정될 가능성이 있다. 그러나 여러 제도적인 견제 장치를 고려할 때 상식을 넘어서는 과도한 보상액이 산정될 수는 없으며, 통상적인 보상금은 객관적 근거자료에 의해 그 타당성과 적절성의 설명이 가능한 가액 범위 내에서 비교적 높은 수준으로 책정된다고 하는 것이 가장 적절할 것 같다.

보상은 개인 간의 사적 거래와 달리 존재하는 거의 모든 물건에 대해 거래금액이 정해지며, 토지와 물건의 보상금 외에도 추가의 금전적 보전이 있다. 주택을 사적으로 거래할 경우 보통 건물이 오래되거나 면적이 작다면 토지만을 대상으로, 신축건물이거나 면적이 크다면 토지와 건물의 금액이 더해진 가액으로 거래금액이 형성된다. 그러나 보상은 사적 거래에서 계산되지 않는 대문이나 담장, 마당의 작은 동백나무까지도 별도의 가격이 책정된다. 이 외에 이주자택지나 생활대책용지, 협의양도인택지 등 토지를 저렴하게 분양받을 권리와 주거이전비, 이사비, 이주정착금 같은 현금에 의한 보상도 추가로 주어진다.

공익사업에 수용되는 토지나 건물 소유자들은 쉽게 수긍하기 어려울 것이나, 현행 보상금 산정 제도 속에서 작동하는 관련 당사자들 각각의 입장, 사적 거래와는 다른 보상의 범위 및 내용을 모두 고려할 때 일반 국민이 막연히 생각하는 것과는 다르게 토지 등이 공익사업에 수용되고 보상금을 받는 과정에서 경제적 이익을 얻을 가능성이 적지 않다는 견해를 조심스럽게 밝힌다.

보상 과정에서
손해를 보는 사례

그런데 절대 잊지 말아야 할 중요한 사항이 있다. 비록 적지 않은 사람들이 보상을 통해 이익을 얻는다고 해도 손해를 보는 사람은 반드시 존재한다는 점이다. 어떤 보상 현장에서든지 매입한 금액보다 낮은 보상금을 받거나 몇 달 전 얼마를 주고 사겠냐는 사람이 있었으나 땅을 팔지 않았는데 보상금이 그보다 적게 나왔다는 사람은 있다.

첫 번째로 이른바 '막차를 탄' 사람이다. 간단하게 예를 들어보자. 일반적으로 제곱미터당 6~7만 원 하던 농경지가 있다. 무슨 이유에서인지 어느 순간부터 슬금슬금 지가가 오르기 시작하더니 갑자기 신도시 개발의 소문이 떠돈다. 이미 지가는 10만 원을 넘어섰다. 그런데도 이 지역에 땅을 사겠다는 사람, 특히 외지인들은 줄을 잇고 있다. 15만 원, 20만 원으로 호가는 계속 오른다. 그래도 거래는 이루어진다. 그러다 갑자기 신도시 개발 계획이 공식적으로 발표되었다. 매도인의 부풀려진 기대감에 의해 형성된 호가와 매수인의 보상액 추정치가 충돌하면서 거래는 많이 수그러드나 그 이후에도 고가의 거래가 몇 건 이루어지기도 한다.

우리 모두 여기에서 적정 보상액을 한번 산정해 보자. 얼마가 적정한 보상액일까? 7만 원, 10만 원, 15만 원, 20만 원?

경험에 의하면 이런 경우 보통 제곱미터당 10~15만 원 수준에서 보상액이 결정된다. 결과적으로 어떻게 될까? 처음부터 이미 토지를 보유하고 있던 사람은 최소 기존 지가의 2배에 가까운 보상금을 받았다. 처음에 정보를 가지고 토지를 매수한 자는 큰 이익을 보았으며 도중에 토지매입에 뛰어들어 10만 원 내외에 매입한 사람들도 나름대로 이익을 보았다. 그것도 짧은 기간에 얻은 이익이다.

문제는 15만 원 이상을 주고 토지를 매입한, 이른바 막차를 탄 사람들은 손해가 불가피하다는 점이다. 그리고 손해를 본 사람들이 또 있다. 15만 원 이상을 주고 땅을 사겠다는 사람에게 땅을 팔지 않았던 사람들이다. "20만 원을 주겠다고 했는데도 팔지 않았는데, 보상금이 어떻게 12만 원밖에 책정되지 않았느냐?" 이렇게 항의를 한다.

여기에서 중요한 질문이 하나 있다. 처음부터 토지를 보유하고 있던 토지소유자와 초기에 재빠르게 정보를 얻었거나 혹은 운이 좋아서 토지를 매입한 사람은 보상을 통해 이익을 보았을까, 손해를 보았을까?

조금 전에 외부인의 시각으로 아마 이익을 보았을 것이라고 말했지만, 기존의 토지소유자들이나 7~10만 원에 토지를 매입했던 이들의 대부분은 보상금으로 이익을 보았다고 생각하지 않는다. 특히 표면상으로는 그렇다. 본인들이 생각하는 적정 땅값이 이미 15~20만 원이므로 이보다 적은 보상을 받으면 손해를 보았다고 생각할 수밖에 없다. 이들은 이익을 보았을까, 아니면 손해를 보았을까? 보상금과 관련된 많은 갈등이나 논란은 이 물음에 대한 각각의 견해차에서 발생하는 것 같다.

두 번째로 손해를 본 사람들은 본인이 좋아서, 특수한 목적으로, 또는 정말 좋은 위치의 몇 안 되는 토지를 높은 금액을 주고 매입한 사람들이다. 저수지나 강을 바라보고 있는 몇 안 되는 토지, 펜션이나 모텔을 지을 수 있는 환경이 좋은 토지, 식당 영업이 잘되는 물가 나무숲 옆 토지, 위치 좋은 전원주택부지 등이 여기에 해당한다. 누가 보아도 탐이 나는 토지들이다. 도로 후면의 토지 소유자가 본인 토지의 효용 증대를 위해 연접하는 도로 전면부 소재 토지를 비싼 값으로 매입한 경우도 있다.

인근의 토지들은 모두 제곱미터당 10~20만 원 하는데, 바다가 바라보이고 펜션 건축허가가 가능한 토지는 50만 원, 100만 원에도 매입할 사람들이 있다. 그런데 이 토지의 보상금이 바로 인접한 토지보다 5배 이상 되는 50만 원이나 100만 원으로 책정될 수 있을까? 이는 감정평가사의 재량의 범위를 넘어서는 수준으로 현실적으로 거의 불가능하다고 할 수 있다. 소유자는 손해가 불가피하다. 안타깝지만 현실에서 자주 목격되는 사례이다.

세 번째는 법령의 미비로 보상이 이루어지지 못하는 경우이다. 이른바 용산 참사의 원인이 되었던 임차인 영업자의 권리금이 대표적인 사례이다. 권리금은 개인적으로 직접 지출된 금액이지만 보상금에 반영되지는 않는다. 언뜻 이해되지 않을 것이지만, 권리금과 관련해서 지금까지 사회적 합의가 이루어지거나 법령이 마련된 적이 없다. 어디까지나 전 임차인에게 사적으로 지급한 정형화되지 않은 비공식적 비용으로 볼 뿐이다. 상가를 임차하여 권리금을 지급하고 점포를 개설하였으나 얼마 되지 않아 보상 대상에 포함된 경우는 권리금을 회수할 수 있는 기간만큼 아직 영업하지 못했기 때문에 손해가 불가피하다.

공익사업을 위한 보상은 아니면서 본인의 재산권이 개발사업에 따른 감정평가 과정에서 저평가될 수 있는 또 다른 예가 있다. 공공기관이 아닌 조합이 주체가 되어 사업을 시행하는 민간 주도의 재개발사업이 이에 해당한다.

재개발사업에는 조합원의 종전자산가치를 산정하는 단계와 현금청산자들의 재산권을 보상하는 과정이 있다. 종전자산가치 산정은 토지보상법을 근거로 하는 보상이 아니며, 현금청산자의 재산권 평가는 위 법률에 따른 보상에 해당이 된다.

종전자산은 조합원이 원래 소유하고 있던 개발 전 부동산으로서, 관리처분 단계에서 이들의 가치를 평가하여 각 조합원의 초기 지분을 확정한다. 개발사업 완료 이후 종전자산의 가치보다 큰 가치를 갖는 새로운 부동산을 받은 조합원은 차액에 해당하는 추가 분담금을 부담하여야 한다. 종전자산의 가치평가 과정과 방식은 보상액의 산정과 같지는 않지만 유사한 점도 있다. 그런데 종전자산의 가치가 낮게 평가되었다는 불만이 많으며, 공공기관이 수행하는 공익사업의 보상 현장보다 더 많은 분쟁이 있는 것 같다.

왜 그럴까? 이유는 당사자와 감정평가의 목적 및 기준이 다르기 때문이다. 재개발사업의 당사자는 토지 등의 소유자인 개별 조합원, 조합원의 대표로 구성되는 조합, 보상에서와 유사한 역할을 하는 관계기관, 그리고 시공사가 있다. 이 중 영향력이 있는 당사자는 누구일까? 자금과 조직과 경험을 가진 시공사와 조합원을 대표하여 실제 업무를 처리하는 조합일 것이다.

조합과 시공사 사이에 이루어지는 계약은 크게 도급제와 지분제로 나누어진다. 도급제의 경우, 시공사는 약정된 금액으로 시공만 하면 되고 사업시행 과정에서 발생하는 위험은 조합이 부담한다. 지분제는 공사 시공은 물론 시공사가 담당하되 시행 과정에서 발생하는 이익과 위험을 조합과 시공사가 나누어 갖거나 시공사가 갖는 방식이다.

지분제에서는 이익이 많이 발생할수록 시공사의 수익이 커진다. 개발사업 이익의 일부 또는 전부가 시공사에 귀속된다. 그러나 지분제는 지상 건축물을 제외한 토지만을 대상으로 무상지분율을 사전에 확정하는 방식으로 운영되고 있어, 조합원의 대지지분이 유사하고 건축물의 가격 차이가 거의 없는 재건축사업에서만 선호되며 재개발사업에서는 거의 적용되지 않는다고 한다.

대부분의 재개발사업에서 적용되는 도급제의 경우, 시공사는 일반분양가에 관심이 있다. 아파트 시공에 따른 도급금액은 정해져 있지만, 조합 측이 자금 동원 능력이 없기에 주로 일반에게 분양되는 아파트의 분양대금으로 시공에 따른 도급금액을 정산하게 된다. 시공사는 시장에서 수요자들이 받아들일 수 있는 적정분양가가 책정되어 초기에 분양이 완료되고 도급금액을 빠르고 온전하게 회수하는 것이 중요하다. 분양 당시의 여러 시장 상황을 고려하겠지만 일차적으로 분양가를 결정하는 기초가 되는 중요한 요소 중 하나가 신축되는 아파트부지 원가를 구성하는 종전자산의 가치이다. 전체 사업비에서 종전자산의 비중이 큰 편이 아니며, 외형상 사업 주체가 아니기에 시공사가 종전자산 평가에 공개적으로 개입하지는 않으나 일반적으로 종전자산의 가치가 높게 평가되는 것을 원하지는 않는 것 같다.

조합장을 포함하는 조합도 유사한 입장이다. 조합의 관심사는 합리적인 비용으로 원활하게 사업이 추진되는 것이다. 원활한 사업추진의 핵심은 사업성에 있고, 사업성의 출발점은 적은 비용, 즉 낮은 종전자산의 가치에 있다. 하나를 선택하여야 한다면, 조합원이 바라는 바대로 종전자산의 가치가 높은 수준으로 산정되는 것보다는 조합 자신과 시공사가 원하는 쪽, 즉 사업성이 양호하여 사업이 원활하게 추진되는 것을 선호할 가능성이 크다.

엄격하게 말하면 재개발사업의 종전자산 평가는 이른바 시세라고 하는 시장가치를 반영하는 시가평가가 아닐 수 있다. 감정평가의 주된 목적이 기존 소유자들의 권리 가액을 확정하는 것이므로 각 조합원 간의 형평성에 초점을 두고 총 자산가치를 공정하게 배분하는 과정이라고 할 수 있다.

종전자산의 가치는 조합원들이 분양받는 새로운 주택의 원가 항목을 구성하며, 이 원가가 상승할 경우 건축비를 포함한 총원가를 기준으로 산정되는 새로 지은 아파트인 종후자산의 조합원 분양가격이 함께 상승한다. 논리상 종전자산의 평가액과 종후자산의 분양가격이 동시에 상승한다면 조합원들의 비례율이 달라지더라도 추가분담금은 줄어들지 않을 것이다. 조합에서는 이러한 논리로써 종전자산이 높게 평가된다 해도 추가분담금의 변동 없이 다시 환수되기 때문에 조삼모사일 뿐 그 이득이 없다고 말한다. 총체적으로는 맞는 말이나 조합원 개인의 처지에서는 추가분담금이야 추후의 문제이며, 자신의 종전자산이 현재의 시장가치를 반영하는 가격으로 평가되는 것을 더 바랄 것이다.

재개발사업의 종전자산을 평가하는 감정평가사는 시장·군수 등이 선정하여 조합이나 시공사로부터 그 독립성을 보장하고 있다. 그러나 현실적으로 시공사와의 협력 속에 원활하게 사업이 추진되는 것을 중요시하는 조합이 감정평가 의뢰자이며 실제 현장에서 감정평가 업무를 지원하고 있으므로 그 영향력을 온전히 배제할 수는 없을 것 같다.

특히 감정평가 목적 자체가 시가평가보다는 공정한 조합원 자산 배분에 있으며, 조합의 규약에서 감정평가의 대상으로 정한 종전자산의 범위가 보상 법규에서 규정한 것과 비교해 좁은 범위일 수 있고, 가격산정의 기준이 되는 시점이 감정평가가 이루어지는 관리처분계획 수립 시점보다 한참 이전의 과거 시점인 사업시행인가 고시일이라는 점 등을 모두 고려할 때 감정평가의 결과치가 조합원들이 생각하는 적정한 가액보다 낮을 가능성이 존재한다.

종전자산 평가에 이어 이루어지는 분양신청을 하지 아니한 자, 즉 현금청산자들에 대한 보상액 산정은 「도시 및 주거환경정비법」의 규정에 따라 토지보상법을 준용한다. 우선 감정평가사는 일반 보상과 같이 사업시행자인 조합이 1인 또는 2인을 선정하며 토지 등의 소유자가 1인을, 일정 규모 이상의 사업에서는 광역행정기관이 1인을 추천할 수 있다.

그런데 현금청산자들에 대한 보상액 산정은 직전의 관리처분계획 단계에서 이루어진 종전자산 평가의 선례에 영향을 받지 않을 수 없다. 감정평가 목적과 범위, 가격의 기준시점은 다르다고 해도 달리 특별한 외부 여건의 변동이 없는 상황에서 조금 전에 이루어진 감정평가를 무시하기가 쉽지 않다.

그리고 조합 관점에서 현금청산자들은 사업을 반대해서든 자격이 되지 못하여서든 조합원이 아니기에 같은 배를 탄 사람들이 아니다.

서로 이해가 일치하지 않으므로 사업 진행 과정에서 한두 번 다툼이 있었을 수도 있으며, 대체로 조합은 이들에 대해서 우호적이지 않은 경향이 있다. 또한 현금청산자들에 대한 보상금은 조합 기준으로 비용이기 때문에, 보상금이 많아진다면 사업성에도 부정적인 영향을 미치게 된다.

이같이 현금청산자들에 대한 보상은 이들에게 우호적이지 않으면서 사업성은 매우 중요하게 생각하는 조합이 감정평가를 의뢰하는 사업시행자이며, 감정평가사 또한 본인이 수행한 것은 아니라 할지라도 직전에 이루어진 종전자산 평가의 선례를 아주 무시할 수는 없기에 토지 등의 소유자의 관점에서 보면 비교적 만족스럽지 못한 수준의 보상액이 책정될 가능성이 큰 편이다.

보상을 통해 이익을 얻기도 하고 손해를 보기도 한다. 그래서 우리는 수용과 보상에 대한 지식을 갖추어야 한다. 보상이 예상되거나 직접 보상의 대상이 된 경우, 각각의 절차에 맞추어 적절하게 행동하고 대응할 수 있어야 한다. 법과 제도의 틀 안에서 본인의 재산권을 스스로 지켜야 하며, 더 나아가 보상액이 산정되는 메커니즘과 각 당사자 간의 역학관계를 이해하여 수용과 보상이라는 특수한 거래를 재테크의 기회로 삼을 수도 있어야 한다. 본서를 이용해서 차근차근 익혀 보기를 기대한다.

자본주의 국가에서
사유재산을 강제로 수용할 수 있는가

　우리나라는 자본주의 국가이다. 자본주의는 사유재산권의 보장을 전제조건으로 하여 성립한다. 우리나라 헌법은 재산권의 보장을 명문으로 규정하고 있으며, 따라서 사유재산을 부정하는 법률제도는 존립할 수 없다. 이는 대한민국헌법 제23조 제1항 "모든 국민의 재산권은 보장된다."는 문장으로 선언되어 있다.

　그러나 개인의 재산권이 절대적으로 보장된다면, 즉 국가를 포함한 누구도 타인의 사유재산을 침해할 수 없다면 어떤 결과가 나타날까? 예를 들어, 국가에서 도로를 개설하려고 하는데 도로 구간에 편입되는 토지가 사유재산이라는 이유로 재산권이 절대적으로 보장되고 누구도 그 소유권을 침해할 수 없다면 토지소유자는 쉽게 자신의 토지를 국가에 양도하지 않을 것이다. 국가는 큰 비용을 치르고 그 토지를 매수하거나 아니면 도로를 제대로 개설하지 못하거나 할 것이다. 울며 겨자 먹기 식으로 높은 금액으로 토지를 매수한다면 이는 고스란히 국민의 부담으로 전가된다. 혹은 높은 금액으로도 토지를 매수하지 못하여 도로가 개설되지 못한다면 국가가 제대로 기능할 수 없는 지경에 이르게 된다.

　국가가 시행하는 개발사업 과정에서 이른바 '알박기'가 이루어졌다고 가정해 보자. 알박기란 '개발예정지역의 중요한 지점의 땅을 미리 조금 사놓고 개발을 방해하며 개발업자로부터 많은 돈을 받고 파는 행위'로 정의되는 부동산 용어이다. 알박기에 의한 부당이득 행위에 대하여 우리나라 형법은 부당이득죄라는 형사적 처벌의 근거를 마련하고 있으나 단지 개발사업자에게 땅을 팔아서 폭리를 취했다고 하여 모두 형사처분의 대상이 되지는 않는다.

의도적 '알박기'로 볼 수 없다면 처벌해서는 안 돼[3]

"… 대법원은 … 상고심(2008도8577)에서 … 단지 오래전부터 사업부지 내의 부동산을 소유해 온 피고인들이 이를 매도하라는 피해자들의 제안을 거부하다가 수용 과정에서 큰 이득을 취했다는 사정만으로 함부로 부당이득죄의 성립을 인정해서는 안 된다. … 김 씨 등은 지난 91년부터 자기 소유의 40㎡의 토지를 포함한 ○○시 중구 일대에 아파트가 들어서게 되자 "땅을 팔지 않겠다"며 시공사의 3차례에 걸친 매도요구를 거절한 뒤 당시 시가 4,400만 원짜리 토지를 18억 600만 원에 판 혐의로 기소돼 1심에서 각각 징역 1년을, 2심에서 징역 8월에 집행유예 2년을 선고받았다."

개발사업 등이 추진되는 사업부지 중 일부의 매매와 관련된 이른바 '알박기' 사건에서 부당이득죄의 성립 여부가 문제되는 경우, 그 범죄의 성립을 인정하기 위해서는 피고인이 피해자의 개발사업 등이 추진되는 상황을 미리 알고 그 사업부지 내의 부동산을 매수한 경우이거나 피해자에게 협

---

3) 류인하, "의도적 '알박기'로 볼 수 없다면 처벌해서는 안 돼", 『법률신문』, 2009년 1월 28일.

조할 듯한 태도를 보여 사업을 추진하도록 한 후에 협조를 거부하는 경우 등과 같이, 피해자가 궁박한 상태에 빠지게 된 데에 피고인이 적극적으로 원인을 제공하였거나 상당한 책임을 부담하는 정도에 이르러야 한다. 이러한 정도에 이르지 않은 상태에서 단지 개발사업 등이 추진되기 오래전부터 사업부지 내의 부동산을 소유하여 온 피고인이 이를 매도하라는 피해자의 제안을 거부하다가 수용하는 과정에서 큰 이득을 취하였다는 사정만으로 함부로 부당이득죄의 성립을 인정해서는 안 된다.[4]

위 사건은 알박기를 통해 상식에 어긋나는 과도한 이익을 수취한 자에게 고등법원에서는 유죄를 인정했으나 대법원은 개발예정지역으로 정해지기 전에 이미 땅을 소유한 토지소유자는 설사 개발업자에게 땅을 팔아서 폭리를 취했다 하더라도 부당이득죄가 성립되지 않는다고 본 사안이다.

이와 다르게 부당이득죄가 성립된다고 본 사례도 있다.

갑 건설회사의 공동주택신축사업 계획을 미리 알고 있던 을이 사업부지 내의 토지소유자 병을 회유하여 갑과 맺은 토지매매 약정을 깨고 자신에게 이를 매도 및 이전등기하게 한 다음 이를 갑에게 재매도하면서 2배 이상의 매매대금과 양도소득세를 부담시킨 사안에서, 위 토지가 전체 사업부지 내에서 갖는 중요성, 을의 자력, 갑의 사업 진행 정도 등을 고려할 때 부당이득죄가 성립한다.[5]

---

4) 대법원 2009. 1. 15. 선고 2008도8577 판결 [부당이득].
5) 대법원 2008. 5. 29. 선고 2008도2612 판결 [부당이득].

이같이 이른바 '알박기'에 대해서는 토지의 취득 경위나 시기, 개발업자의 궁박한 정도, 궁박의 인지 여부 등 각각의 상황에 따라 부당이득죄의 성립 여부를 달리하고 있다. 형사적 처벌은 사인의 경제적 이익추구 행위를 온전히 막을 수 있는 수단이 될 수 없으며, 일반적인 거래행위에 대해 과도하게 형사적 처벌의 잣대를 적용하는 것이 바람직하지도 않다.

사인의 재산권이 절대적으로 보장되고 이익추구 행위를 제한할 수 없는 상태에서 만약 위의 사례와 같은 거래가 국가를 상대로 이루어졌다면 부당이득죄의 성립 여부를 떠나 국가는 4,400만 원짜리 토지에 대해 고스란히 18억 600만 원을 지급했어야 할 것이다. 엄청난 부담이 아닐 수 없다.

따라서 현대의 국가는 사유재산권을 보장함과 동시에 그 제한과 한계를 명시하고 있다. 우리나라의 헌법에서도 재산권의 보장과 동시에 그 한계를 규정하고 있다.

대한민국헌법 제23조(재산권)

① 모든 국민의 재산권은 보장된다. 그 내용과 한계는 법률로 정한다.

② 재산권의 행사는 공공복리에 적합하도록 하여야 한다.

③ 공공필요에 의한 재산권의 수용·사용 또는 제한 및 그에 대한 보상은 법률로써 하되, 정당한 보상을 지급하여야 한다.

제1항 전단에서는 재산권을 태어날 때부터 향유되고 이를 자유로이 사용·처분할 수 있는 경제적 권리로서 보장하고자 하는 이념을 표

현하고, 제1항 후단과 제2항은 사회국가의 이념을 실현하기 위한 근대적 재산권의 이념을 표현하며, 제3항은 재산권에 대한 침해를 정당화하고 있다.

앞에서 언급한 도로개설을 예로 들어보자. 도로개설에 필요하다 하더라도 그 토지의 소유권은 보장되는 것이 옳다. 재산권은 태어날 때부터 향유되고 이를 자유로이 사용·처분할 수 있는 경제적 권리이기 때문이다. 그러나 그 재산권은 무제한으로 보장받는 것이 아니라 법률로 한계가 정해질 수 있으며, 토지소유자는 재산권의 행사를 공공복리에 적합하게 하여야 한다. 국가에서 도로를 개설할 예정이며 이를 위해 사유재산인 토지가 필요하다면 개인이 갖는 재산권은 제한받게 되고 국가는 정당한 보상의 지급을 전제로 법률이 정한 바에 따라 토지를 수용할 수 있다. 도로개설은 공공복리를 위한 공익사업이기 때문이다.

자본주의 국가는 개인의 재산권을 광범위하게 보장하고 있지만 동시에 재산권의 한계와 제한을 규정하고 있다. 국가에 의한 토지 등의 수용은 재산권의 한계와 제한을 구체적으로 보여주는 대표적인 사례로서 국가의 존립을 위해 인정되어야 하는 불가피한 제도이다.

토지 등의 수용이 가능한 공익사업

위와 같은 공공복리 이념과 헌법적 근거에 의해 우리나라는 「공익사업을 위한 토지 등의 취득 및 보상에 관한 법률」(이하 '토지보상법')을 제정하여 공익사업을 수행하는 과정에서 필요한 사유재산인 토지나 기타의 물건 등을 강제적으로 취득할 수 있도록 하고 동시에 헌법에서 정한 정당한 보상이 이루어지도록 그 절차와 방법을 정하고 있다.

「공익사업을 위한 토지 등의 취득 및 보상에 관한 법률」 제1조(목적)

이 법은 공익사업에 필요한 토지 등을 협의 또는 수용에 의하여 취득하거나 사용함에 따른 손실의 보상에 관한 사항을 규정함으로써 공익사업의 효율적인 수행을 통하여 공공복리의 증진과 재산권의 적정한 보호를 도모하는 것을 목적으로 한다.

공익사업이란 위 토지보상법에 의해 토지 등을 취득할 수 있는 사업을 말한다. 우리 주변에서 공익사업을 얼마든지 만나볼 수 있다. 국방·군사에 관한 사업, 철도·도로·공항·항만·댐·수도·하수도·폐수처리·저수지·전기·통신·방송·기상관측에 관한 사업, 국가나 지방자치단체의 청사·연구소, 공원·광장·운동장 등 공공용 시설에 관한 사업, 학교·도서관·박물관·미술관 등의 건립에 관한 사업 등 국가나 지방자치단체에 의해 이루어지는 거의 모든 사업이 공익사업에 해당함을 알 수 있다. 나아가 국가나 지방자치단체 그리고 LH공사 등 공공기관이 시행하는 주택건설사업이나 택지조성사업도 공익사업에 해당한다.

국토교통부 자료에 따르면, 2018년을 기준으로 우리나라 연간 공공용지 취득실적은 면적으로 65,683천 제곱미터, 금액으로 8조 5,220억 원이다. 이를 세분해 보면, 도로 30,221천 제곱미터 3조 6,059억 원, 주택·택지 4,876천 제곱미터 1조 7,530억 원, 공업·산업단지 5,375천 제곱미터 8,304억 원, 댐 건설 2,668천 제곱미터 3,767억 원, 기타 22,543천 제곱미터 1조 9,560억 원이다.[6]

토지나 주택의 소유자들로 이루어진 조합이 주체가 되는 주택재개발사업은 토지보상법의 규정에 따라 토지 등을 수용할 수 있다. 「도시 및 주거환경정비법」에 의한 주택재개발사업에서 조합원은 기존 소유물인 종전자산을 제공하고 새로이 건축되는 종후자산을 배분받는다. 그러나 모든 기존의 토지 및 건물 소유자들이 종후자산을 받을 수는 없다. 기존 토지의 면적 협소 등으로 조합원의 자격에 해당하지 못하거나, 스스로 종후자산을 분양받을 조합원이 되지 않는 자도 있다. 이들은 분양신청을 하지 아니한 자 등으로서, 이들에게는 기존 부동산 가치에 해당하는 금액을 현금으로 청산하여야 한다. 이 현금청산액의 산정은 토지보상법의 규정에 따른다.

---

6) 국토교통부, 『2018 토지업무편람』, p.92.

「도시 및 주거환경정비법」 제63조(토지 등의 수용 또는 사용)(조문 일부 수정)

사업시행자는 정비구역에서 정비사업을 시행하기 위하여 「공익사업을 위한 토지 등의 취득 및 보상에 관한 법률」 제3조에 따른 토지·물건 또는 그 밖의 권리를 취득하거나 사용할 수 있다.

「도시 및 주거환경정비법」 제65조(「공익사업을 위한 토지 등의 취득 및 보상에 관한 법률」의 준용)

① 정비구역에서 정비사업의 시행을 위한 토지 또는 건축물의 소유권과 그 밖의 권리에 대한 수용 또는 사용은 이 법에 규정된 사항을 제외하고는 「공익사업을 위한 토지 등의 취득 및 보상에 관한 법률」을 준용한다.

공익사업에 해당하지는 아니하나 국가나 공공기관이 토지를 매입하는 사례도 있다. 이때는 '수용'이라는 말보다는 '매수'라는 표현이 사용된다. 국가에서 당장 필요로 하는 것은 아니나 장기적으로 토지 확보의 필요성이 있는 경우 또는 국민의 재산권 보호를 위해 규제가 가해지고 있는 토지를 미리 매입하는 경우가 이에 해당한다. 보통 토지소유자의 청구에 의해 매수 또는 보상 절차가 진행되며 강제적인 수용절차가 아닌 협의를 통해 소유권 이전이 이루어지고 있다.

여기에는 개발제한구역 내 토지 매수, 상수원보호구역 또는 수변구역 내 토지 매수, 국립공원 내 토지 매수, 도시계획시설 저촉 토지 매수 등이 있다. 일부 법령은 토지보상법을 준용한다고 규정되어 있어 보상의 방법으로 산정되는 금액으로 매수하고, 일부는 토지보상법 준용 규정이 없어 일반적인 감정평가 방법에 따라 매수 금액이 결정된다.

한 가지 더, 공익사업을 시행할 때 반드시 토지를 수용하여야 하는지, 다른 방법은 없는지 살펴보자. 도로나 철도, 공원 등 공공의 필요에 따라 국가가 설치하고 설치 이후도 국가가 계속하여 관리하는 시설물의 경우에는 그 부지를 국가가 반드시 확보하여야 한다. 사유재산을 모두 취득하지 못하고 국가가 공공시설을 설치하는 경우에는 불법행위가 되어 배상의 문제가 발생하며 토지를 취득하지 아니한 상태에서 점유한 동안의 사용료 상당액을 지급하여야 한다. 그러나 국가가 토지를 취득하여 사업을 시행하고 조성된 토지를 다시 민간에게 분양하는 토지개발사업의 경우에는 반드시 토지를 취득하여야 하는 것은 아니다.

토지개발사업은 크게 두 가지 방식으로 시행된다. 하나는 '환지방식'에 의한 개발사업이며 또 하나는 '전면매수방식'이다.

환지방식은 토지를 취득하지 않은 상태에서 사업을 시행하고 개발된 토지를 원소유주에게 돌려주는 개발방식이다. 불규칙하게 산재한 농업용 토지나 미개발토지 조각들을 토지이용계획에 따라 엮어서 구획정리하고 필요한 기반시설을 갖추어 보다 이용가치가 높은 토지, 주로 도시용 토지로 전환하는 토지구획정리사업이 여기에 해당한다. 원소유주들은 일정한 감보율을 적용하여 기존보다 작은 면적의 토지를 되돌려 받게 된다. 공공시설을 설치하기 위해서 그리고 개발비용을 충당하기 위해서 어느 정도 토지를 내놓아야 하므로 감보가 불가피하다. 기존 소유 면적보다 좁은 면적의 토지를 되돌려 받더라도 토지의 가치가 증대되었기에 원소유주들에게 손해가 되지는 않는다.

환지방식은 사업 주체가 원칙적으로 개발에 따른 이익을 갖지 아니한다. 사업 주체는 감보율의 적용과 체비지 설정을 통해 공공시설 설치를 위한 토지와 개발비용을 확보할 뿐이며 개발에 따른 이익은 소유자에게 귀속한다. 환지를 위해 개발 전 토지 가격을 평가하여도 기존의 토지 가액이 적다면 이익의 규모가 커지고 크다면 이익 규모가 작아진다. 기존 값과 이익이 연계되어 있기에 토지 평가액에서 절대 액수보다는 상대적으로 균형이 더욱 중요하다. 환지방식의 개발에는 수용이나 보상의 개념이 없다.

전면매수방식은 국가 또는 공공기관이 법률이 정하는 바에 따라 토지를 수용하고 대지를 조성하여 분양하는 방식이다. 「택지개발촉진법」에 의해 이루어지는 택지개발사업이 여기에 해당한다. 이를 '공영개발'이라고 부르기도 한다. 공영개발은 원래 민간개발에 반대되는 개념이지만 공공기관이 전면매수방식으로 시행하는 사업을 일컫는 용어로 굳어지게 되었다. 과거 강남개발 등에 사용되었던 환지방식이 원소유주들에게 큰 개발이익을 안겨주어 문제화되었기에 1980년대 이후 대부분의 대규모 개발은 공공기관에 의해 전면매수방식으로 시행되었기 때문이다.

전면매수방식의 경우는 개발이 착수되기 전에 토지의 소유권이 사업 주체에게 모두 이전됨으로써 기존 토지소유자의 권리는 남아 있지 않게 된다. 개발에 따라 발생하는 이익은 모두 사업 주체에게 귀속된다. 기존의 토지소유자는 높은 빌딩이나 고급 아파트가 서 있는 번화한 시가지를 바라보며 '저기가 모두 내 땅이었는데!'라는 생각을 할 수 있다. 본인은 수용을 통해 모든 땅을 빼앗기고 내 땅을 빼앗아 간 사업 주체는 헐값에 사서 비싸게 파는 땅장사라고 생각하니 소유자들의 상실감과 박탈감은 매우 크다. 수용과 보상의 문제가 발생하는 것은 이 전면매수방식에 의한 개발사업의 경우이다.

감정평가사가 풀어 쓴
보상금 설명서

어떤 경우에
수용이 가능한가

국가나 지방자치단체 그리고 정부투자기관 등 공공기관에 의한 공익사업의 시행과 이를 위한 토지 수용은 광범위하게 이루어지고 있다. 그러나 민간 영리회사가 주택건설사업을 한다든가 골프장을 건설하는 경우, 토지나 주택의 소유자들로 이루어진 조합이 주택재개발사업을 시행하는 때도 토지 등의 수용이 가능할까? 영리회사나 조합 등에 의해서도 여러 가지 유형의 수용과 보상이 이루어지고 또한 사회적 갈등이 발생하고 있기에 이에 대해 생각하면서, 수용의 요건을 살펴보기로 하자.

수용 또는 공용수용(公用收用)이란, 공익사업을 위해 사업의 주체가 국가권력에 의해 타인의 토지소유권 기타 재산권을 강제적으로 취득하는 것을 말한다. 수용제도는 앞에서 언급한 바와 같이 사유재산의 보장과 표리관계를 이루며, 그 본질이 사권과 공공이익의 조화를 도모하기 위한 제도이다.

수용권의 행사가 정당화되기 위해서는 공익을 위한 사업의 필요가 충분하고, 이로 인한 이익을 불특정 다수의 국민이 향수하여야 한다. 수용 적격 사업인지 아닌지 구체적인 사업계획과 그 실현 과정에서 엄격한 공공성의 판단이 요구된다. 수용의 정당성 사유는 공공필요, 법률의 형식, 보상이라는 세 가지 조건에서 찾을 수 있다.

첫 번째의 공공필요란, 공공의 이익을 위해 공익사업을 실현하거나 국가 안전보장·질서유지 등의 공익 목적을 달성하기 위해 재산권의 수용이 불가피한 경우를 말하며, 침해를 통해 얻어지는 공익과 재산권자의 재산권 보유이익 간 이익 형량을 통해서 그 여부가 결정된다. 공공필요는 구체적 사안에 따라 결정될 것이며, 요건의 존재 여부는 일반적으로 비례의 원칙 또는 과잉금지의 원칙이 기준이 된다.

비례의 원칙(과잉 금지의 원칙)[7]

국민의 기본권을 제한함에 있어 국가 작용의 한계를 명시한 것으로서, 행정주체가 특정한 행정 목적을 실현하기 위하여 일정한 수단을 동원함에 있어서 행정 목적과 그 수단 사이에 합리적인 균형 관계가 유지되어야 한다는 원칙이다. 보통 다음과 같이 나누어 이해하고 있다.

1. 목적의 정당성: 행정기관에 의해 추구되는 목적이 정당하여야 한다는 원칙
2. 수단의 적합성: 행정기관이 취하는 수단은 행정 목적을 달성하는 데 적절한 것이어야 한다는 원칙
3. 침해의 최소성: 적합한 수단이 여러 가지인 경우에 국민의 권리를 최소한으로 침해하는 수단을 선택하여야 한다는 원칙
4. 법익의 균형성: 달성하고자 하는 공익과 침해되는 사익 사이에는 적절한 균형이 이루어져야 한다는 원칙

---

7) "과잉 금지의 원칙", 두산백과, 『네이버 지식백과』.

다시 도로개설을 예로 들어보자. 구청에서 특정 구간에 도로를 개설하고자 한다. 차량과 보행자의 원활한 소통이 이루어져 지역민들의 통행 시간과 비용이 절약되도록 하고 편리함을 증가시킨다는 사업목적이 과연 타당한가, 통행 비용과 시간을 줄이고 편리함을 증가시킬 수 있는 여러 가지 수단 중에서도 특정 구간의 도로개설이 가장 적절한 대안인가, 그리고 재산권의 침해 등 여러 손실을 최소화할 수 있는 수단인가, 도로부지를 제공하는 토지소유자의 재산적 손실과 비교해서 도로개설에 따른 공익이 더 크다고 할 수 있는가. 이러한 질문에 모두 '그렇다'라는 결론에 이른다면 공공필요가 인정된다고 할 수 있다.

두 번째의 법률의 형식이란, 수용은 반드시 국회가 입법 절차에 따라 제정한 형식적 의미의 법률에 근거를 두어야 한다는 뜻이다. 근거 법령이 구비되어 있지 않은 상태에서의 수용은 불법이며 불가능하다.

세 번째 요건인 보상은, 수용의 과정에서 누군가의 재산권에 희생을 요구하지 않을 수 없기에 이러한 특별한 희생에 대하여 반드시 보상이 이루어져야 한다는 의미이다.

그러나 현실적으로 이러한 이론적 의미의 공공성 판단을 따져 분석할 필요성은 거의 없다고 본다. 이미 헌법에서 정한 바를 실제 구현시킬 수 있도록 토지보상법 또는 공익사업을 시행할 수 있는 개별 법률이 제정되어 있으며, 법률에서 열거하거나 정한 공익사업은 이미 공공필요가 있다고 인정된 사업이기 때문이다. 그리고 공익사업의 시행 과정에서 사업시행자가 보상을 거부하거나 피할 수는 없다. 따라서 공익사업의 시행이 공고된다면 이미 공공성의 판단은 끝났다고 보아야 한다. 보상금과 관련한 민원이나 다툼의 과정이라면 이때에는 공공의 필요나 특별한 희생 등 추상적인 개념을 가지고 논쟁을 하기보다는 현실적인 관점에서 적정한 보상을 요구하는 것이 한층 타당할 것이다.

다만 다음에서 볼 수 있는 특수한 사례도 있다. 공익사업이라고 판단하였던 사업이 헌법의 취지에 어긋난다는 헌법재판소의 판결을 끌어낸 사례이다.

민간업자, 골프장 용지 강제수용은 헌법불합치[8]

골프장 개발사업을 위해 토지를 강제수용할 수 있도록 한 국토계획법 관련 조항은 헌법에 어긋난다는 헌법재판소의 결정이 나왔다.

헌법재판소는 30일 ○○시 일대의 토지 소유자 정 모 씨 등 8명이 "골프장 사업을 하는데 토지를 강제수용할 수 있도록 규정한 '국토의 계획 및 이용에 관한 법률(국토계획법)' 관련 규정은 위헌"이라며 낸 헌법소원 사건(2008헌바166 등)에서 재판관 8(위헌)대 1(합헌) 의견으로 최근 헌법불합치 결정을 내렸다. 국토계획법 제2조 6호 라목 중 '체육시설' 부분이 포괄위임 금지원칙에 반해 위헌이라는 취지다. 이 조항은 국회가 내년 12월 31일까지 개정하지 않으면 2013년 1월1일부터 효력을 잃는다.

---

8) 정수정, "민간업자, 골프장 용지 강제수용은 헌법불합치", 『법률신문』, 2011년 7월 1일.

민간 개발업자가 골프장을 건설하여 운영하는 것은 사실 누가 보더라도 영리를 목적으로 하고 있으며, 따라서 골프장 건설사업을 공공성을 갖는 공익사업이라고 하기는 어렵다. 그런데도 상당 기간 민간 골프장을 건설하기 위한 사업을 공익사업으로 보았으며 이를 위해 사유 토지의 수용이 이루어져 왔다.

그 과정을 살펴보자. 「국토의 계획 및 이용에 관한 법률」은 기반시설을 열거하여 정의하고 있었다. 기반시설에는 학교·운동장·공공청사·문화시설·체육시설 등 공공·문화체육시설이 있으며(법 제2조 6호), 위의 법 시행령은 공공·문화체육시설을 학교·운동장·공공청사·문화시설·체육시설·도서관·연구시설·사회복지시설·공공직업훈련시설·청소년수련시설로 정의하고 있었다(법 시행령 제2조 제1항). 그리고 도시계획시설이라고 함은 기반시설 중 도시관리계획으로 결정된 시설을 말한다(법 제2조 7호). 아울러 위 법은 도시계획시설 사업에 필요한 토지 등을 수용할 수 있다고 규정하고 있다(법 제95조).

이제 고리를 연결해 보자. 상식적으로 민간 개발업자가 건설하는 골프장이 공공시설이라고 말하기는 어려울 것 같다. 그런데 골프장은 체육시설이다. 체육시설은 기반시설의 일종이다. 기반시설은 도시관리계획으로 결정만 하면 도시계획시설이 된다. 도시계획시설은 토지의 수용이 가능하다. 따라서 하나의 고리만 연결하면 민간골프장도 토지 수용이 가능하다. 즉, 골프장을 도시관리계획을 통해 기반시설의 하나인 체육시설로 결정만 하면 된다. 지방자치단체는 세수 확보와 관광객 유치라는 "골프장 건설의 목적이 정당하다.", "골프장 건설은 공익을 위한 것이다."라고 하면서 도시관리계획을 통해 골프장을 체육시설로 지정하여 민간 개발업자의 토지 수용을 도왔다. 이러한 과정을 통해 많은 민간골프장이 건설되면서 사유재산에 대한 침해가 이루어져 왔다.

> 헌재는 결정문에서 "개별 체육시설의 성격과 공익성을 고려하지 않은 채 구체적인 범위를 한정하지 않고 포괄적으로 대통령령에 입법을 위임하고 있으므로 헌법상 위임입법의 한계를 일탈해 포괄위임금지원칙에 위배된다."고 지적했다. 헌재는 "우리 사회의 산업화와 도시화가 가속되는 과정에서 체육활동에 대한 관심이 확산돼 체육시설의 공공적 의미가 강화된 것은 사실이나, 국토계획법상 기반시설로서 예시된 '교통시설'이나 '수도·전기·가스공급설비' 등의 개념과 비교해 볼 때, '체육시설'에는 공공성이 상대적으로 미흡한 것들도 포함돼 있다."고 밝혔다.[9]

  법의 틈새를 이용한 민간 개발업자의 이익 추구 행위와 이에 동조한 행정기관에 경종을 울린, 무분별하게 공공성의 판단을 확대하여 사유재산권을 침해하는 행위에 제동을 건 사례라고 생각된다.
  「국토의 계획 및 이용에 관한 법률」 제2조 제6호 라목은 기반시설을 '학교·공공청사·문화시설 및 공공 필요성이 인정되는 체육시설 등 공공·문화체육시설'로, 시행령 제2조 제1항 제4호는 '공공·문화체육시설: 학교·공공청사·문화시설·공공 필요성이 인정되는 체육시설·연구시설·사회복지시설·공공직업훈련시설·청소년 수련시설'로 개정되었다. 체육시설에 '공공 필요성이 인정되는'이라는 수식어를 추가하여 민간이 영리를 목적으로 개발하는 체육시설을 위한 토지 수용은 불가능하

---

9) 앞의 기사.

게 하였다.

골프장 같은 영리시설은 아니지만, 영리를 목적으로 하는 민간건설회사가 주택을 건설하는 때에도 토지의 수용이 가능할까? 주택은 공공재적 성격을 지니고 있으며 관련 법령에서 정한 바에 따라 입주자를 모집하고 분양가가 결정되기도 하기 때문에 주택건설사업은 공공성이 있다고 할 수 있지 않을까? 알박기와 같은 사례가 발생한다면 사업자의 손실이 너무 크기 때문에 이를 보완할 수 있는 장치가 필요할 수 있다.

토지보상법은 한국토지주택공사나 도시공사 등 공공기관이 주택건설사업을 하는 경우 이를 공익사업으로 보고 있다. 따라서 이들이 시행하는 주택건설사업은 토지 수용이 가능하다.

그러나 우리나라 「주택법」은 민간주택건설사업자에게 수용권을 부여하는 대신 다른 장치를 마련하고 있다. 사업 주체에 의한 매도청구 제도이다.

「주택법」 제22조(매도청구 등)(조문 일부 수정)

① 사업계획승인을 받은 사업 주체는 해당 주택건설대지 중 사용할 수 있는 권원을 확보하지 못한 대지의 소유자에게 그 대지를 시가(市價)로 매도할 것을 청구할 수 있다. 이 경우 매도청구 대상이 되는 대지의 소유자와 매도청구를 하기 전에 3개월 이상 협의를 하여야 한다.

이는 토지 등의 소유자에게 매도할 것을 청구하고 협의를 거치고 나서 협의가 성립되지 못한다면 소송을 통해 사업 주체가 소유권을 확보할 수 있도록 하는 제도이다. 주택건설사업을 시행하려는 자가 사업면적의 80퍼센트 이상의 토지소유권을 확보한 경우에는 지구단위계획구역 결정 고시일 10년 이전에 토지의 소유권을 취득하여 계속 보유하고 있는 자에게는 매도청구를 할 수 없지만, 그 이후부터 토지를 보유한 자에게는 매도청구가 가능하다. 그리고 대지면적의 95퍼센트 이상을 확보하면 모든 토지소유자에게 매도청구를 할 수 있다.

수용이라는 것은 사유재산에 대한 직접적인 침해로서 매우 엄격한 요건을 갖출 것을 요구하고 있음을 알 수 있다. 나아가 공익사업은 아니라 하더라도 너무 왜곡된 계약을 방지하여 사회의 전체적인 이익을 도모하기 위하여 일부 계약자유의 원칙을 제약하는 법적 장치도 마련하고 있다.

보상이란
무엇인가

공공필요가 인정되고 근거 법령이 마련되어 있다면 보상을 전제로 공공기관에 의한 토지취득이 가능하다. 보상은 재산권을 양도하는 대가이므로 가장 관심이 높고 논란이 되는 부분이다. 만약 재산권을 양도할 심정이 들 정도의 충분한 보상이 주어진다면 비록 상대가 국가나 공공기관이라 하더라도 일반 사적인 거래와 거의 유사하게 거부감이나 박탈감 없이 자발적으로 거래가 이루어질 수도 있을 것이다.

보상 또는 행정상 손실보상(損失補償)은 '공공필요에 의한 적법한 행정상의 공권력 행사에 의해 사인에게 가하여진 특별한 희생에 대하여 전체적인 공평 부담의 견지에서 행정주체가 행하는 조절적인 보전'이라고 정의된다. 하나하나 살펴보자.

손실보상은 공권력의 행사에 따른 손실의 보상이다. 국가나 공공기관이 사법상의 계약을 통해 물품 등을 매입하고 대가를 지급하는 거래와는 구별된다. 공권력의 행사이기 때문에 당사자 간 합의가 필요하지 않으며, 비록 협의의 형식을 갖추고 있다 하여도 상대방은 공권력의 거래 요청을 끝까지 거부할 수는 없다.

손실보상은 적법한 행위에 의한 손실의 보상이다. 알다시피 위법한 공권력의 행사에 따른 손해에 대해 국가가 부담하는 것은 배상이라고 한다. 보상은 국민에 대한 국가의 가해 행위가 적법하기 때문에 배상과는 구별된다.

손실보상은 재산상의 손실을 보전하는 제도이다. 사람의 생명이나 신체에 대한 침해를 포함하지 않는다.

손실보상은 특별한 희생에 대해 전체적인 공평 부담의 견제에서 행해지는 조절적인 보전이다. 국민의 일반적인 부담이나 재산권 그 자체에 내재하는 사회적 제약에 대하여는 보상의 문제가 발생하지 않는다. 토지는 움직여 옮길 수 없고 물리적으로 증가시킬 수 없으며 인접 토지에 영향을 미치는 특수한 재화이다. 따라서 그 재산권 행사는 공공이익을 위해 다른 재산에 비해 강력하게 제약함이 타당하다고 한다. 대표적인 제약이 토지이용 제한이며, 용도지역·용도지구·용도구역 등으로 표현된다. 누구나 수인하지 않으면 안 되는 제한으로서 이러한 제한은 보상의 문제가 발생하지 않는다. 다른 사람의 토지는 상업지역으로 지정이 되었는데 본인의 토지는 녹지지역으로 지정되었다 하여 보상을 요구할 수 없다.

이같이 토지라는 특수한 재화의 특성에 의해 내재하는 제약을 사회적 제약이라고 한다. 사회적 제약을 넘어서서 특정한 개인에게만 부과되는 제약으로 인해 발생하는 결과를 보고 특별한 희생이라고 하며, 특별한 희생이 있다면 이에 대해 보상이 있어야 한다.

이번에도 도로개설사업을 예로 들어보자. 구청에서 도로를 개설하기 위해 특정한 토지를 매입하려고 한다. 매도인과 매수인이 모두 일반인일 경우에는 청약과 승낙이라는 의사의 합치가 있다면 매매가 이루어질 것이다. 그러나 도로개설을 위한 토지매매의 한쪽 당사자는 개인이 아닌 국가기관이다. 국가기관이 공권력을 행사해서 토지소유자의 의사에 불문하고 매도를 요청하여 일방적으로 또는 협의의 형식을 갖추어 거래를 성사시키고 그 대가로 금전을 지급하는 것이 보상이다. 이러한 국가의 행위는 모두 적법한 행위이다. 국가가 잘못을 저지르고 그에 따라 발생하는 손해를 배상하는 것이 아니라 적법하게 업무를 처리하고 대가를 지급하기 때문에 손해배상이 아닌 손실보상이라고 한다. 토지소유권이라는 재산권의 손실을 보전하는 것이다.

그리고 그 도로 구간에 편입되는 토지소유자만이 특별하게 희생했기 때문에 대가를 지급한다. 앞에서 언급한 바와 같이 용도지역의 지정과는 상이하다. 그 도로 구간의 토지소유자만이 재산권을 박탈당하고 도로개설에 따른 이익은 모두가 공유한다. 따라서 모두가 이익을 얻듯이 모두가 비용을 부담하는 것이 타당하며, 모두가 비용을 부담하는 가장 적절한 방법은 조세의 부과이다. 조세를 부과하여 각 국민에게 비용을 공평하게 부담시키고 이를 재원으로 특별한 희생을 강요당한 해당 토지소유자에게 보상하는 것이 타당하다. 이것이 특별한 희생에 대해 전체적인 공평 부담의 견지에서 행해지는 조절적인 보전의 의미이다.

모든 거래를 두 가지 기준, 즉 당사자 간의 자발적인 의사에 의해 이루어지는지(자발성)와 대가가 있는지(대가성)로 나누어 보자. 일반적인 사적 거래는 모두 자발성이 있으며 대가가 있다. 거래 당사자는 어떠한 동기가 개입되건 자발적으로 거래를 시작하고 본인의 의사에 의해 거래를 성사시키며 반대급부인 대가를 수취한다. 옷을 팔든 차량을 사든 모두 자발적 의사에 의하며, 거래의 상대방에게 대가는 반드시 지급한다. 그리고 팔고 싶지 않으면 팔지 않으면 되고, 대가를 지급하지 않는 자에게는 물건을 내어주지 않는다. 대부분의 사적 거래행위가 여기에 해당한다.

그런데 자발성도 없고 대가성도 없는 거래도 있을 수 있다. 예를 들면 강도를 당한 경우이다. 강제적으로 금전이나 물품을 내어놓고도 대가를 얻을 수 없는 거래이다. 반면 봉사활동, 기부행위 등과 같이 자발성은 있으나 대가성은 없는 거래도 있다.

마지막으로 자발적이지는 않으나 대가는 있는 거래가 있다. 본인의 의사와는 관계없이 재산권이 양도되고 그 대가로 보상금이 지급되는 수용과 보상이 여기에 해당한다고 볼 수 있다. 수용과 보상은 자발적이지는 않으나 대가가 지급되는, 개인 그리고 국가 등이 각각 한쪽 당사자가 되는 거래의 특수한 유형이다. 따라서 비록 대가는 지급되겠지만 자발성이 결여한 만큼 수용을 통해 재산권을 양도하는 소유자에게는 불만이 있을 수밖에 없다. 수용과 보상의 과정은 그 본질이 여러 가지 갈등과 분쟁이 발생할 개연성을 내포하고 있다.

협의취득과 수용은
다른 말인가

취득이든 수용이든 모두 사업 주체의 시각에서 만들어진 용어이다. 공익사업의 시행을 위해 토지 등을 필요로 하는 사업 주체가 볼 때 취득이나 수용이란 용어가 적합하나 토지 등의 소유자 관점에서는 사업시행자에게 매각하거나 양도한다고 하는 것이 적절할 것이다. 고속도로 톨게이트가 언젠가부터 요금 받는 곳에서 요금 내는 곳으로 바뀌었지만, 본래의 의미를 모두 포함하면서도 취득이나 수용이란 말을 대신할 소유자 관점에서의 적절한 용어가 생각나지는 않는다.

현실적으로는 취득이나 수용이 별반 차이가 없다. 일반인들은 보통 수용이나 협의취득 등을 크게 구분하지 않고 사용한다. 용어가 어떻게 되든 국가가 재산권을 빼앗아가는 것이라고 이해할 것 같다. 그러나 법률적으로는 둘의 차이가 크다.

우리나라의 공공용지 확보 과정은 일반인의 사적 거래인 매매와 유사한 형식을 취하는 '협의취득'과 공권력의 강제력에 의해 소유권을 박탈하는 '수용'으로 구분되어 있다. 간단히 정리하면 협의취득은 단어 뜻 그대로 '협의를 통한 취득'이고 수용은 '강제취득'에 해당한다. 이 둘은 공공용지를 확보하는 방법으로서 각각 자발적 의사를 바탕으로 하는 협의에 의한 취득과 의사에 불문하고 이루어지는 강제적 방법에 의한 취득이라고 보면 될 것이다.

먼저 당사자인 사업시행자와 토지 등의 소유자가 협의하고 협의가 성립하면 바로 취득절차가 종결된다. 그러나 협의가 성립하지 않거나 협의할 수 없는 경우에는 다음 단계인 수용의 절차로 넘어가게 된다. 우리나라 공공용지 취득 과정은 이같이 협의취득과 강제취득의 두 단계로 구성되어 있다.

법률도 과거에는 협의취득을 규정하는 「공공용지의 취득 및 손실보상에 관한 특례법」과 토지의 강제수용을 규정하는 「토지수용법」 두 가지 체계로 이루어져 있었다. 그러다가 두 법이 「공익사업을 위한 토지 등의 취득 및 보상에 관한 법률」로 통합되어 2003년 1일 1일부터 시행되고 있다.

협의취득은 형식상 사적인 계약이다. 상대방의 협력을 바탕으로 계약을 통해 협의가 이루어지기 때문이다. 협의에 응할 것인가 응하지 않을 것인가는 소유자의 자유로운 의사에 의한다.

공익사업용 토지를 취득할 때 협의의 과정을 두는 이유는 공익사업에 제공될 토지 등을 간편하게 취득하여 사업을 원활하게 시행하는 데 있다. 사업시행자는 토지 등의 소유자에게 사업의 취지를 이해시켜 협력을 구할 필요가 있다. 협의는 소유자의 협력을 바탕으로 절차상의 문제를 최소화하여 사업을 신속하게 추진하기 위한 제도이다.

협의취득은 법률상 매매의 형식을 취하고 있다. 따라서 매도인인 소유자가 소유권 이전에 관련된 서류를 매수인인 사업시행자에게 교부하고, 사업시행자는 소유권 이전의 반대급부로 보상금을 지급함으로써 매매계약이 완성된다. 이는 「민법」상 승계취득에 해당한다.

협의가 계약이라고 하지만 계약자유의 원칙은 크게 제한을 받는다. 토지 등의 소유자는 계약자유의 원칙 중에서 계약을 체결할 것인지 아닌지를 결정할 자유만이 있다. 계약의 상대방을 선택한다든가 계약 내용의 결정할 자유, 계약방식을 결정할 자유는 없다. 특히 협의가 성립하지 않는다면 사업시행자는 바로 공권력의 행사인 수용의 절차를 진행할 것이기 때문에 비록 당사자 간 의사의 합치에 의한 매매계약의 형식을 갖추었다 하여도 이를 전적으로 사적인 계약으로 보기는 어렵다.

수용은 국가의 공권력에 의한 강제취득이다. 공공필요에 의해 사인의 재산권을 취득하고자 일단 소유자의 협력에 바탕을 둔 협의를 시도하였으나 그 협의가 성립하지 않는 경우, 또는 협의할 수 없는 경우 불가피하게 강제적인 방법으로 소유권을 이전시키는 절차이다. 간단히 말해서 수용이 이루어지면 소유자 자신의 도장이 하나도 찍히지 않는 상태에서 등기사항전부증명서상 소유자가 국가나 공공기관 등 사업시행자로 바뀌게 된다. 이런 절차를 규정하고 있는 토지보상법은 다른 어떤 법보다 무서운 법률임이 분명하다.

수용을 위한 절차를 '수용재결'이라고 한다. 수용재결은 수용재결위원회를 통해 이루어진다. 수용재결을 위해서는 먼저 당사자 간 협의를 할 것을 규정하고 있다. 일단 성실한 협의를 통해 소유자들의 협력을 얻도록 노력하고 협의가 성립하지 않는 경우에만 불가피하게 수용의 절차를 진행한다. 이를 '협의전치주의'라고 한다. 수용의 과정은 사인의 재산권을 강제적으로 변동시키기 때문에 요건과 절차가 복잡하고 그 운용이 엄격하다. 따라서 행정상, 재정상 보이는 비용은 물론 보이지 않는 비용도 따르며, 국가에 재산권을 강제적으로 빼앗긴다는 마음 때문에 소유자의 감정이 크게 상하기도 한다. 그래서 가능하면 협의를 통해 공공용지를 취득하는 것이 바람직할 것이다.

수용은 당사자 간 법률행위에 의해 소유권이 변동되는 것이 아니라 법률에서 정한 바에 의해 변동된다. 수용의 절차에 의해 토지를 취득하는 것은 '원시취득'에 해당한다. 이미 수용의 절차가 완료되어 A라는 사람이 보상금을 받았는데, B 문중에서 토지의 진정한 소유자는 A가 아니라 문중이라고 하면서 소송을 통해 이를 확인받았다고 하자. 사업시행자는 정상적으로 토지취득이 가능할까? 물론 A와 B의 다툼에 영향을 받지 않는다. 진정한 소유자가 A인지 B인지는 별론하고 사업시행자의 소유권 취득에는 변동이 없다. 원시취득이기 때문이다. 수용절차가 완료된 이후 C라는 사람이 갑자기 나타나 본인은 외국에 거주하고 있어 토지 수용이 진행되는지를 전혀 몰랐다고 주장하며 소유권의 회복을 요구하였다. 다툼의 결과와는 관계없이 이 경우도 수용은 이미 완료되어 사업시행자는 온전히 소유권을 취득한다.

수용이 이루어져도 소유자가 보상금 수령을 거부하면 어떻게 될까? 수령을 거부할 경우 사업시행자는 보상금을 법원에 공탁한다. 법원에서 공탁금을 수령하는 절차가 사업시행자로부터 보상금을 받는 절차보다 복잡할 것 같으니 수용이 이루어지면 보상금은 일단 수령하는 것이 적절하다. 수용 과정에서 정한 보상금도 만족하지 못한다면 보상금은 수령하면서도 이의는 남겨둔다는, '이의유보의 의사'를 표시하고 수령하면 계속하여 보상금의 증감을 다툴 수 있다.

위와 같이 협의취득과 수용은 여러 가지 차이가 있다. 다만, 소유자가 보기에는 재산권을 강제적으로 빼앗아가는 절차의 하나일 뿐 그 차이에 의미가 있는 것은 아니다. 협의가 아무리 사인 간의 매매와 유사하다 하더라도 강제취득 절차인 수용을 위한 하나의 과정으로 볼 수밖에 없다. 소유자들에게는 2단계의 절차로 구성되어 단지 2회의 보상액 산정 과정을 거쳐볼 수 있다는 의미라고 이해될 것 같다.

협의 과정에서 보상금을 받고 종결을 지은 소유자와 수용까지 간 소유자 사이에 약간의 심리적 차이가 있다. 협의 과정에서 보상금을 받은 소유자는 공익사업시행에 너그럽게 협조했다는 넉넉한 마음과 수용을 거쳐 한 번 더 보상액 산정 과정을 거쳤어야 했나 하는 아쉬움을 모두 가질 수 있다. 이들은 수용까지 간 사람에게 국가사업에 대해 협조하지 않고 끝까지 다투고 있느냐고 하면서도 동시에 보상금이 많이 증가하였을까 하는 궁금증을 갖는다. 수용까지 갔다 하더라도 보상금이 별로 오르지 않았을 수도 있으며, 미리 받은 보상금을 훨씬 유용하게 활용하였을 수도 있기에 후회를 하지는 않는다.

수용의 절차까지 모두 거친 소유자는 본인의 재산권 보호를 위해 최선을 다했다는 생각과 함께 혹시나 국가사업에 대승적으로 협조하지 않은 사람으로 보는 시각이 있을까 하여 약간의 편치 않은 마음을 갖기도 한다. 이들은 협의에서 종결한 사람을 보고 그렇게 쉽게 호락호락 당하느냐고 말하지만 노력하고 기대한 것에 비해 성과가 미약할 때는 속상해하기도 한다. 그러나 역시 후회는 하지 않는다. 1심 재판에 불복하여 2심까지 받았기 때문에 미련이 없는 경우와 같다.

협의 과정에서 종결하든 수용까지 가서 한 번 더 다투어 보든 전혀 잘못된 판단이 아니다. 모두 토지 등의 소유자가 취힐 수 있는 당연하고 정당한 행동이며 남의 눈치를 볼 사항도 아니다. 당시 기준으로는 각각의 입장에서 최상의 선택이었을 것이다. 모든 것이 그렇겠지만 이왕이면 본인이 한 선택을 믿고 긍정적인 면으로 생각하는 것이 좋을 것이다.

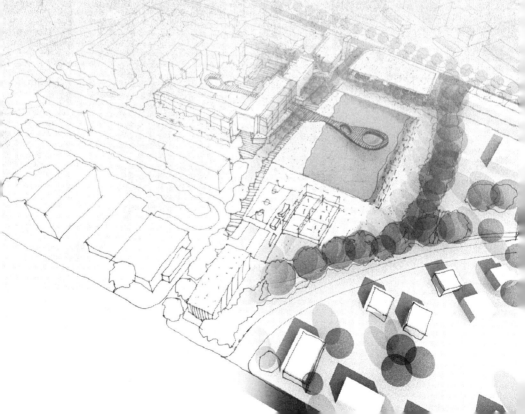

PART 2

보상금을
받는 과정

공공용지 취득과 보상은
어떤 절차로 이루어지는가

이제 공공용지의 취득과 보상의 절차를 알아보자. 이 절차는 토지보상법의 관련 규정들을 실무가 이루어지는 순서로 정리한 것이다. 필수적이지 않은 절차는 생략되기도 하고 순서가 바뀌어도 되는 경우는 그 순서를 달리하기도 한다.

제일 먼저 사업 대상 구역을 결정하는 과정이 있다. 사업 대상 구역이 결정되는 시기에 따라 편의상 사업구역이 일반인에게 이미 알려진 사업과 알려지지 않은 사업으로 나누어 볼 수 있다. 도로나 공원 기타의 도시계획시설 사업은 이미 사업구역이 결정되어 있다. 토지이용계획확인원을 발급받으면 어떤 토지가 도시계획시설에 저촉되어 있는지, 도로구역으로 결정되어 있는지를 알 수 있다. 이미 사업구역은 정해져 있으며 구체적인 사업이 언제 시행될지는 아직 알 수 없다.

보상 분야에 전문적인 지식이 있는 사람들은 이같이 개발사업이 예정된 토지를 투자의 대상으로 하기도 한다. 도시계획시설 등에 저촉된 토지는 소유자가 원하는 목적으로 이를 사용할 수 없기에 비교적 낮은 가격으로 거래되는 경향이 있으며, 보상 예상액을 추정해보고 이보다 낮은 금액으로 토지를 매입한다면 예상보다 보상 시기가 앞당겨질 때 수익을 올릴 수도 있다.

사업구역이 알려지지 않은 사업은 택지개발사업과 같이 어느 날 갑자기 사업구역이 지정되는 경우이다. 개발의 계획이 전혀 알려지지 않다가 갑자기 개발 예정구역이 결정되고 그 구역 내에서는 여러 가지 행위 제한이 가해진다. 새로운 사업지구 지정의 작업은 소수의 기관과 관계자들에 의해 거의 비밀리에 이루어질 것이다. 토지 투기를 방지하기 위해서이다. 알 수 없는 이유로 갑자기 토지거래가 활발하게 이루어지고 가격이 급등하기도 한다. 대부분 위에서 말한 소수의 기관과 관계자들에 의해 개발정보가 흘러나온 결과이다. 너무 가격이 급등하고 많은 형질변경이 이루어져서 사업이 취소되기도 한다.

○○시 세하지구 택지지정 철회[10]

개발지역 도면 유출과 이에 따른 투기로 논란이 일었던 ○○시 세하택지개발 예정지구 사업이 백지화된다. ○○시는 22일 "투기 열풍 등 파문이 확산되고 있는 세하지구 택지개발 예정지구에 대한 지구 지정을 철회하기로 했다"고 공식 발표했다. ○○도시공사는 조만간 건설교통부에 지정 취소를 신청할 예정이다. 택지개발사업을 추진했다가 투기 열풍으로 예정지구가 취소되는 사례는 매우 이례적인 일이다.

○○시의 이 같은 결정은 개발 예정지구 고시 전부터 도면 등 개발정보가 유출되면서 투기 열풍이 불어닥치고 이와 함께 도면 유출 경위 수사 과정에서 ○○시 공무원에 대해 사전 구속영장이 신청되는 등 파문이 확산된 데 따른 것이다.

---

10) 박기효·박대민, "○○시 세하지구 택지지정 철회", 『매일경제』, 2007년 1월 23일.

세하택지개발 예정지구는 ○○시가 2006년 9월 건교부에 예정지구를 신청했으나 2006년 10월 개발도면 유출로 수십여 채 주택과 사무실 등이 들어섰으며 지난해 초 20만 원 선이던 평당 가격이 지난 연말 이후 100만 원을 호가했다.

일반적으로 도시 행정을 집행할 때 주민참여를 통한 의사결정이 가장 바람직하다고 말한다. 그러나 택지개발사업과 같은 전면매수방식에 의한 개발사업의 경우 지구지정이나 개발계획의 수립이 주민참여를 통해 이루어지기는 매우 어렵다. 바로 보상과 관련되어 있어 의사결정과정이 노출된다면 투기행위 등 위의 예에서 보는 바와 같은 수많은 문제점이 바로 현실화할 가능성이 크다. 정보에 의한 전문적인 투기행위는 사업지구 지정을 준비하는 과정에서 이루어지며, 정보가 부족한 일반인은 투기보다는 운에 의해 공익사업지구에 편입되거나 제외되고, 보상 과정에서도 이익을 보기도 하고 손해를 보기도 한다.

두 번째는 사업을 준비하는 과정이 있다. 사업시행자는 도면과 지적공부를 열람하고 개략적인 토지조서를 작성하며 소유자 명부를 만든다. 주민들을 대상으로 사업설명회를 개최하기도 한다. 이때는 바삐 움직이는 사람들이 많이 있다. 보상을 기대하는 행위들이 곳곳에서 이루어진다. 주택을 개량하고 공작물을 설치하며 수목을 심는다. 투하비용보다 장래의 보상액이 많을 것이라는 기대 때문이다. 사업지구 내로 전입하는 주민등록의 이전도 빼놓을 수 없다. 외지에 사는 자녀들의 주민등록을 이전시키기도 하고 나이 든 자녀들은 분가시켜 새로운 세대를 구성하기도 한다. 토지분할이나 합병도 매우 중요한 조치가 된다.

세 번째는 사업인정이라는 절차가 있다. 사업인정은 토지를 수용할 사업이 공익사업에 해당하는 것으로 인정하는 것이다. 대부분은 사업인정이라는 용어보다 실시계획승인, 지구지정, 도로구역결정, 사업시행계획인가 등 공익사업의 시행을 규정한 각각의 개별 법률에서 사용하는 용어로써 사업인정의 효과가 발생하는 처분이 이루어진다. 택지개발사업은 사업구역이 공식적으로 확정되는 택지개발지구의 지정이 사업인정이다.

사업인정은 통상 수용과 보상에 있어서 기준점이 된다. 이 시점 이후 전입신고를 한 자는 주거이전비와 같은 인적 보상의 대상에서 제외된다. 사업인정 이후에 영업 신고를 한 사업장은 영업보상의 대상이 될 수 없다. 그리고 대부분의 개별 법률이 행위 제한의 규정을 두고 있어 이 시점 이후에는 개발행위 또는 토지의 분할 합병 등이 금지된다.

사업인정이 항상 기준점이 되는 것은 아니다. 사업인정 이전에 주민 의견 청취를 위한 공람공고 등 공익사업의 시행을 공식화해가는 공개된 절차가 있었다면, 이 날짜가 보상의 기준일이 되기도 한다.

네 번째 절차는 토지조서와 물건조서를 작성하는 단계이다. 이 단계는 사업인정 이전에 이루어지기도 한다. 토지조서와 물건조서가 사업인정의 필요 항목이 될 수도 있다. 이는 사업시행자가 사업지구 내 토지와 토지 위에 있는 물건의 내용을 조사하여 목록으로 작성하는 절차이다.

사업시행자가 현장을 방문하여 토지의 구체적인 이용 상황을 확인하고 물건을 조사하여 목록을 만든다. 토지의 경우 지목과 현실적인 이용 상황이 일치하는지를 중심으로 조사한다. 지목이 전이지만 주택부지로 사용되고 있을 수도 있으며, 지목이 대이나 실제로는 도로부지일 수도 있다. 공부상 지목에도 불구하고 현실적인 이용 상황에 따라 토지 가격이 달라질 수 있다. 이들을 모두 조사하여 토지조서를 작성한다.

　그리고 토지 위에 있는 물건의 목록을 만든다. 이를 '물건조서' 또는 '지장물조서'라고 한다. 지장물이란 공익사업을 위해 직접 필요로 하지 않는 물건, 즉 공익사업에 지장이 되는 것으로서 이전 또는 철거의 대상이 되는 물건이란 뜻으로 사용된다. 사업시행자는 줄자 또는 거리측정기와 사진기를 들고 현장을 방문하여 주택의 규모와 구조를 확인하며 수목의 수량을 헤아려 목록으로 만든다. 건물 기타의 공작물, 수목, 분묘, 농작물, 영업 현황 등 토지 위의 모든 물건과 영업활동이 조사 대상이다.

　다섯 번째, 보상계획을 공고한다. 토지조서와 물건조서가 작성되면 이 절차도 사업인정 이전에 이루어질 수 있다. 보상계획은 토지조서와 물건조서의 내용을 소유자 또는 관계인에게 열람시키고 소유자 또는 관계인의 이의신청을 받아들여 보상의 대상을 확정시키며, 일반적인 보상의 절차와 추진 일정, 토지소유자에 의한 감정평가사 추천제도 등을 알리는 절차이다. 누락된 물건이 있거나 실제와 다르게 작성된 조서가 있다면 이의신청을 하여 바로 잡으면 된다. 이때 이의신청을 하지 못하였다 하더라도 나중에 사실에 부합하게 정정하는 것도 가능하다.

 여섯 번째는 감정평가 절차이다. 토지조서 및 물건조서가 작성되고 보상 대상이 확정된 이후 보상액을 결정하는 단계이다. 사업시행자는 2인 이상의 감정평가사에게 감정평가를 의뢰한다. 감정평가사는 통상 사업시행자가 1인을 선정하며, 사업지구를 담당하는 광역자치단체와 토지의 소유자가 각각 1인을 추가로 추천할 수 있다. 토지소유자에 의한 감정평가사 추천은 보상계획 열람 기간의 만료일로부터 30일 이내에 해야 한다. 소유자 추천이 없을 시에는 2인이 감정평가를 한다.

 감정평가사는 현장을 방문하여 사업시행자가 제시한 목록을 기준으로 가격산정에 필요한 항목을 조사하며, 감정평가를 완료하면 그 결과를 사업시행자에게 통보한다. 토지 등의 소유자에게는 감정평가 결과를 알려줄 수 없다. 토지소유자 추천 감정평가사라 하더라도 마찬가지이다. 토지소유자는 보상액이 궁금하고 답답하겠지만 감정평가사는 의뢰인인 사업시행자가 아닌 소유자들에게는 언질이라도 해줄 수가 없다.

 일곱 번째는 보상액을 확정하여 토지 등의 소유자에게 통보하고, 사업시행자와 소유자가 토지 등의 매매 또는 양도와 보상금 지급을 협의하는 과정이다. 이 협의의 절차는 형식상 공권력이 소유권의 양도를 강요하는 것이 아니라 사적인 매매의 방법으로 소유권을 이전받고자 협의요청이라는 청약을 하고 협의완료를 위한 소유자의 승낙을 기다리는 구조를 갖는다. 토지 등의 소유자는 두 가지 선택지를 받는다. 보상금을 받거나 아니면 거부하는 것이다.

보상액이 그런대로 수용할 만하다든가 할 수 없이 보상금을 받을 수밖에 없는 상황이라면 협의에 응하면 된다. 즉, 계약서에 도장을 찍으면 협의가 완료되고 보상금이 지급된다. 소유권을 양도할 의사가 없다면 토지 등의 소유자는 사업시행자가 협의를 요청해 오더라도 협의에 응하지 않으면 그만이다. 협의에 응하지 아니하였을 때 그 뒤에 수용이라는 공권력의 행사가 기다리고 있으므로 온전히 협의를 거부할 수는 없는 딜레마 상황이긴 하지만 일단 형식상은 그러하다.

소유자는 이 과정에서 보상액 증액을 요청할 수 없다. 조금만 보상액이 올라간다면 협의할 의사가 있다 하여도 사업시행자와 보상액을 두고 흥정을 할 수가 없다. 오로지 협의에 응하거나 응하지 않거나 중에서 선택하여야 한다. 토지 등의 소유자는 계약자유의 원칙 중에서 계약을 체결할 것인지 아닌지를 결정할 자유만이 있으며, 계약의 상대방을 선택한다든가 계약 내용의 결정한다든가 계약방식을 결정할 자유는 없다.

협의가 성립하면 보상의 모든 절차는 종료한다. 토지의 소유자는 토지매매계약서를 작성하고 소유권 이전 서류를 모두 준비하여 보상금이 입금될 수 있는 통장 계좌번호와 함께 사업시행자에게 넘기면 된다. 개인 간의 거래에서는 소유권 이전 서류와 잔금을 동시에 주고받는 것이 원칙이나, 사업시행자는 통상 서류를 먼저 넘겨받고 소유권 이전을 완료한 다음 잔금에 해당하는 보상금을 지급하겠다고 한다. 많은 토지 등의 소유자와 동시에 계약체결을 하므로 실무적으로 계약체결 당시에 소유권 이전 서류를 검토하지 못하기 때문이며 또한 국세나 지방세 등의 체납 여부를 확인하기 위해서라고 한다. 조금은 불만스러운 조치이지만 국가나 공공기관인 사업시행자를 믿고 이에 따를 수밖에 없다. 그 기간은 보통 일주일 정도 소요된다.

　주택이나 수목 등 물건은 그 특성상 소유권을 이전하는 절차를 거치지 아니한다. 소유권이 기록된 등기부가 존재하는 건축물도 같다. 물건의 경우는 매매계약을 통해 소유권을 양도 양수하는 것이 아니라 언제까지 이주 또는 철거를 완료하겠다는 약정이 포함된 보상합의서를 작성한다. 이것들은 사업시행자가 공익사업시행을 위해 직접 필요로 하지 아니하는 이른바 지장물이므로 굳이 소유권을 이전받을 필요가 없기 때문이다.

　협의에 응하지 않으면 공권력에 의한 강제적인 토지취득 방법인 수용의 절차로 넘어가게 되며, 이에 대해서는 다음에 자세히 다룰 예정이다.

손실보상의 원칙

손실보상은 몇 가지 원칙에 의해 이루어진다.

그 첫 번째는 '사업시행자 보상의 원칙'이다. 보상은 사업시행자에 의해 이루어져야 한다. 누가 당사자인가 하는 문제로서 보상은 사업시행자만의 의무이며 사업시행자만이 할 수 있다. LH공사가 시행하는 택지개발사업의 보상금을 국토교통부에 요청할 수는 없다. 서구청에서 시행하는 도로개설사업의 보상금은 서구청에서 지급하여야 하며, 이의신청이나 소송의 당사자도 서구청이 된다.

다만, 수용과 보상 업무를 대행하는 공공기관은 있다. 수용과 보상 업무를 주 업무로 하여 이에 대한 전문성을 갖춘 공공기관, 예를 들면 LH공사나 한국감정원과 같은 기관은 사업시행자를 대신하여 보상 업무를 수행하고 보상금을 지급하기도 한다. 이는 사업시행자 보상의 원칙의 예외가 아니라 업무의 위탁 및 수탁이다.

두 번째는 '현금보상의 원칙'이다. 보상금을 현금으로 지급하여야 한다는 원칙이다. 말 그대로의 현금은 한국은행에서 발행하는 종이 또는 구리로 만든 거래 수단이나, 통상 계좌이체에 의해 보상금 지급이 이루어진다. 여기에는 예외가 있다. 현금이 아닌 방법으로도 보상금을 지급할 수 있는 예외적인 경우는 채권에 의한 지급과 조성된 토지에 의한 지급이 있다.

채권은 국가, 공공단체, 주식회사 등이 자금을 조달하기 위하여 발행하는 일종의 차용증서이다. 채권은 상환기한이 정해져 있으며 이자가 확정된 유가증권이다. 채권으로 보상금을 지급한다는 것은 보상금을 즉시 사용 가능한 현금으로 지급하는 것이 아니라 일정한 기간이 경과한 후 어느 정도의 이자가 더해져서 현금화가 될 수 있도록 우선은 차용증서만을 발급하겠다는 말이다. 이를 받은 소유자는 그 약정기간 경과 후에 이자를 포함해서 현금으로 바꾸거나 만기 이전에 금융기관을 통한 채권시장에서 어느 정도의 할인을 하여 현금화를 할 수 있다. 채권의 이자율이 시중금리뿐 아니라 일반적인 투자수익률에 비해 월등하게 높지 않은 이상 채권이 현금과 비교해서는 불리한 조건의 보상금 수령 방법이다.

「공익사업을 위한 토지 등의 취득 및 보상에 관한 법률」 제63조(현금보상 등)(조문 일부 수정)

⑦ 사업시행자가 국가, 지방자치단체, 공공기관 및 공공단체인 경우로서 다음의 어느 하나에 해당하는 경우에는 사업시행자가 발행하는 채권으로 지급할 수 있다.

1. 토지소유자나 관계인이 원하는 경우

2. 사업인정을 받은 사업의 경우에는 부재부동산 소유자의 토지에 대한 보상금이 일정 금액(1억 원)[11]을 초과한 경우로서 그 초과하

---

11) 「공익사업을 위한 토지 등의 취득 및 보상에 관한 법률 시행령」 제27조.

는 금액에 대해 보상하는 경우

「공익사업을 위한 토지 등의 취득 및 보상에 관한 법률 시행령」 제26조

(부재부동산 소유자의 토지)(조문 일부 수정)

① 부재부동산 소유자의 토지는 사업인정고시일 1년 전부터 다음 각 호
의 어느 하나의 지역에 계속하여 주민등록을 하지 아니한 사람이 소
유하는 토지로 한다.

1. 해당 토지의 소재지와 동일한 시·구·읍·면

2. 제1호의 지역과 연접한 시·구·읍·면

3. 제1호 및 제2호 외의 지역으로서 해당 토지의 경계로부터 직선거
리로 30킬로미터 이내의 지역

토지보상법에 규정되어 있듯이 우선 토지소유자가 원하면 채권보
상이 가능하다. 그런데 소유자가 원하지 않더라도 부재부동산 소유
자인 경우는 채권보상이 가능하다. 사업시행지역에서 계속 거주하고
있지 아니한 자의 1억 원을 초과하는 보상금에 대해서는 현금이 아
닌 채권으로 지급할 수 있다. 당해 지역에 계속 거주하지 아니한 사
람, 이른바 부재부동산 소유자는 실소유자가 아닐 가능성도 있으므
로 이들에게는 일정한 기간 현금의 지급을 유예하는 불이익을 주고
있다.

부재부동산 소유자가 아닌 경우에도 채권으로 보상금을 지급한 사
례가 있다. 수도권 신도시개발 등으로 당시 한국토지공사가 극심한
자금난에 빠졌던 때에 현금으로 보상금을 지급할 여력이 되지 못하

여 부재부동산 소유자만이 아닌 모든 보상금 수령 대상자에게 일정 금액 이상의 보상금 전액을 채권으로 지급하였다. 당연히 보상금을 수령하는 소유자들의 불만이 증폭되었다. 보상금 액수도 마음에 들지 않는데 그것마저도 현금이 아니고 몇 년 후에나 현금화가 가능한 채권으로 지급한다고 하니 가만히 있을 수 없었을 것 같다. 사업시행자의 담당 실무자들은 극심한 민원에 시달려야 했다.

현금이 아닌 토지로 보상금을 지급할 수도 있다. 전면매수방식의 개발사업을 시행하면서 일부 환지방식을 가미한 것이다. 택지개발이나 도시개발사업의 경우 새로이 조성되어 일반인에게 분양되는 토지가 있다. 보상금을 지급하는 대신에 조성된 토지를 토지소유자에게 지급하는 방식이다. 일반적으로 이를 '대토보상'이라고 부른다. 현금보상의 경우 보상금을 받은 토지소유자는 조성된 토지를 매입하기 위해 일반인과 같은 절차로 입찰이나 추첨의 과정을 통해야 하지만 사실 낙찰이나 당첨이 되기가 쉽지 않다. 따라서 현금 대신 조성된 토지를 경쟁 없이 공급한다니 토지소유자들은 대체로 이 방식을 반기는 실정이다. 다만, 환지방식에서 나타나는 문제점과 유사하게 소유자별 대토 위치의 결정이나 가격산정에 있어 갈등이 발생할 수 있다.

대토보상을 하는 이유는 보상금이 일시에 현금으로 지급될 때 발생하는 사업시행자의 초기 자금 부족을 해소하고, 일시에 지급된 보상금이 인근 지역 부동산에 대한 투기 자금화하는 것을 방지하기 위해서이다.

국토교통부 자료에 의하면, 2018년 기준 현금보상액의 비율은 94.5

퍼센트, 채권보상은 1.4퍼센트, 대토보상은 4.1퍼센트이다.[12]

세 번째 원칙은 '사전보상의 원칙'이다. 사전보상은 공익사업을 위한 토지사용 이전에 소유자와 관계인에게 보상금 전액을 지급하여야 한다는 원칙이다. 다만, 천재지변 시의 토지사용과 시급한 토지사용의 경우, 토지소유자 또는 관계인의 승낙이 있는 경우는 보상금 지급 이전에 토지를 사용할 수 있다. 보상금을 지급하지 아니하고 공사에 착수하는 경우에는 불법행위의 문제가 발생한다.

보상금을 지급하지 아니하고 전면적으로 공사에 착수하는 사례는 거의 없지만, 단순한 사건은 공사 현장에서 간혹 발생한다. 보통은 고의적인 훼손이라기보다 공사를 하는 현장 실무자들, 예를 들면 포클레인 기사가 보상이 이루어진 것으로 착각하거나 실수로 보상이 이루어지지 아니한 토지를 파헤치거나 물건을 철거한 경우다. 이런 실수가 발생하면 토지소유자가 민원을 제기하고 항의한다. 어떤 경우는 사업시행자에게 고액의 배상을 요구하기도 한다. 직접 잘못한 것은 아니라도 사업시행자는 난감하다. 문제를 만든 현장의 실무자가 직접 해결하기도 한다. 예를 들면 포클레인 기사가 토지소유자를 만나 "어제 잠이 좀 부족해서 제가 큰 실수를 했습니다."라고 사정을 하는 수밖에 없다. 이런 경우는 보통 토지소유자도 양해하고 넘어간다.

네 번째 원칙은 '시가보상의 원칙'이다. 시가보상은 시가(市價)의 보상이 아니라 시가(時價) 보상을 의미한다. 다시 말하면 보상계약이 체결

---

12) 국토교통부, 『2018 토지업무편람』, p.94.

되는 시점의 가격을 기준으로 보상액을 산정한다는 의미이다. 일반적으로 보상액이 시세에 미치지 못한다고 전제하는 경향이 있다. 그래서 시세 가격, 즉 시가(市價)로 보상을 해야 한다는 주장이 계속된다.

시가(市價)가 아닌 시가(時價) 보상 원칙이라고 하면 이는 시세에 미치지 못하는 가격으로 보상액을 산정하는 것이 아니냐는 의문을 제기한다. 그러나 맨 처음에 이야기했듯이 계약체결이 예상되는 시점, 즉 가격시점 현재의 보상금이 꼭 시세에 미치지 못하는 것은 아니며, 따라서 시가(時價)가 시가(市價)보다 낮다는 것은 오해일 가능성이 크다. 시가(時價)가 바로 시가(市價)라는 말이 더 타당하지 않을까 한다.

모든 재화의 가격은 항상 변화하고 있기에 보상액을 산정하기 위해서도 기준이 되는 시점이 필요하다. 이를 '가격시점'(토지보상법에서는 '가격시점'으로, 「감정평가 및 감정평가사에 관한 법률」에서는 '기준시점'으로 규정되어 있다)이라고 한다. 토지 등의 소유자와의 협의를 위한 보상액 산정의 가격시점은 통상적으로 계약체결이 예상되는 시점으로 하고 있다. 물건조사나 감정평가의 시점이 아니라 일반적으로 감정평가 시점으로부터 약 10일에서 1개월 후의 어느 특정 날짜를 가격시점으로 한다.

다섯 번째 원칙은 '개인별 보상의 원칙'이다. 2인 이상이 한 필지의 토지를 공유하고 있는 경우, 토지 지분 비율에 따라 공유자별 보상금액을 산정하여 이를 각 개인에게 지급한다. 공유자가 부부 등 가족 관계일 때도 마찬가지이다.

토지에 근저당의 형식으로 저당권이 설정된 경우는 어떻게 될까? 이때도 원칙적으로는 토지의 소유권과 저당권을 분리하여 각 권리자에게 보상금을 지급하는 것이 맞을 수 있다. 그러나 이자를 포함한 저당권의 금액이 정확하게 확정되지 않는 경우가 많으며 사업시행자가 이를 일일이 파악할 수 없기에 하나의 물건에서 저당권의 가격이 제외된 제한받은 상태의 순수 소유권 가격과 저당권의 가격을 각각 구분하여 각 권리자에게 배분하는 것은 실무적으로 어려움이 있다.

따라서 이 같은 경우에는 통상적으로 저당권의 말소를 조건으로 하여 소유권자와 보상계약을 체결한다. 저당권을 말소시킬 수 있는 제반 서류를 소유권 이전 서류와 함께 제공할 경우 보상금을 지급한다. 저당권을 말소시킬 수 있는 서류를 저당권자로부터 받기 위해서는 토지 등의 소유자가 저당권자에게 저당권 설정의 근거가 되는 채무 등을 변제하여야 하나 통상 보상금을 수령하여야 변제가 가능한 경우가 많으므로, 저당권자 위치의 금융기관이 공공기관인 사업시행자를 신뢰하여 사전에 말소 서류를 제공하고, 사업시행자는 저당권 해당 금액을 채권자인 금융기관에 직접 입금하는 방식으로 실무가 이루어지고 있다.

여섯 번째 원칙은 '일괄보상의 원칙'이다. 이를 '동일인 소유토지 등의 동시보상 원칙'이라고도 한다. 같은 사업구역에 보상 시기를 달리하는 동일인 소유의 토지 등이 여러 개 있는 경우 소유자가 요구할 때에는 한꺼번에 보상금을 지급하여야 한다는 원칙이다. 대규모 사업의 경우에는 1단계, 2단계 등으로 구분하여 보상 시기를 달리하는 사례가 있다. 이럴 때 사업은 단계별로 이루어지더라도 소유자가 원하는 경우 보상은 일괄해서 하여야 한다.

그러나 시기를 나누어 보상할 경우 통상적으로 나중에 이루어지는 보상액이 조금이라도 많아질 수 있다. 보상금을 나중에 지급한다면 시가보상의 원칙에 따라 보상액 산정을 위한 가격시점도 미루어지게 되며 이때 일차적으로 지급된 보상금이 시중에 풀려 인근 지역 토지 매입을 증가시키는 이른바 대토 수요가 발생하여 지가가 상승하고, 보상금 산정에 적용되는 해당 행정구역의 지가변동률도 상향 조정될 가능성이 있기 때문이다. 따라서 일괄보상을 원하는 경우는 그리 많지 않다. 그러나 급하게 금전이 필요한 경우에는 일괄보상을 요구하여 미리 보상금을 받을 수 있다.

일곱 번째로 '사업시행이익과의 상계 금지의 원칙'이 있다. 사업시행이익이란 해당 공익사업으로 인하여 사업지구 인근 토지들이 얻게 되는 이익을 의미한다.

도로개설사업을 예로 들어보자. 기존 도로에 접하지 아니하는 맹지인 토지 일부가 사업구역에 편입되었다, 그 일부는 보상의 대상이 되고 나머지 토지는 그대로 소유하고 있다, 도로개설 이전에 맹지였던 토지의 나머지 부분은 도로개설로 인하여 폭 20미터의 대로에 접하게 되었다고 생각해 보자. 도로개통 후 이 나머지 토지의 가격은 보상 시점과 비교해 2배 이상 상승할 수 있다. 토지소유자는 일부 토지에 대해서는 보상을 받으며, 또한 나머지 토지는 가격이 상승할 것이므로 큰 이익을 볼 수 있다.

공익사업에 편입되고 남은 토지, 즉 잔여지의 가격이 상승할 것으로 예상이 된다고 미리 보상 과정에서 이를 반영하여 보상금을 적게 할 수 있을까? 그렇게 해서는 안 된다는 원칙이 사업시행이익과의 상계 금지의 원칙이다. 사업시행이익과 보상금을 연계시키고 예상되는 이익을 보상금에 반영하여 상계 처리해서는 안 된다. 잔여 토지에 주어지는 사업시행이익을 환수하는 것은 사업지구에 편입되지 않은 인근 지역 다른 토지의 경우와 마찬가지로 처분 시점의 양도소득세 등 다른 수단과 방법으로 다루어져야 할 부분이다.

이상의 손실보상의 원칙은 기본적으로 토지 등의 소유자의 권익 보호에 중점을 두고 있으며, 이에 따라 주로 사업시행자의 의무를 명확하게 하고 있다. 아울러 채권보상과 같이 정책 목적상 소유자에게 불리한 예외도 두어 사업시행을 원활하게 하고 결과적으로 공익과 사익의 조화를 도모하고 있다.

보상의 대상과 내용은
무엇인가

보상의 대상이 무엇이냐는 물음에 한마디로 대답하면, '손실이 있는 곳에 보상이 있다.'이다. 법률에서 금지하고 있는 것을 새로이 시작하거나 설치한 것이 아니라면 공익사업으로 발생한 모든 손실이 보상의 대상이 된다.

간혹 손실이 있는 것으로 인정할 수도 있을 것 같은데 법률의 미비로 보상이 불가한 경우가 있을 수는 있다. 언론 보도나 학술발표 등여러 통로를 통한 반복적인 문제의 제기와 공식적인 입법 과정을 통해 이러한 법의 미비가 치유될 수도 있다. 전반적인 사회의 성숙과 발전에 따라 그동안 손실이 아니라고 여겨져 왔던 것이 손실이라고 인정받게 되는 것도 있어 일반적으로 보상의 대상은 점차 확대되는 것같다.

보상의 내용은 크게 '대물보상'과 '생활보상'으로 구분할 수 있다. 대물보상이란 공익사업에 수용이 되는 재산권에 대해 객관적인 시장가치를 기준으로 보상하는 것을 말한다. 그러나 피보상자의 관점에서는 대물적 보상이 충분하지 못하다. 수용이 이루어지는 시점에서의 객관적 가치를 보상 대상으로 하는 것을 넘어서 수용이 없었던 것과같은 상태로 회복시켜 주는 것이 필요하다. 따라서 등가 교환적 가치를 기준으로 하는 대물보상에서 더 나아가 종전과 같은 수준의 생활 상태를 보장하기 위해 등장한 것이 생활보상이다. 생활보상은 공익사업의 시행으로 인하여 생활기반을 상실한 자에게 종전의 생활 상태를 유지·회복시키기 위해 행하는 보상을 말한다.

　대물보상의 대상인 재산권부터 살펴보자. 재산권도 여러 가지 기준에 의해 구분할 수 있다. 성질에 따라 토지, 건물, 기타의 물건, 영업, 농업, 권리 등으로 구분된다. 공익사업에 편입되는지에 따라 공익사업구역 내에 편입되는 직접적인 것과 직접 사업구역에는 편입되지 않으나 그 공익사업의 시행으로 인하여 간접적으로 손실이 발생하는 경우인 간접적인 것으로 나눈다. 형태에 따라서는 토지 등 일정한 형태를 가지고 있는 유형적인 것과 광업권, 어업권 등 권리와 같은 무형적인 것이 있다.

　이제부터 순서와 관계없이 보상의 대상을 열거하고자 한다. 더욱 자세한 내용은 Part 3에서 정리할 예정이며, 이번에는 간단히 목록만 나열한다.

　우선 단독주택을 예로 들어보자. 하나의 단독주택이라 할 때 먼저 그 부지인 토지가 있다. 그리고 건물인 주택이 있다. 주택을 확장한 경우, 기존 주택과 구조나 이용 상황이 유사한 상태이면 기존 주택과 확장된 주택의 면적을 합산하여 하나의 주택으로 보고, 구조나 이용 상황이 다른 경우에는 별도의 건물로 본다. 본체가 아닌 부속 건물로서 부속의 주택, 창고, 화장실, 축사 등이 있다. 독립된 건물은 아니며 주택의 둘레에 만들어진 통로나 보일러실 등 벽체와 지붕이 있는 공작물은 실무에서 보통 '가추'라고 부르는데, 국어사전에는 등록되지 않은 용어이다. 토지의 경계에 설치된 담장과 대문이 있으며, 차양, 마당 포장, 장독대, 세면대, 우물, 관정, 화단 등이 있다. 그리고 화단이나 기타의 장소에 식재된 모든 수목이 보상 대상이 된다. 화분에 심어진 수목은 보상 대상이 아니다. 이들은 다른 집기류와 마찬가지로 별도로 지급되는 이사비에 의해 보상이 이루어질 것이다.

토지를 유지하고 있는 축대나 배수구 등은 토지를 구성하고 그 가치를 유지하는 시설물로서 토지와 구분되는 별개의 물건으로 볼 수 없기에 이는 보상의 대상이 될 수 없다. 이들의 가치는 토지에 화체(化體)되었다고 한다.

그리고 건물의 보일러, 정화조, 전기시설 등도 별도의 보상 대상 물건이 아니다. 건물의 구성 부분이기 때문이다. 이들이 물건조서에 누락되었다고 하는 경우가 있으나 이들은 별도의 조사 대상이 아니며, 다만 감정평가 과정에서 이들을 고려하여 가격을 책정하게 된다. 그리고 동산 상태의 모든 가재도구, 집기 등은 보상 대상이 되지 못한다. 이들에게는 주택 연면적의 크기에 따라 산정되는 일정액의 이사비가 지급된다.

공장이나 식당 등 시설을 갖추고 생산이나 판매와 같은 영업활동이 이루어지는 곳은 일차적으로 토지 및 토지 위의 모든 시설물이 보상 대상이 될 뿐만 아니라 간판이나 전화기 등 영업에 필요한 기타의 시설물도 모두 대상이 된다. 주택에서는 대상이 되지 못한 동산 상태의 시설물도 이전에 비용이 소요되기 때문에 보상의 대상이 된다. 영업의 경우는 주택에서와 같은 이사비가 없으니 동산도 이전비 지급 대상이 된다.

그리고 이들 영업 시설 외에, 일정한 장소에서 인적·물적 시설을 갖추고 적법한 절차에 의해 이루어지는 영업이라면 장래 기대이익의 상실에 대한 보상으로서 휴업 또는 폐업 보상이 있다. 공익사업으로 인하여 영업을 중단하고 이전을 해야 하기에 통상 4개월 이내 기간의 영업 수익에 상당하는 휴업 보상액을 지급한다. 2년의 수익을 보상액으로 책정하는 폐업 보상도 있으나 이는 극히 예외적인 사례에 적용된다.

축산업도 영업의 기준에 따라 보상을 한다. 그런데 축산업이라 하기 위해서는 「축산법」에 의해 허가를 받았거나 등록한 종축업, 부화업 또는 가축사육업 등이거나 기준 마릿수 이상의 가축을 기르는 경우이어야 한다. 기준 마릿수를 두는 것은 축산업으로 등록하지는 않았으나 농가 등에서 어느 정도 이상의 규모로 가축을 사육할 때 이를 축산업으로 인정하여 보상하겠다는 의미이다. 기준 마릿수는 가축별로 닭 200마리, 토끼 150마리, 오리 150마리, 돼지 20마리, 소 5마리, 사슴 15마리, 염소 또는 양 20마리, 꿀벌 20군 등이다. 개나 거위와 같이 법규에 명시되지 아니한 가축은 유사 가축의 기준 마릿수를 적용한다.

여러 가지 가축을 기르는데, 각각의 가축이 기준 마릿수 미만이라면 기준 마릿수에 대한 실제 사육 마릿수의 비율 합계가 1보다 큰 경우 보상 대상이 된다. 예를 들어 소 3마리, 돼지 5마리 닭 40마리를 기르는 경우 소는 0.60(3마리/5마리), 돼지는 0.25(5마리/20마리), 닭 0.20(40마리/200마리)으로, 그 합계가 1.05이므로 개별 가축의 사육 마릿수는 기준 마릿수에 미치지 못하나 비율로 환산한 총합계가 마릿

수 기준을 초과하여 이는 축산보상의 대상이 된다.

농경지의 경우는 농지인 토지와 함께 농업용 시설물과 작물을 조사하여 보상한다. 시설물은 비닐하우스, 관정, 울타리 등이 있다. 농업에 대한 보상은 농업보상과 농작물 보상이 있다. 농업보상은 공익사업시행으로 인해 생업인 농업을 계속할 수 없게 됨에 따라 발생하는 손실에 대한 보상으로서 보통 재배작물의 종류와 관계없이 농경지 단위면적당 일정액의 보상을 지급하는 것이다. 이는 농업용 토지나 시설물에 대한 보상이라기보다는 생활보상의 하나로서, 농지의 소유자가 아닌 경작자에게 지급하는 것이 원칙이다.

농작물 보상은 원칙적으로 다년생 작물에 한한다. 인삼과 같이 다년간 재배하여 수확하는 작물을 중간에 제거하여야 하는 경우 또는 미나리나 부추, 잔디와 같이 계속하여 수확 가능한 작물이 더 이상 재배 불가능한 경우 보상을 한다. 과수원에서 재배되는 과수는 다년생 수목이기 때문에 보상 대상이다. 단년생 작물의 경우는 긴급한 공사를 위해 수확기 이전에 불가피하게 제거할 필요성이 있는 때에만 보상한다. 수확기에 도달한 단년생 작물은 손실이 없는 것으로 보아 보상의 대상이 되지 않는다.

농지 대부분, 즉 당해 지역에서 경작하고 있는 농지의 3분의 2 이상에 해당하는 면적이 공익사업에 편입된다면 영농에 필요하지 않게 된 농기구도 보상한다.

임야상의 수목은 인공적으로 식재를 하였는가, 자연림인가에 따라 구분된다. 인공적으로 식재되었으나 아직 그 소득을 얻지 못한 용재림이 보상의 대상이 된다. 그러나 자연림은 대부분 보상의 대상이 되기 어렵다.

인공적으로 식재된 용재림도 벌기령에 도달하였다면 시장에서 바로 판매할 수 있으므로 원칙적으로는 손실이 없는 것으로 본다. 그리고 입목의 경제적 가치를 판단할 때, 벌목하여 판매할 경우 시장에서 받을 수 있는 금액과 벌목 기타 운반비를 합산한 비용을 비교하여 이익이 발생할 때만 실질적인 경제적 가치가 있다고 한다. 어떤 입목 1주에 대해 시장에서 10만 원을 받을 수 있는데, 이를 벌목하여 운반하는 비용이 12만 원이라면 이 나무는 일단 그 자체로서는 10만 원의 가치를 갖고 있다 해도 실질적으로는 경제적 가치가 없다고 할 수 있다. 따라서 토지와 별개로 가치를 지닌 독립된 물건이라고 하기 어렵고 별도의 보상 대상이 될 수 없다. 그리고 자생 중인 유실수, 예를 들면 임야에서 자생하고 있는 몇 그루의 밤나무는 보상의 대상이 되지 않는다.

자연림과 관련하여 일반적이지 않은 사례가 있다. 공익사업의 목적이 자연림을 그대로 이용하고자 하는 때에는 그 자연림이 이른바 지장물이 아니고 취득하여야 할 대상이기 때문에 벌목 또는 이전에 따른 경제적 가치 여부를 떠나 보상의 대상이 된다. 이는 사업시행자가 취득하여야 한다.

개인 숲 수용 공원 조성하면 나무 값도 보상해야[13]

구청이 개인 소유의 소나무 숲을 수용해 생태공원을 조성했지만 소나무 값을 별도로 보상하지 않자 소유자들이 소송을 냈다. 법원은 "이곳에 있는 소나무를 단순한 땔감이 아닌 관상수로 봐야 한다."며 "소나무 값도 따로 보상하라."고 판결했다.

○○ ○○구 주민들의 쉼터인 ○○동 ○○공원. 본래 이곳은 개인 소유의 땅이었지만 ○○구청이 지난해 1월 토지수용을 거쳐 시민공원으로 새 단장한 곳이다. ○○공원이라는 이름에 걸맞게 이곳에는 9,400여 평의 널찍한 평지에 수령 50년이 넘는 아름드리 소나무가 800여 그루가 자라고 있다.

하지만 구청과 토지 소유주 간의 토지수용 절차가 순조롭게 진행되는가 싶었는데 한 가지 문제가 생겼다. ○○구청은 이 임야를 공원으로 조성하면서 땅 소유주 6명에게 땅값으로 126억 원을 보상했지만 정작 소나무에 대해선 별도의 보상을 하지 않았기 때문이다.

이에 소유자들은 소송을 냈고 2심 재판부는 1심과는 달리 "구청은 소나무 값을 따로 보상해야 한다."고 말했다. 서울고등법원 합의6부는 "구청이 땅을 수용한 이유가 땅 자체를 이용하기 위해서라기보다는 경관이 뛰어난 소나무 밀집 지역이기 때문이므로 소나무 값도 별도로 보상해야 한다."고 판결했다.

---

13) 최철, "개인 숲 수용 공원 조성하면 나무 값도 보상해야", 『노컷뉴스』, 2005년 7월 9일.

분묘는 봉분의 크기나 구조와 관계없이 일단 일정액의 보상금이 지급된다. 단장의 경우 지역별 차이가 있으나, 2020년 기준 분묘 1기당 약 300~360만 원 정도가 보상금 액수이다. 합장은 단장과 비교해 보상액이 조금 더 많다. 여기에 추가하여 봉분을 구성하는 둘레석과 주변의 상석, 망주석 등 석물은 별도의 보상 대상이다. 그리고 일반 토지와 다르게 분묘를 지지하는 석축은 보상 대상이 된다. 이는 석축이 분묘가 소재하는 임야 전체의 가치에 화체되는 것이 아니라 분묘 자체만을 위해 비용이 투입되고 분묘만을 지지하고 있기 때문이다. 그리고 분묘의 주변에 식재된 수목도 보상 대상이다. 분묘를 둘러싸고 있는 소나무 등 자생하는 수목은 논란이 되기도 하나 주변 토지가 임야 등으로서 분묘가 없었더라도 식생하고 있었을 것으로 추정되는 자생상태의 수목은 보상의 대상이 되지 않는다.

권리는 광업권, 어업권 등이 있다. 광업권은 토지와 별개로 보상의 대상이 된다. 어업권은 「수산업법」이나 「내수면어업법」에 의해 어업면허를 받은 경우, 허가어업이나 신고어업의 경우 보상 대상이다. 다만, 「내수면어업법」에 의한 신고어업은 제외된다. 그래서 연못이나 논을 이용한 소규모 민물 양식장 등은 어업권 보상의 대상이 아니라 영업보상이나 이전비 보상의 대상이다.

이제는 생활보상을 살펴보자. 생활보상은 대물적 보상의 한계를 극복하고 종전과 같은 수준의 생활 상태를 보장하기 위해 등장했다고 하였다. 그래서 어디까지를 대물보상으로 보고 어디에서부터 생활보상으로 보느냐 하는 관점의 차이는 있을 수 있다. 생활보상은 종전의 생활 수준을 유지하거나 회복하는 데 목적이 있으므로 일반적으로 재산권 보상과 정신적 보상을 제외한 범위로 이해하는 것이 다수설이다.

생활보상은 그 대상이 사실 분명하지 않다. 일차적으로 공익사업지구 내에 거주하거나 영업을 하였던 모든 사람이 보상 대상이다. 대부분 구체적 물건이 아니라 사람의 존재나 활동이 그 대상이라고 보아야 한다. 생활보상의 내용은 이주대책, 생활대책용지 공급, 휴직보상, 실직보상, 주거이전비, 이농비, 이어비, 주거용 건축물의 보상 최저한도 등이 있다. 그리고 공익사업지구 밖에 소재하나 사업시행으로 손실이 발생하는 대지나 건축물, 소수 잔존자, 공작물, 어업, 영업, 농업 등에 대한 보상인 간접보상도 생활보상의 하나인 것으로 이해되고 있다.

이주대책의 대상은 주거용건물을 소유하고 사업지구 내에 거주하는 자로서 공익사업의 시행으로 생활 근거를 상실하게 된 자이다. 생활대책용지 공급의 대상자는 이주대책의 대상자인 주거용건물의 소유자, 영업보상 또는 축산보상을 받은 자 등이다. 모든 생활보상의 대상자는 사업인정고시일 또는 보상계획공고일 등 공익사업의 시행을 공식화한 고시나 공고 등이 있는 날 이전부터 해당 조건을 갖춘 자에 한한다. 보상의 구체적인 내용은 Part 3에서 다룰 예정이다.

보상금은
어떻게 결정되는가

　보상금이 언제, 어떻게, 어떤 수준으로 산정되는가 하는 것은 토지 등의 소유자들이 가장 궁금해하고 관심을 가지는 부분이다. 구체적 물건에 대한 보상금 산정 내용은 Part 3에서 제시하고자 하며 여기에서는 보상금 산정 업무를 수행하는 감정평가사의 선정과 개략적 감정평가 절차 및 보상금 확정 과정을 알아본다.

　한마디로 보상금은 사업시행자의 의뢰에 따라 감정평가사 2인 또는 3인이 산정한다. 감정평가사에 의한 보상액 산정을 감정평가라고 한다. 감정평가의 첫 단계에서 토지 등의 소유자들이 가장 중요하다고 생각하는 사안은 누가 어떻게 감정평가사를 선정하느냐이다. 토지보상법의 규정을 보자.

「공익사업을 위한 토지 등의 취득 및 보상에 관한 법률」제68조(보상액의 산정)(조문 일부 수정)

　① 사업시행자는 토지 등에 대한 보상액을 산정하려는 경우에는 감정 평가업자 3인(제2항에 따라 시·도지사와 토지소유자가 모두 감정평가업자를 추천하지 아니하거나 시·도지사 또는 토지소유자 어느 한쪽이 감정평가업자를 추천하지 아니하는 경우에는 2인)을 선정하여 토지 등의 평가를 의

뢰하여야 한다.

② 제1항 본문에 따라 사업시행자가 감정평가업자를 선정할 때 해당 토지를 관할하는 시·도지사와 토지소유자는 감정평가업자를 각 1인씩 추천할 수 있다. 이 경우 사업시행자는 추천된 감정평가업자를 포함하여 선정하여야 한다.

사업시행자는 토지와 물건을 조사하여 토지조서와 물건조서를 작성한 다음 보상계획 열람을 공고한다. 보상계획 열람 과정에서 소유자의 이의신청이 있으면 사업시행자는 그 사실관계 여부를 확인한 후 각 조서를 수정·보완하고 최종 조서를 확정한다. 사업시행자는 확정된 조서를 기준으로 감정평가사에게 감정평가를 의뢰한다. 원칙적으로 감정평가는 2인 이상이 수행한다. 1인에 의한 감정평가는 적법하지 못하다.

소규모 사업이나 광역지방자치단체인 특별시, 광역시 또는 도가 사업시행자인 경우 사업시행자가 2인의 감정평가사를 선정하며, 어느 정도 규모가 있는 사업이면서 사업시행자가 광역지방자치단체가 아닌 경우는 사업시행자가 1인을 선정하고 사업지구를 관장하는 광역단체인 특별시, 광역시 또는 도에서 1인을 사업시행자에게 추천한다. 그런데 위 보상계획 열람 기간 중 토지소유자들이 1인의 감정평가사를 추천한다면 추가로 1인을 선정하여 3인에게 의뢰하며, 이때는 3인의 감정평가사가 보상액을 산정한다.

「공익사업을 위한 토지 등의 취득 및 보상에 관한 법률 시행령」 제28조

(시·도지사와 토지소유자의 감정평가업자 추천)(조문 일부 수정)

④ 감정평가업자를 추천하려는 토지소유자는 보상 대상 토지면적의 2분의 1 이상에 해당하는 토지소유자와 보상 대상 토지의 토지소유자 총수의 과반수의 동의를 받은 사실을 증명하는 서류를 첨부하여 사업시행자에게 감정평가업자를 추천하여야 한다. 이 경우 토지소유자는 감정평가업자 1명에 대해서만 동의할 수 있다.

토지소유자는 개인이 감정평가사를 추천할 수 있다고 오해하기도 한다. 때문에 대규모 택지개발사업인데도 어떤 개인이 감정평가사 사무실에 전화해서 사업시행자에게 추천하겠다고 하는 경우가 있다. 그러나 위 규정과 같이 전체 사업면적의 1/2 이상에 해당하는 면적의 소유자, 전체 소유자 수의 과반이라는 두 가지 조건을 모두 충족시켜야 사업시행자에게 감정평가사를 추천할 수 있다. 또 하나 주의할 사항은 물건의 소유자는 감정평가사를 추천할 수 없고 토지소유자만이 추천할 수 있다는 점이다. 실무에서는 소규모 사업의 경우 공식적인 토지소유자 추천 절차를 거치지 아니하고 1인의 감정평가사를 토지소유자가 추천하면 사업시행자는 위 1인과 사업시행자가 선정한 1인 등 2인에게 감정평가를 의뢰하기도 한다.

통상 대규모 사업이 발표되면 감정평가 회사에서 토지소유자의 추천을 받으려고 노력하는 모습을 볼 수 있다. '토지소유자 추천 감정평가사'는 사업시행자만이 감정평가사를 선정하는 것은 너무 일방적이므로 토지소유자의 의견을 반영할 수 있는 감정평가사를 추가하여 당사자 간 균형을 유지함으로써 토지소유자의 재산권을 보호하고자 하는 취지에서 만들어진 제도이다.

토지 등의 소유자들이 보상대책위원회를 구성하게 되면 보상대책위원회의 명의로 감정평가 사무실에 제안서를 제출해 달라고 요구하기도 한다. 감정평가 업체의 역량을 기준으로 추천 대상자를 선정하기 위해 심사하겠다는 의미이지만, 이 과정에서 얼마의 가격수준으로 감정평가가 가능한지를 제출하라고 공개적으로 요청하기도 한다. 외부 회계감사를 받는 주식회사가 적정의견을 제시해줄 감사인을 찾는 것과 같은 일종의 의견구매(Opinion Shopping)이다.

감정평가사는 어떤 경우라도 사전에 예상 감정평가액을 말할 수 없다. 감정평가를 위한 현장의 실지조사를 하지 않았으니 가격수준을 제대로 알 리도 없다. 이런 경우는 토지소유자도 답답하고 감정평가사도 답답하다. 토지소유자가 궁금해하는 것은 '어떤 감정평가사가 얼마의 가격으로 평가 결과를 내어놓을 것인가?'이지만 감정평가사는 그 액수를 구체적으로 알 수도, 말할 수도 없다.

그 과정에서 소유자의 의사를 가장 잘 반영한 고가의 보상액을 산정해 낼 것으로 추정되는 감정평가사가 선정된다. 이때는 '공정한, 내가 잘 아는, 정확한 가격을 산정하는, 신뢰할 수 있는, 법률에 정통한, 성실한, 지역 사정을 잘 아는, 학벌이 좋은, 친척 관계에 있는'이라는 수식어들은 아무런 의미가 없다. 오로지 '누가 보상금을 가장 높게 산정할 것으로 보이는가?' 하는 점만이 관심의 대상일 뿐이다.

어느 특정의 감정평가사를 선정하겠다는 결정이 있게 되면, 대책위원회는 물론이고 감정평가 회사 직원들까지 나서서 토지소유자의 도장을 받으려 한다. 보상계획 공고일의 마지막 날로부터 30일 이내라는 기한 내에 정족수를 충족시켜야 하기 때문이다. 기한 내에 조건을 충족시키지 못한다면 토지소유자 추천은 불가능하게 되고, 광역자치단체 추천 포함 사업시행자가 선정한 2인의 감정평가사가 보상액을 산정하게 된다. 따라서 토지소유자는 감정평가사 추천에 적극적으로 참여하는 것이 바람직하다.

그런데 토지소유자가 추천하는 감정평가사는 과연 토지소유자의 의도에 맞게 만족할 만한 수준의 결과를 내어놓을 수 있을까? 그렇다고 자신 있게 말하기는 어렵다. 숫자상으로는 3인의 감정평가사가 내어놓은 감정평가 결과에서 항상 토지소유자 추천 감정평가사의 가격이 높을 것이다. 높을 수밖에 없다.

감정평가의 과정에서 감정평가사 간 의견교환은 불가피한 면이 있다. 토지보상법에서 감정평가사 간 가격 차이가 10퍼센트 이상이면 그 감정평가를 무효로 한다. 예를 들면 한 소유자가 대추나무 묘목 한 주만을 소유하고 있는데, 그 묘목 하나를 두고 5만 원과 4만 원으로 평가 결과가 나오게 되면 그 감정평가는 무효가 된다. 두 감정평가사의 가격이 25퍼센트의 차이가 나기 때문이다. 감정평가 결과 소유자별 가격 차이가 10퍼센트 이상이면 감정평가사 선정절차부터 다시 시작하여 재평가하여야 하며, 이로써 사업추진이 큰 지장을 받게 된다.

시각 차이가 있을 수 있는 작은 대추나무 하나 때문에 처음부터 다시 절차를 거쳐야 하니 사전에 감정평가사 간에 개략적인 의견교환이 불가피하다. 담합으로 보는 시각도 있으나 복수의 감정평가사에 의한 보상금 산정 제도는 재산권을 이전시키는 보상금 산정의 중요성을 고려하여 착오 또는 독단에 의한 오류를 최소화하는 장치로 보는 것이 일반적이기 때문에 이러한 의견교환이 용인되는 것 같다.

이 과정에서 토지소유자 추천 감정평가사는 다른 2인의 감정평가사보다 숫자상으로 항상 높은 가격을 결과로 내어놓을 뿐이다. 누가 토지소유자 추천 감정평가사가 되더라도 마찬가지이다. 소유자의 면전에서 긍정적인 언질을 주었다 하여 높은 수준의 보상액을 산정하지는 않는다. 상대적으로 다른 감정평가사보다 높은 보상액을 결과치로 내어놓을 뿐이다.

소유자 추천을 받은 감정평가사는 누구라도 소유자의 생각을 대변해서 보상금액을 산정하려고 노력한다. 적극적이고 언변이 좋은 감정평가사도 그렇겠지만 소극적이며 소심한 감정평가사도 마찬가지이다. 법령의 규정과 의미를 잘 알고 감정평가 업계에서 신뢰를 얻고 있는 감정평가사가 오히려 더 높은 보상액을 산정할 가능성도 있다. 그렇다고 해도 이들이 토지소유자 추천 감정평가사로 선정될 가능성은 이른바 '영업 마인드'를 가진 감정평가사에 비해 매우 낮은 것 같다.

일부 토지소유자는 감정평가사 선정권을 갖는다고 하여 감정평가사와의 관계를 이른바 갑과 을의 위치로 보면서 추천을 원하는 감정평가사에게 과도한 요구를 하거나 이들을 하대하기도 한다. 그러나 모든 인간관계는 상호 존중하는 마음에서 출발하는 것이 중요하다. 인간의 내심은 본인 외에는 아무도 모른다. 감정평가사 추천 서류가 사업시행자에게 도달한 순간부터 감정평가사는 토지소유자의 영향력에서 벗어난다고 보아야 하며, 이들이 토지소유자의 재산권 보호를 위해 어느 정도 노력하는지는 다른 누구도 알 수가 없다.

토지보상법 제68조는 광역자치단체인 시·도지사의 감정평가사 추천도 규정하고 있다. 이는 공익사업이 시행되고 있는 해당 지방자치단체도 보상액 산정 과정에 참여할 수 있도록 하여 주민의 재산권 보호와 원활한 사업시행을 도모하기 위한 의미에서 만들어진 규정이다. 이때 지방자치단체는 기초단체인 시·군·구가 아니라 광역자치단체인 특별시, 광역시 그리고 도이다. 다만, 공익사업을 위한 모든 보상 절차에서 시·도지사의 감정평가사 추천을 의무화하고 있지는 않다. 국토교통부의 지침에 의하면 추정 보상액이 10억 원 이하인 경우, 시·도지사가 사업시행자인 경우, 동일 사업 구간 내 추가 보상지역 등은 시·도지사의 감정평가사 추천을 생략할 수 있다.

그러나 여러 가지 여건상 광역자치단체에 감정평가사를 추천하는 상설 부서를 둘 수는 없고, 국토교통부의 지침에는 감정평가 역량이나 상벌의 유무 등을 철저하게 검증한 후 감정평가사 간 공정한 배분이 될 수 있도록 선정하여야 한다고 규정하고 있어 많은 시·도지사가 실무적으로 한국감정평가사협회에 감정평가사 선정을 의뢰한다. 한국감정평가사협회는 국토교통부의 지침을 반영하여 만들어진 내부 기준에 따라 선정한 감정평가사를 시·도지사에게 통보하고, 시·도지사가 통보받은 감정평가사를 사업시행자에게 추천하는 방법으로 운영된다.

정리하면, 추정 보상액이 10억 원 이하이거나 광역자치단체인 특별시·광역시 또는 도가 사업시행자일 때 토지소유자의 감정평가사 추천이 있다면 사업시행자 선정 2인과 토지소유자 추천 1인 등 3인의 감정평가사가 보상금을 산정하며, 토지소유자의 감정평가사 추천이 없다면 사업시행자가 선정한 2인의 감정평가사가 보상금을 산정한다.

그리고 광역자치단체인 특별시, 광역시, 도가 사업시행자가 아니면서 추정 보상액이 10억 원을 초과하는 경우 토지소유자와 시·도지사모두가 감정평가사를 추천한다면 사업시행자 선정 1인과 토지소유자 추천 1인, 시·도지사 추천 1인 등 3인의 감정평가사가 보상금을 산정하며, 토지소유자의 감정평가사 추천은 없고 시·도지사만 추천한다면사업시행자가 선정한 1인과 시·도지사가 추천한 1인 등 2인의 감정평가사가, 시·도지사의 추천은 없고 토지소유자의 추천만 있다면 사업시행자가 선정한 1인과 토지소유자 추천 1인 등 2인의 감정평가사가,토지소유자와 시·도지사의 추천이 모두 없다면 사업시행자가 선정한2인의 감정평가사가 보상금을 산정한다.

감정평가사 선정이 끝나면 사업시행자는 2인 또는 3인의 감정평가사에게 보상액의 산정을 의뢰한다. 감정평가사는 사업시행자가 제시한 토지조서와 물건조서를 기준으로 우선 실지조사를 실시한 다음개별적으로 가격조사 과정을 거쳐 최종적으로 감정평가서란 보고서를 작성하고 이를 사업시행자에게 제출한다.

감정평가서를 제출받은 사업시행자는 2인 또는 3인의 감정평가 금액을 산술평균하여 최종 보상금액으로 결정한다. 사업시행자는 이과정에서 보상금을 가감하거나 조정할 수 없다. 사업시행자의 최종결재권자도 감정평가액 총액과 산술평균으로 산정된 보상금 총액을비교하여 오류 여부를 검토한다. 오래된 이야기이나 모 사업시행자의보상 담당 직원이 감정평가서와 다르게 보상금 조서를 만들고 그 보상금을 자신의 부친 명의 계좌로 입금이 되도록 하였다가 적발되어형사처분을 받은 사례도 있다. 이는 감정평가서와 보상금 산정조서,

보상금 지급을 위한 내부결재문서의 일치 여부가 체크되는 시스템의 미비에서 온 사고였다고 생각된다.

사업시행자가 감정평가서를 검토한 다음 임의로 가격을 조정할 수는 없지만, 감정평가서에 문제가 있을 시는 재평가를 요구할 수 있다. 감정평가가 위법·부당하게 이루어진 것으로 인정되는 경우와 2인 또는 3인의 감정평가 금액 간에 10퍼센트 이상의 차이가 있거나 평가 후 1년이 경과한 경우 등이다. 감정평가가 위법·부당하게 이루어진 것으로 인정되는 경우에는 당해 감정평가사에게, 그리고 감정평가 금액 간에 10퍼센트 이상의 차이가 있거나 감정평가를 한 후 1년이 경과하면 다른 감정평가사에게 재평가를 의뢰해야 한다.

사업시행자는 감정평가가 위법·부당하게 이루어졌다고 공식적으로 인정하기가 쉽지는 않다. 감정평가사는 보상액 결정을 위한 감정평가의 전문가로서 실거래나 감정평가 사례 등 많은 가격자료를 보유하고 있으며, 가격산정 과정에서 법률적 검토가 충분히 이루어졌을 가능성이 크다. 그리고 감정평가사 간의 보상금 격차도 현실적으로 나타나는 경우가 거의 없다.

그래서 재평가가 이루어지는 사례 대부분은 평가한 후 1년이 경과하도록 협의가 성립하지 아니한 경우이다. 사업시행자가 보상 협의가 이루어지지 아니할 때 곧바로 강제취득의 절차로 돌입하여 토지수용위원회에 수용재결을 신청한다면 이러한 재평가의 기회가 많지 않을 것이나, 일부 지방자치단체의 경우 수용에 의한 취득을 상당히 부담스러워하고 재결신청 서류 준비를 귀찮아하여 수용재결 신청을 지연시키면서 쉬운 방법인 재평가를 통해 다시 보상액을 산정하여 협의를 계속하기도 한다. 심지어는 도로개설사업을 하면서 다른 구간은 공사가 모두 완료되어 개통되었는데도 한 필지의 토지를 두고 4~5년 동안 재평가를 반복한 사례도 있었다. 소유자의 재산권 보호를 위한 다지만 이런 경우는 담당자의 업무 태만이 아닐 수 없다.

　사업시행자는 감정평가 결과를 기초로 이에 가감함이 없이 산술평균하여 보상액을 결정하고 이를 토지 등의 소유자에게 통보한다. 보상금 통지서를 받은 토지 등의 소유자는 보상금을 그대로 수령할 것인지 아니면 협의를 거부하고 수용의 절차를 밟을 것인지 결정해야 한다.

　보상금이 산정되고 통보되는 과정에서 토지 등의 소유자는 답답한 딜레마 상황에 놓일 수 있다. 감정평가가 의뢰되고 감정평가사가 실지조사를 위해 현장을 방문하면 소유자는 도대체 얼마의 보상금이 책정될까 하여 궁금증을 쏟아낸다. "보상금이 얼마나 될 것 같아요?" 하고 감정평가사에게 수없이 질의한다. 답변은 거의 유사하다. 보상액 산정을 위한 실지조사 과정에 있는 감정평가사는 무표정한 얼굴로 "현장조사를 마치고 별도의 가격 산정작업을 해야 하니 아직 알 수가 없습니다." 이렇게 답할 것이다. 혹시나 하고 감정평가사 사무실로 전화를 하면 "사업시행자에게 감정평가 결과를 문서로 발송할 뿐입니다. 저희는 누구에게든지 보상금 액수를 말씀드릴 수가 없습니다." 이런 사무적인 답변을 듣게 될 것이다. 토지 등의 소유자는 사업시행자만을 통해서 보상금을 통보받고 자신의 보상액을 확인할 수가 있다.

　그런데 보상금이 한번 책정되어 통보되면 아무리 목소리를 높이고 시위를 하며, 언론 등 관계 기관에서 사업시행자나 감정평가사를 성토한다고 해도 보상금이 바뀌지 않는다. 한번 통보된 보상금이 소유자들의 요구가 있다 해서 변경이 된다면 공익사업의 시행이 불가능하게 될 수도 있다. 따라서 보상금에 불만이 있다면 수용재결이나 소송을 통해 재평가를 받을 수 있을 뿐 이미 공개된 최초의 가격을 조정할 수는 없다. 1심의 판결에 불복한다면 2심으로 가야지 1심의 판사에게 바로 재심을 요구할 수 없는 것과 같다.

나름 타당한 제도이기는 하지만 토지 등의 소유자는 답답하고 막막할 것이다. 보상금이 통보되기 전에는 자신의 보상 액수를 알 수 없다고 하고, 한번 보상금이 통보되고 나면 이것의 변경이 불가능하다고 하니, 이러지도 저러지도 못하는 딜레마 상태가 된다. 답답할 수밖에 없지만 다른 한편 공익사업시행을 위해서는 불가피한 방식이다. 토지 등의 소유자도, 사업시행자도, 감정평가사도, 그리고 법을 만드는 자까지도 각자의 입장이 모두 이해가 된다. 이것을 보고 고상한 말로 공익과 사익의 조화라고 하는 것 같다.

공익사업이 예상될 때
무엇을 준비하는 것이 좋을까

보통 '아니 땐 굴뚝에 연기 날까' 하는 속담이 틀리지 않는다. 어느 날부터인가 부동산 거래량이 슬금슬금 증가하고 지가가 조금씩 오르는 듯하더니, 그 지역에 신도시를 개발한다는 계획이 갑자기 발표되는 사례가 있다. 정보를 가지고 예정지역에 미리 투자하는 사람도 있을 것이나 대부분은 이런 개발계획을 정부의 공식 발표 이후 주로 언론을 통해 알 수밖에 없다. 새로 개발되는 신도시에서 토지나 아파트를 분양받고자 기대하는 일반인들은 개발사업을 반기겠지만, 사업구역 내에 거주하거나 이곳에 토지 등을 소유하고 있는 사람들은 마른 하늘에 날벼락이 아닐 수 없다.

아무리 마른하늘에 날벼락이라 하더라도 당황해하거나 다수에 휩쓸려 과한 행동을 할 필요는 없다. 어차피 개발계획이 발표되면 아주 특별한 사정이 있지 않은 한 사업은 진행되기 때문에 차근차근 하나씩 보상에 대비하는 것이 나을 수 있다. 보상에 대비한다 해서 거창한 행동을 해야 하는 것은 아니다. 보상 법령에서 규정하고 있는 내용을 살펴보고 피할 수 있는 불이익은 받지 않도록 하는 것이라고 맘 편히 생각하면 될 것이다.

가장 중요한 기간은 개발계획의 소문이 나돌고부터 보상의 기준이 되는 시점인 '사업인정고시일'이나 '사업지구 지정의 공고일'까지라고 할 수 있다. 사람이나 물건이 보상의 대상이 되는지 아닌지를 판단하는 기준이 되는 시점이 필요하다. 기준이 되는 시점이 없다면 사업구역 내로 새로이 전입하는 사람이 있을 것이고 없던 물건도 계속해서 생길 것이다. 보상의 대상이 무한정 확대되고 국가 예산이 낭비될 가능성이 있다. 이 때문에 특정의 시점을 정해두고 그 시점 이후에 전입하는 사람이나 새로이 생긴 물건은 보상의 대상에서 제외하는 것이 보통이다. 택지개발사업의 보상대책에 나오는 이주자택지나 협의양도인택지 공급대상자의 자격요건은 모두 택지개발사업 지구지정 공람공고일 이전부터 사업지구 내에서 토지나 가옥을 소유하여 온 자로 한정하고 있다.

따라서 갑작스럽게 지구지정이 된다면 어쩔 수 없겠지만 개발의 소문이 있다든가 아니면 미리 사업구역이 확정되어 있고 사업인정고시만 나지 않은 경우는 조치하여야 할 사항이 있을 수 있다.

우선 주민등록 상태를 확인해 볼 필요가 있다. 대부분 실거주지와 주민등록지가 같겠지만, 여러 가지 목적으로 주민등록을 달리한 경우가 있다. 공공주택사업지구인 광주 선운2지구의 이주대책을 살펴보자. 이주대책의 하나로 시행하는 이주자택지를 공급받을 수 있는 대상자와 세입자 주거이전비 지급 대상자는 다음과 같다.

광주 선운2지구 보상안내문(2019년 6월)

- 이주자택지 공급: 기준일(공람공고일) 이전부터 보상계약체결일 또는 수용재결일까지 당해 사업지구 내에 허가 가옥을 소유하면서 계속 거주한 분

- 세입자 주거이전비: 기준일(공람공고일) 3개월 이전부터 주거용 건축물 ('89.01.25 이후 무허가건축물 등은 제외)에 계속 거주한 세입자로서 본 사업시행으로 이주하게 되는 분

위의 안내문에서 이주자택지 공급대상은 소유요건과 거주요건 모두를 충족하는 자이다. 가옥을 소유하여도 계속하여 사업지구 내에 거주하고 있지 아니하였다면 택지공급 대상자에서 제외될 수도 있다. 소유요건은 충족시키나 거주요건을 충족시키지 못하기 때문이다. 임대아파트 입주권부여나 주거이전비 지급 대상자도 마찬가지이다.

계속하여 그 가옥이나 사업지구 내에 거주하고 있다는 것을 사업시행자는 무엇으로 확인하겠는가? 여러 방법이 있을 수 있지만 가장 중요한 것은 주민등록이다. 실제 거주는 하였으나 주민등록이 되어 있지 않은 경우는 여러 가지 방법으로 거주 여부를 자신이 증명하여야 하고, 증거를 제시한다 해도 인정받기가 쉽지 않을 수 있다. 그런데 실제 거주는 불확실하더라도 주민등록이 되어 있는 경우는 반대로 사업시행자가 이를 부정하기가 어렵다. 무엇보다도 공인된 주민등록이 우선이 될 수밖에 없다. 주거이전비는 가구원 수에 따라 금액을 달리하여 지급된다. 예외도 있지만, 가구원 수가 많을수록 지급 액수는 커진다. 최소한 주민등록을 이전하지 않음으로써 발생하는 불이익은 피해야 할 것이다.

토지의 합병은 할 수 있다면 재빨리 추진해야 할 사항이다. 한 사람 소유의 지목이 같은 2필지 토지가 연접해 있다고 해보자. A 토지는 도로에 접하고 있으나, B 토지는 그 뒤쪽에 소재하여 도로가 없

는 이른바 맹지이다. A 토지와 B 토지의 보상금은 어떻게 산정될까? A 토지는 당연히 도로에 접한 상태대로 평가될 것이다. 그런데 아무리 소유자가 같다 하더라도 B 토지는 도로가 없는 맹지이므로 A 토지와 비교해 낮은 가격으로 평가된다. 보통 감정평가사에게 토지소유자 명세는 전해지지 않는다. 감정평가사는 A 토지와 B 토지의 소유자가 같으므로 B 토지의 가격을 상향시켜야겠다고 하지 않는다. 소유자가 누구인지 알지도 못하니 A 토지와 B 토지는 별개의 토지일 뿐이다. 그런데 A 토지와 B 토지를 합병시키게 되면 당연히 B 토지도 도로에 접하는 일단의 토지가 된다. 합병 후 토지의 형상과 규모에 따라 그 보상단가가 기존의 A 토지보다는 낮을 수도 있으나 전체적으로 합병 전 기존 A와 B 각각의 토지 가격 합계보다는 보상금 총액이 상향될 것이다.

이런 점을 고려하여 개발사업시행구역 내의 토지는 합병이나 분할, 지목변경을 제한하는 규정이 이미 마련되어 있다. 「공간정보의 구축 및 관리 등에 관한 법률」은 도시개발사업 등 시행지역의 토지이동 신청에 관한 특례를 다음과 같이 규정하고 있다.

「공간정보의 구축 및 관리 등에 관한 법률」 제86조

① 「도시개발법」에 따른 도시개발사업, 「농어촌정비법」에 따른 농어촌 정비사업, 그 밖에 대통령령으로 정하는 토지개발사업의 시행자는 대통령령으로 정하는 바에 따라 그 사업의 착수·변경 및 완료 사실을 지적소관청에 신고하여야 한다.

④ 제1항에 따라 사업의 착수 또는 변경의 신고가 된 토지의 소유자가

해당 토지의 이동을 원하는 경우에는 해당 사업의 시행자에게 그 토지의 이동을 신청하도록 요청하여야 하며, 요청을 받은 시행자는 해당 사업에 지장이 없다고 판단되면 지적소관청에 그 이동을 신청하여야 한다.

많은 개발사업은 이 조항의 적용 대상이다. 개발사업을 시행하는 사업시행자가 사업의 착수를 지적소관청인 시·군·구에 신고하면 그 이후에 토지이동을 하고자 하는 자는 사업시행자에게 토지이동을 신청하여야 하고, 사업에 지장이 없다고 인정하는 경우에만 시행자가 신청인을 대신하여 지적소관청에 토지이동을 신청하도록 규정되어 있다. 따라서 사업이 착수되면 합병 등 토지이동이 불가능하다고 보아야 한다. 토지합병은 개발사업의 소문만 있을 때 하여야 할 이유가 여기에 있다.

그리고 방치된 토지와 건축물 등을 손보아야 할 것이다. 감정평가사가 현장 실지조사를 할 때 지목이 같은 전 또는 답이라 하더라도 깨끗하게 정리되어 경작이 이루어지고 있는 토지와 잡초만 무성한 토지와는 심리적으로 다르게 대할 가능성이 있다. 아무래도 현재 사용하고 있는 토지의 가치를 높게 볼 수 있다. 방치된 토지는 조금의 비용과 시간을 투자하여 정리해놓는 것이 좋다. 주택 등 건축물도 마찬가지이다. 버려진 경우보다는 사용하고 있는 때에 보상액이 더 클 수 있으니 한동안 거주하지 않은 주택도 깨끗하게 청소를 하고 마당의 잡초는 모두 제거하는 것이 좋다.

많은 사람이 보상이 예상되는 경우 수목을 심는다. 투자비용 대비

더 많은 보상액을 기대하고 그렇게 할 것이다. 경지정리가 된 지역에 도로가 건설될 예정이었는데 멀리서 보아도 도로 건설예정구역을 확연히 알 수 있을 정도였던 사례가 있다. 그 사업 구간 내에만 보상을 기대하는 수목이 빼곡히 심겨 있었기 때문이었다. 인터넷에서 보상지역 수목 식재가 전문이라고 광고하는 업체도 있었다. 이렇게 재빨리 움직이는 사람들이 일부 수익을 올릴 수는 있겠지만 이런 방법으로 수목을 심는 것을 권하고 싶지는 않다. 자원을 낭비하는, 너무 속이 보이는 행동이며, 수목의 보상금이 큰 액수가 아니므로 기대한 만큼 큰 수익이 나지 않을 수도 있다. 특히 적절하지 않은 장소에 급하게 심은 수목, 밀식된 수목 등은 보상액이 생각보다 적을 수 있다.

권하고 싶지 않은 경우가 또 있다. 과도한 비용을 들여 주택을 개량하는 것이다. 페인트를 칠하는 정도는 할 수 있는 일이나 과도하게 비용을 투입하여 보수하는 것은 적절치 못하다. 예를 들어 500만 원을 들여 창틀을 교체했다고 가정해 보자. 주택 보상액이 500만 원 이상 증가할까? 어렵지 않을까 한다. 왜냐하면, 교체 이전에도 이미 창틀은 있었고 미흡하지만 나름대로 기능을 하고 있었다. 그래서 이런 경우는 개량 전보다 더 많은 보상액이 책정되겠지만 그 증가하는 액수가 500만 원에는 미치지 못할 가능성이 크다. 500만 원을 추가로 투입하여 500만 원짜리를 만들었다 하여도 기존 창틀이 200만 원의 가치를 하고 있었다면 실제 증가하는 가치는 300만 원에 불과하기 때문이다.

어떤 사람들은 사업구역 내 본인의 토지를 대상으로 감정평가를 하려고 한다. 이는 절대 권하지 않는다. 처음 언급하였듯이 보상액이 아주 적게 책정되지는 않는다. 보상을 앞두고 사전에 하는 감정평가는 그 목적도 불분명할 것인데, 이때의 감정평가 가액이 보상액 산정을 위한 감정평가보다 높은 액수로 책정될 가능성이 있을지 의문이다. 오히려 자신의 발목을 잡을 수도 있다.

가치가 없을 것이라고 해서, 좀 깔끔하게 보이고 싶어서 수목을 제거하기도 하는데 이것도 막고 싶다. 임야상의 자연림 등을 제외하고는 대부분의 수목이 보상 대상이다. 대지 내에 있다면 작은 개나리 하나, 동백나무 하나까지도 모두 보상 대상이 된다. 수목의 가격을 결정할 때 그 수목의 규격이나 생육상태, 상품성 등이 중요할 것이나 수목의 수량도 매우 중요하다. 가격수준이 유사한 수목별로 그 수량에 단가를 곱한 금액의 합계로 수목의 총 보상금을 산정하는 방법도 있기 때문이다. 과수원에서 상태가 양호한 감나무 100주보다 상태가 다소 덜한 감나무 130주의 보상액이 실제 수확량이나 거래 가액과는 관계없이 더 많을 수 있다. 존재하는 수목은 모두 보존하는 것이 유리하다.

개발사업의 보상이 예상될 때 차분하게 대응하는 것이 적절하나 이는 과도한 행위를 하지 말라는 의미이지 정보수집이나 의견교환, 전문가에 대한 자문을 게을리하라는 뜻은 아니다. 이때는 무엇보다도 전문가의 의견을 들어야 한다. 가능하다면 보상이 예정되어 있다는 소문을 내고 혹시 지인 중에 보상 전문가가 있다면 주저하지 말고 자문하여야 할 것이다. 작은 이야기라도 듣고 실천하여 생각지도 않은 큰 효과를 얻을 수 있다. 관련 서적을 구입하여 읽어볼 필요도 있다. 기본은 알고 있어야 질의를 하든지 요구를 하든지 할 수 있다. 지금은 무턱대고 큰소리를 쳐서 다투는 시대가 아니다.

사업시행자 담당자들과 가까이 지낼 필요도 있다. 과도한 친절을 보일 필요는 없으나 적대시할 이유는 더욱더 없다. 굳이 음료수를 사서 가지고 갈 필요도 없다. 김영란법 시행으로 받지도 않을 것이다. 그냥 평범한 말씨로 솔직하고 긍정적으로 이야기하는 것이 좋다. 특히 거친 행동은 금물이다. 한번 거친 언행을 보인다면 사업시행자 담당자들은 마음의 문을 열지 않을 것이다. 사업시행자 보상담당자들도 이 정도의 관계를 원한다. 사업시행자 보상담당자와 토지 등의 소유자와의 관계는 불가근불가원이라고들 말한다.

이들로부터 의외의 큰 도움을 받을 수도 있다. 보상의 구체적인 것, 예를 들면 어떤 대책의 기준이 되는 날짜인 보상계획공고일이라든가 사업인정고시일과 같은 것은 사업시행자 담당자가 아니면 알 수가 없다. 평소에 가벼운 대화가 가능할 정도의 친분만 유지해도 얼마든지 큰 도움을 받을 수 있다. 그러나 친분이 있다 하여 보상금이 좀 더 많이 책정되거나 남과 다른 혜택이 부여될 수 있다는 기대는 아예 하지 않는 것이 좋다. 그럴 가능성은 없다.

사업계획 또는 보상에 관한 설명회

사업계획이 발표되거나 사업시행이 임박하게 되면 보통 사업시행자가 개최하는 설명회가 한두 차례 열린다. 대규모 사업의 경우에는 공청회라든가 하는 형식의 큰 설명회로 개최되기도 하나 소규모 사업은 마을회관이나 행정복지센터에 소유자들을 초청하여 간단한 간담회 자리를 갖기도 한다.

큰 규모의 설명회든 작은 간담회든 공익사업의 보상 설명회는 유사한 절차와 내용으로 시작하고 마무리된다. 사업시행자는 개략적인 사업계획과 보상계획을 자료로 준비하여 배부하고 이를 기초로 여러 가지 필요한 사항들을 설명한 다음 질문과 답변 시간을 갖는다. 공익사업을 진행하려는 사업시행자는 당해 사업의 긍정적인 면을 강조하면서 주민들의 협조를 요청할 것이다.

소유자들은 설명회에서 두 가지를 중점적으로 이야기한다. 첫째는 사업 자체의 백지화 요구이다. 왜 이 사업이 필요한지, 전국에 넓은 땅이 많은데 왜 하필 우리 지역 내 땅에서만 사업이 이루어져야 하는지 이해하지 못하겠다고 한다. 둘째는 사업시행을 전제로 하여 실질적인 대책을 묻는다. 주로 소유자들은 사업의 영향이나 보상의 내용에 관심을 보인다.

사업시행 자체를 반대하는 주장이 우선 등장한다. 이유는 크게 두 가지이다. 하나는 사업의 명분이 없다는 주장이다. 4대강 사업이나 미군기지 이전 사업, 댐 건설사업 등 규모 있는 국책사업을 대상으로 하는 경우가 많으나 조그만 택지개발 사업이나 주택건설사업 심지어 도로개설 사업까지도 필요하지 않거나 타당성이 없다는 주장이 제기되기도 한다. 그런데 이것은 특히 국책사업은 사업시행자까지도 어떻게 설명하고 설득할 수가 없는 경우가 많다. 정권의 명운을 걸고 이루어지는 4대강 사업이며 신도시 건설사업인데 이를 반대하는 주민들 앞에서 사업시행자의 실무담당자가 무슨 말을 할 수 있겠는가? 국책사업에 협조하여 달라는 말을 반복할 수밖에 없을 것 같다.

사업시행을 반대하는 두 번째 이유는 주택이나 논밭을 내놓고 이사를 해야 하는 불안감 때문일 가능성이 크다. 지금까지 몇십 년, 심지어 몇 대를 이어 살아온 고향을 떠나야 하고, 유일한 생계의 수단인 논밭이나 영업장을 모두 빼앗긴다고 생각하니 불안하지 않을 수 없다. "보상금을 많이 받잖아요." 외지인들은 쉽게 이야기할 수 있을지 몰라도 당사자들의 불안을 헤아릴 수는 없을 것이다. 고향집과 조상의 산소가 댐 건설로 인해 모두 물에 잠긴다고 생각해 보자. 그 심정을 당사자가 아닌 사람이 어떻게 알겠는가. 신도시개발도 마찬가지이다. 땅바닥은 그대로이겠지만 고향의 옛 모습은 남아 있지 않을 것이다.

그런데 아무리 사업의 명분을 따지고 당사자들의 고통을 이야기해도 사업 자체가 백지화되는 경우는 거의 없다. 설령 사업의 타당성을 두고 논란이 계속된다고 하더라도, 개발 규모가 커서 생활 근거지를 잃게 되는 주민들의 수가 아무리 많다 하더라도 주민들의 반대로 사업이 중단되는 사례는 찾기가 쉽지 않다. 오히려 그런 사업일수록 정권이나 정부 당국이 더욱 강력하게 추진하는 사업일 가능성이 크다.

사업시행을 반대하는 주장이 무의미하다거나 그런 주장을 하지 말자는 것은 아니다. 다만 사업시행 여부의 논란은 주민들이 주도할 사항이 아니라고 말하고 싶다. 4대강 사업이나 제주 해군기지 건설사업, 미군기지 이전 사업의 타당성이나 필요성에 대한 논란을 왜 주민들이 제기하여야 하고, 검증에 대한 책임을 이들에게 맡겨야 하는가? 그것은 정치권이나 학계, 언론에서 다루어주어야 할 부분이다. 이들이 자신의 몫을 다해주지 못하니 주민들이 나서서 그 역할을 할 수밖에 없다. 계란으로 바위를 치는 것 같은 그 과정에서 가슴에 멍은 멍대로 들고 괜히 범죄자가 되기도 하여 안타까움만 커진다. 아무튼, 사업계획이 확정되고 개최되는 설명회 장소에서 주민들이 아무리 사업의 백지화를 요구해도 그것이 실현될 가능성은 매우 낮아 보인다.

사업설명회 등에서의 두 번째 논점은 사업의 정상적인 시행을 전제로 논의되는 '사업의 현실적인 영향과 실질적인 보상대책'이다. 소유자들은 언제 사업이 착수되는가, 어떤 보상이 있으며 구체적인 보상금은 얼마나 될까, 어떤 모양으로 개발이 될까, 인근 지역에 미치는 영향이 어떨까 등에 관심이 있다. 언제 사업이 시작되는가, 언제까지 농사를 지어야 하는가, 혹시 가옥이 편입된다면 언제 이사를 해야 하는가, 보상의 대상은 무엇 무엇인가, 보상금은 얼마 정도로 예상하는가, 개발 후의 모습은 어떻게 되는가, 개발사업이 사업에 편입되지 않은 인근 지역에 어떤 영향을 미칠까 등을 예로 들 수 있다.

사업시행에 관한 추진 일정을 통해 공사착수 시점 등은 알 수 있으며, 개발의 모습은 사업계획을 통해 어느 정도 드러난다. 사업시행자는 보통 조감도 등을 준비하여 쉽게 알아볼 수 있도록 설명한다. 개발사업이 인근 지역에 미치는 영향은 궁금하기도 하지만 사실 누구도 예측하기가 쉽지 않기 때문에 각각의 주장만 오갈 수 있다. 소유자들은 예상되는 문제점을 과도하게 드러내기도 하며, 반면에 사업시행자는 의도적으로 축소 또는 확대되었다고 의심을 받지만 보통 전문기관의 자료들을 제시하여 제기되는 문제점에 반박하곤 한다. 평행선을 달리는 듯하지만 나름 궁금증은 어느 정도 해소될 것이다.

가장 궁금해하면서도 쉽게 대화가 이루어지지 못하는 부분은 보상에 관련된 것들이다. 소유자들은 질문을 쏟아낸다. "보상금은 언제부터 지급합니까?", "언제 이사를 해야 합니까?", "국유지에서 농사를 짓고 있는데 보상이 있습니까?", "밭둑에 심겨 있는 감나무는 보상 대상이 됩니까?", "농기계가 필요 없게 되는데 어떻게 해야 합니까?", "공시지가로 보상금을 준다는데 사실입니까?", "애완견도 보상해 줍니까?", "농경지가 없어지는데 새로운 농지를 마련해 줍니까?" 등 많은 요구와 질의가 쏟아질 것이다. 그중에서도 가장 핵심적인 것은 사실 '어느 정도의 보상금이 책정될까요?'이다. 많은 소유자가 보상금만 충분히 주어진다면 사업시행에 적극적으로 협조하겠다는 의사를 표하기도 한다.

그런데 답답한 일이 하나 있다. 소유자들은 황당하겠지만 사업시행자 누구도 이러한 질문들에 명확하게 답변하지 않는다. 사업시행자는 보상금을 책정할 수 없으므로 사실 답변을 하지 않는 것이 아니라 할 수가 없는 것이다.

사업시행자는 원칙적인 말만 반복한다. "보상금은 관계 법령에 따라 감정평가사가 책정하기 때문에 지금 이 자리에서 얼마라고 말씀드리기가 어렵습니다.", "저희는 법령에서 허용하는 최대한의 보상이 될 수 있도록 노력하겠습니다.", "저희는 주민 여러분의 입장을 충분히 이해하고 있습니다.", "국책사업이 차질 없이 수행될 수 있도록 적극적으로 협조하여 주시기를 부탁드립니다."

이 말 이외에는 달리 할 말이 없을 것이다. 설명회 자리에 동석하는 지방자치단체 등 관계 기관의 담당자들도 마찬가지이다. 그러나 원하는 답변을 듣지 못하는 소유자들은 과격하게 행동하기 쉽다.

"도대체 무슨 일 처리가 이런 식이냐. 얼마의 보상이 될 줄도 모른다는데 우리가 어떻게 협조를 하겠는가?", "이럴 바에는 사업 자체를 하지 마라.", "시장 나오라고 해라."

이렇게 목소리가 점점 높아지다가 결국은 집단 시위로 발전하기도 한다. 계획한 것은 아닌데도 분위기 탓에 과격한 행동이 나타날 수 있다. 그래서 이런 자리에 보상액을 산정하는 감정평가사를 내세우기도 한다. 그런데 설명회에 참석을 요청받은 감정평가사가 실제 보상액 산정을 담당할지 결정된 것도 없다. 그래서 그 자리에 참석하는 감정평가사도 원론적인 발언만을 할 것이다. 설령 해당 사업지구 감정평가를 담당하기로 정해진 감정평가사가 설명회에 나왔더라도 마찬가지이다. 실지조사와 가격산정 작업이 이루어지지 아니한 상태에서 무슨 말을 할 것이며, 가격수준을 어떻게 이야기할 수 있겠는가?

결론적으로 사업계획이나 보상의 설명회 자리에서 보상금의 액수와 같은 정말 원하는 답변을 들을 가능성은 적다고 본다. 괜히 군중심리에 휘둘려 자칫 과격한 행동이라도 하게 되면 오히려 큰 흠집을 남길 수도 있다. 이 자리에서는 너무 큰 기대를 해서도 안 되고 감정적으로 행동해도 안 된다.

사업계획이나 보상의 설명회 자리에서의 가장 적절한 처신은 분위기만 조용히 살펴보는 것이라고 생각한다. 우선은 개략적이고 큰 흐름만 챙겨보면 된다.

'아, 사업이 드디어 착수되는구나.', '저 말을 들어보니 내년 봄 정도면 아마 보상금이 지급되겠는데.', '그렇다면 올해 말까지는 새로운 토지도 알아보아야겠구나. 남들보다 빨리 움직이는 것이 낫겠지.'

이 정도로 생각하며 전체적으로 조망을 하면 된다. 다음으로는 중요한 기준시점들을 챙겨보는 것이다.

'사업인정이 아직 나지 않았구나. 나이가 든 큰아들을 분가시켜도 될까?', '언제부터 토지합병이나 건물신축이 제한되지?'

이때는 사업인정고시일, 실시계획승인고시일, 보상계획공고일, 택지개발지구지정 고시일 또는 의견 청취를 위한 공람공고일 등 보상에 있어 기준이 되는 중요 일자들을 꼼꼼히 챙겨볼 필요가 있다. 이것은 아주 중요한 날짜들이기 때문에 반드시 메모하여 기억하도록 하고, 자세한 설명이 없다면 공개적이든 비공개적이든 사업시행자 담당자에게 질문하여 알아두어야 한다.

설명회가 소통의 자리이기는 하지만 원하는 답을 들을 수 없고 자신의 의사를 전달하는 데도 장애가 많은 것이 현실이다. 그렇다면 주어진 자료, 공식적인 설명만을 가지고도 그중에서 반드시 알아두어야 할 것은 챙기도록 하여야 한다. 구체적인 보상금을 공개하라고 아무리 목소리를 높여도 누구도 답변하지 아니할 때 본 택지개발사업의 지구지정고시일 또는 지구지정을 위한 의견청취 공람공고일이 몇년 몇 월 며칠이냐고 공개적으로든 비공개적으로든 질문하여 보자.

사업시행자의 답변이 '결사반대, 물러가라, 보장하라!' 등의 아우성 속에 파묻힐 때 본서의 독자는 수첩을 꺼내서 방금 들은 그 날짜를 또박또박 기록해 두자.

시위는
언제, 어떻게, 왜 벌어지는가

소방도로 개설이나 주차장 조성 등 소규모 개발사업은 보상과 관련한 갈등이 외부로 표출되는 사례가 많지 않다. 그러나 신도시개발과 같은 대형 국책사업의 경우 사업시행자와 토지 등의 소유자와의 갈등이 커다란 사회문제로 등장하고 대규모 시위 등 분쟁이 몇 차례씩은 발생하고 있다.

시위를 포함한 분쟁과 갈등의 내용은 크게 '개발사업 자체를 반대'하는 것과 '현실적인 보상을 요구'하는 것, 두 가지로 요약할 수 있다. 제주 해군기지 건설이나 4대강 사업 등은 사업의 본질적인 필요성이나 타당성에 대한 합의가 이루어지지 않아 사업 자체를 반대하는 것이 갈등이나 분쟁의 주요 원인이다. 방사능 폐기물처리시설, 송전선로 건설과 같은 사업은 그 필요성과 타당성에는 합의가 이루어졌으나 우리 지역에서 사업이 구체화하는 것은 반대하는 경향이 있다. 그리고 일반 대다수 공익사업은 복합적인 이유가 얽히겠지만 적정한 보상을 요구하는 것이 주된 이유가 된다. 여기에서는 현실적인 보상금을 요구하는 민원과 시위만을 다뤄보자.

언제 시위가 발생할까? 보상금과 관련해서는 보상금 책정 전 약 2회와 보상금 책정 후 1회 등 최소한 3회의 시위가 열린다. 보상금 책정 전에 열리는 시위는 보상금에 대한 불안감이 주요 원인이며, 또 하나의 중요한 목적은 사업시행자와 관계 기관 그리고 감정평가사를 압박하기 위한 것이다.

물건조사를 하기 위해서 사업시행자는 소유자들에게 협조를 요청한다. 일반적으로 이 무렵에 물건조사 반대와 현실보상 요구를 조건으로 내건 시위가 열린다. 시위는 이미 구성된 보상대책위원회가 중심이 된다. 구체적인 보상대책을 내놓지 않으면 물건조사에 협조할 수 없다는 것이 시위의 요지가 된다.

사업시행자도 소유자들의 협조가 절실하다. 보상 절차는 물건조사로부터 시작하기 때문이다. 소유자들은 구체적인 보상액 또는 그 수준을 포함한 획기적인 보상방안을 제시하라고 요구하며 사업시행자를 압박한다. 사업시행자는 일단 물건조사를 하고 보자고 대응한다. 사실 소유자들도 사업시행자도 이 말밖에는 할 말이 없다. "먼저 제시하면 조사를 하도록 하겠다.", "일단 조사를 해야 보상액 수준이 나올 것 아니냐" 하는, 답이 없는 공방이 계속될 수밖에 없다.

한 차례 시위가 벌어지고 언론 보도가 나오고 나서 바로 마무리되기도 한다. 소유자들은 "물건조사에 협조하겠다."라고, 사업시행자는 "법령이 허용하는 범위 내에서 최대한의 보상금이 책정될 수 있도록 노력하겠다."라고 서로 약속하며 시위를 마무리한다.

어찌 보면 양측 모두 얻을 것을 얻었다고 할 수 있다. 소유자들은 최대한의 보상이 이루어지도록 노력하겠다는 사업시행자의 말을 듣고 일단 보상금에 대한 불안감을 가라앉힌다. 그리고 사업시행자를 한번 믿어보자고 마음먹는다. 언론 보도도 나올 정도니, 사업시행자도 노력하지 않겠느냐고 생각한다. 이렇게 해서 이러지도 저러지도 못했던 상황을 타개하고 심리적으로 다소의 안정을 찾는다. 사업시행자는 소유자들이 물건조사에 협조하겠다고 했으니 소기의 목적을 이루었다. 일단은 보상의 첫 단추를 꿸 수 있게 되었다. 그러면서도 최대한의 보상이 이루어지도록 노력하겠다고 했지 소유자들이 원하는 보상액을 보장한 것은 아니라고 지난 상황을 정리한다. 합의는 이루어진 듯하지만 서로 생각은 다르다.

소유자들이 물건조사에 협조하기로 하면 바로 조사가 이루어진다. 그리고 보상계획공고, 감정평가 등 다음의 절차가 일사천리로 진행된다. 감정평가 직전에 한 차례 더 시위가 열리기도 한다. 이번에는 직접 보상금을 산정하는 감정평가사를 압박하기 위한 목적이 주를 이룬다. 보상금에 대한 명확한 의견을 밝히지 않으면 감정평가를 위한 현장조사를 불허하겠다고 한다.

소유자들과 사업시행자 간 또 한 차례의 협상이 이루어진다. 이때는 감정평가사들이 보상대책위원회나 주민들 앞에 서기도 한다. 사업시행자나 감정평가사는 이렇게 말을 할 것이다.

"일단 현장조사가 이루어져야 가격을 산정할 수 있습니다. 협조해주시기를 부탁드립니다.", "적정한 보상금이 책정될 수 있도록 최대한 노력을 하겠습니다."

이런 말을 듣는 소유자들도 사실 딱히 할 말이 있는 것은 아니다. 생각해 보니 감정평가사가 물건을 보지 않고 가격을 책정하는 것은 어려울 것도 같다. 그래서 이번 시위도 처음과 유사한 결론에 이른다. '소유자들은 감정평가사의 현장조사에 협조한다.', '사업시행자와 감정평가사는 최대한의 보상금이 책정될 수 있도록 노력한다.' 이 두 가지를 서로 약속하고 시위는 마무리된다.

곧바로 감정평가사들이 현장 실지조사를 하고, 1개월에서 3개월 후에 보상금이 책정되어 개별적으로 통보된다. 처음에 이야기했듯이 이 보상금에 대해 사람마다 받아들이는 기준이 다르다. 대체로 만족하기도 하고, 긴가민가하기도 하며, 불만이 폭발하기도 한다. 보상금에 만족하는 이들이야 더 이야기할 것이 없지만 개별 통보된 보상금이 도저히 이해할 수 없는 수준이라고 판단하는 이들 기준에서는 기가 막히고 앞이 캄캄할 것이다.

이때에도 보상대책위원회가 앞장을 서게 된다. 소유자들의 의견을 모아 대규모 시위를 계획한다. 이때는 많은 주민이 격앙되어 있어 시위가 자칫 걷잡을 수 없는 상황으로 치닫기도 한다. 격앙된 이유는 사업시행자와 감정평가사에 대한 배신감과 이제 협의 또는 거부밖에 선택할 수 없다는 절망감 때문인 것이 보통이다. 종전의 수차례 시위 현장에서 사업시행자는 최대한의 보상이 이루어질 수 있도록 노력하겠다고 약속했다. 감정평가사도 마찬가지다. 지방자치단체, 국회의원 등 관계 기관도 유사한 말을 반복했다. 모두가 보상금액이 높게 책정될 수 있도록 노력하겠다고 했는데, 그 결과는 수용할 수 없는 수준이니 절망감과 배신감이 매우 클 것이다.

그리고 한번 책정된 보상금은 재산정이 불가능하므로 이제는 협의할 것이냐 아니면 협의를 거부하고 재결의 절차로 갈 것이냐를 선택할 수밖에 없다. 보상금이 다시 책정된다면 어떻게 기대를 해보겠으나 그럴 가능성은 없으니 그 절망감이 분노로 전환된다.

그래서 보상금 통지서를 받고 발생하는 시위는 매우 과격한 양상을 띠게 된다. 사업시행자의 사무실을 점거하기도 하며, 거리 시위로 번지기도 한다. 관계 기관인 시청이나 군청을 항의 방문하여 대책을 촉구하기도 한다.

○○조성지 주민 보상금 책정 반발 항의 시위[14]

○○국가산업단지 조성지 인근 주민들이 "보상금 책정이 터무니없이 낮다."며 시행사인 LH공사에 대해 비난의 화살을 쏟아내고 있다. ○○조성지 인근 주민 150여 명(경찰 추산)은 23일 ○○시 북구 ○○동 LH공사 ○○ 사업단 앞에서 항의 집회를 열고 "LH공사가 자신들의 수익을 늘리기 위해 감정평가 금액을 실제 거래 금액에 비해 절반이나 낮게 책정하고 있다."고 주장했다.

주민들에 따르면 ○○조성지의 실제 거래금액은 3.3㎡당 임야 8천500~1만8천 원, 농지 7만5천~15만 원, 대지 28만~38만 원이지만, LH공사가 책정한 감정평가는 5만7천~14만 원 등 10만 원 안팎에 불과하다는 것.

황○○ ○○주민보상대책위원장은 "LH공사가 제시한 보상금으로는 토지와 건축물을 모두 팔고도 5천만 원을 넘지 않는 주민이 반 이상이다. 실제 거래가격보다 절반 이상이나 평가절하된 것은 있을 수 없는 일"이라며 "돈 몇 푼을 더 달라는 것이 아니다. 해당 토지는 주민들이 생활을 영위해 온 삶의 터전인 만큼 최소한 제값만이라도 받을 수 있도록 해야 한다."고 주장했다.

LH공사 ○○사업단 관계자는 "적법한 절차를 통해 감정평가를 했으며 이 결과에 따라 보상금을 지급하는 것이 원칙"이라며 "추가 협의 기간인 내년 2월 2일까지 주민들과 대화를 통해 서로가 이해할 수 있는 결과를 도

---

14) 신동우, "○○조성지 주민 보상금 책정 반발 항의 시위", 『매일신문』, 2013년 5월 24일.

출해낼 수 있을 것"이라고 말했다.

보상금 책정 이전에 최대한 협조하겠다고 약속했던 사업시행자는 보상금이 공개되고 나면 이제는 한 마디로 "법대로 합시다."라고 한다. 이미 보상금이 책정되어 통보되었기 때문에 어떻게 할 방법이 없는 것 같기는 하다. 그런데 소유자들은 배신감과 절망감이 분노로 바뀌어 이를 표출하고 있으니 충돌이 불가피하다. 이때 사업시행자가 할 수 있는 조치는 소유자들의 울분을 그냥 들어주는 것 외에는 없다. 한편으로 소유자들의 처지를 이해할 수는 있지만, 현실적으로 어떻게 할 방법은 없다. 소유자들의 분노와 울분을 모두 몸으로 막아내는 과정에서 언어 폭력, 신체적 폭력을 당하기도 하며 몹시 곤욕을 치른다. 그런데 딱히 대책은 없다. 답답할 뿐이다.

법률에 따라 사업시행자에게는 토지수용권을 갖는 강력한 지위가 부여되었지만 이와는 별개로 사업시행자 담당 실무자들은 보상 현장에서 여러 가지 어려운 처지를 경험한다. 공직자의 신분을 고려하여 자제하며 대처하는 실무자들의 위치와 다양한 민원사항을 고려할 때 그 어려움이 어느 정도인지 짐작은 된다.

그러면서 한편으로는 법적인 절차를 진행한다. 즉, 수용재결의 신청을 준비하고 있다. 이제는 협의의 절차가 진행 중이고 조만간 협의 기간이 끝날 것이기 때문에 그 이후에는 강제 취득절차인 수용을 하겠다는 것이다. 사업시행자는 이렇게밖에 할 것이 없을 것이나 소유자들이 보기에 이러한 사업시행자의 행위는 불에 기름을 붓는 격이다. 소유자들은 더욱 분노하게 된다.

그런데 시위가 한편으로는 격렬하나 이 과정에서 많은 사람이 방관

자로 돌아서거나 보상금을 개별적으로 수령해 가기도 한다. 소유자들의 이해가 모두 다르다. 내심 보상금에 어느 정도 만족하는 사람들도 있으며, 급하게 돈이 필요해서 빨리 보상금을 받으려고 하는 사람도 있다. 단결이 이루어지지 않는다. 시위가 처음과는 다르게 바로 약화하는 모습을 보인다.

그래서 이때의 시위는 배신감과 절망감에 의한 분노로 격렬하게 시작했지만 주된 이슈는 바로 바뀌게 된다. 새로운 이슈는 이주대책을 포함한 별도의 추가 대책을 요구하는 것이 주를 이룬다. 대표적인 것이 이주자택지의 공급과 관련된다. 이주자택지를 공급하는 과정에서 가장 좋은 위치로 배정을 해 달라는 주장을 시위 중단의 조건으로 제시한다. 또한 생활대책용지의 면적을 확대해 달라는 요구도 등장한다.

법률에서 명확히 정하고 있지 아니하여 재량이 있을 수 있는 부분에 대해서는 적극적으로 협조할 것을 사업시행자도 약속한다. 이탈자의 증가로 고민하던 보상대책위원회도 여러 가지 실리를 얻을 수 있다면 이를 명분으로 시위를 중단하게 된다. 이로써 보상과 관련한 시위는 거의 마무리된다.

이쯤에서 좀 냉정하게 시위를 바라볼 필요도 있다. 초기의 시위는 소유자들의 불안감에 의해 그리고 관계 기관에 대한 압박수단으로 발생하고, 보상금 책정 이후는 배신감과 절망감에 기인한다고 하였다. 법률을 배경로 하여 일사천리로 진행되는 보상의 과정에서 지푸라기라도 잡아야 하는 소유자들의 절박함과 간절함의 표출이라고 이해된다. 그런데 시위의 발생이 보상대책위원회의 위치와 역할에 관련된 부분도 있다.

대규모 개발사업이 착수되면 많은 사업지구에서 보상대책위원회가 구성된다. 보통 마을별로 대표를 선출하고 이들 대표가 위원회를 구성하며, 위원 중에서 위원장 등 임원을 선출한다. 위원들은 대부분 무보수로 일을 한다. 순수하게 소유자들의 재산권 보호를 위해 봉사하는 경우가 많다. 그런데 어떤 경우에는 활동비를 받고 위원회 활동을 하는 사례도 있다. 드물게는 토지 등의 소유자가 아닌 외부인이 대책위원이 되기도 한다.

보상대책위원회의 경비는 그때그때 누군가가 부담하기도 하며, 소유 토지면적 기준으로 제곱미터당 얼마, 예를 들면 100원, 200원 등의 금액을 걷어 충당하기도 한다. 회의비라든가 교통비 등이 주요 비용 항목이지만 외부에서 선임한 위원이 있을 때는 이들의 활동비로 사용하기도 한다.

그런데 수차례 언급했듯이 수용과 보상의 절차는 법령이 규정하고 있는 바에 따라 엄격하게 이루어지고 있으며, 보상금 산정 과정에 외부의 입김이나 압력이 개입될 가능성이 낮은 편이다. 보상금이 공개되기 전까지는 누구도 그 액수를 알 수가 없고 한번 보상금이 공개된 후에는 바뀌지 않는 구조로 되어 있기 때문이다.

이 말은 보상대책위원회의 역할이 실제 보상금 산정 과정에서는 매우 제한적이라는 뜻이다. 각종 홍보 활동이나 시위를 통해 우호적인 분위기를 만들 수는 있고, 사업시행자나 감정평가사에게 압력을 가할 수는 있으나 절대적으로 필요한 보상금 산정 과정에는 직접 개입할 수 없다.

이러한 구조 속에서 보상금이 공개되고 통보되면 보상대책위원회에 비난의 화살이 집중되는 경향이 있다.

"대책위원회는 그동안 뭘 했어요?", "위원회 임원들끼리 밥만 먹고 회의만 했습니까?", "보상금이 이렇게 책정될지 정말 모르고 있었습니까?"

보상대책위원회의 활동에 비용을 부담하였다면 이런 질책도 등장한다. 특히 활동비를 지급받은 위원들에게 대한 비난은 더욱 클 것이고 이들은 좌불안석이 될 수밖에 없다. 보상대책위원회의 역할이 이렇게 제한될 줄 알았다면 위원이 되지 않았을 것이라고 하소연하기도 한다.

이런 상황이 예상되기 때문에 보상대책위원회는 가시적인 활동을 전개할 수밖에 없다. 다시 말하면 최소한 수차례의 시위를 주도해야만 한다. '이렇게 노력을 하였다.', '우리도 할 만큼 하였다.'는 증빙을 만들어야 한다. 보상대책위원회는 명분과 실적이 필요하다.

"우리 대표와 소유자 여러분이 모두 동참하여 큰 시위를 하였기 때문에 다소 서운하겠지만 이 정도의 보상금이 책정되었겠지요.", "우리 모두 할 만큼 하였지 않습니까? 소귀에 경 읽기인 사업시행자가 문제지요.", "우리가 앉아서 당하지만은 않았습니다."

이런 분위기를 만들어야 한다. 이런 분위기가 되어야 보상대책위원회 위원은 물론이고 소유자 개인 개인도 마음이 더 편할 수 있다. 시위의 순기능이라고 생각할 수도 있는, 매우 큰 긍정의 효과를 가져온다.

그래서 사업시행자도 시위를 꼭 두려워하지만은 않는다. 보통 보상금 내역을 개별적으로 통보한 후 큰 시위가 발생하지만, 그 시위 이후에는 보상대책위원회가 와해되고 급격하게 협의보상이 증가한다. 어떤 경우는 오히려 사업시행자가 보상대책위원회를 걱정하기도 하며 보상대책위원회의 퇴로를 열어줄 생각도 한다. 다음의 대화도 가능하다. 이상하게 보이겠지만 현실이다.

- 사업시행자: "주민들이 몹시 화가 나 있는데 대책위원회가 좀 나설 것인가요?"
- 대책위원회: "우리도 참 답답합니다. 이럴 줄 알았다면 내 보상금이나 조용히 받고 말지 뭐 하러 나섰겠습니까? 우리도 어쩔 수 없이 한 차례 모일 예정인데 양해하십시오."
- 사업시행자: "알겠어요. 물건은 부수지 말고, 서로 다치지 않게 조심합시다."
- 대책위원회: "약 두 시간 정도 하고 끝낼게요."

사업시행자와 보상대책위원회 위원들은 서로 껄끄러운 관계에 있지만 몇 차례 부딪히고 보면 그야말로 미운 정 고운 정이 들기도 한다. 사업시행자는 보상대책위원회 위원들이 공동의 이익을 위해 쉽지 않은 여건에서 동분서주 고생하는 모습을 보아 왔다. 그렇다고 이들에게만 보상금을 더 많이 책정하거나 무슨 특혜를 줄 수도 없다. 보상대책위원회 위원들이 보기에도 사업시행자 직원들이 너무 고생하는 것 같다. 성난 주민들이 쏟아내는 불만을 모두 감내하는 직원들이 안타깝게 보일 때도 있으며, 그래서 외부적으로 서로 적대시하는 듯하지만 어떤 인간적인 연민을 느끼기도 한다. 돈이 관련되다 보니 인사가 변하고 험해지는 면도 있으나, 그 가운데 서로에 대한 이해의 폭이 넓어지는 경우가 있다.

한 차례의 격렬한 시위가 끝나면 수용과 소송의 과정을 통해 개별적으로 다투는 것을 제외하고 대규모의 시위는 마무리된다.

그렇다면 시위 등 집단행동으로 인해 과연 보상금은 증가할 수 있을까? 일반적으로 그렇지 않다고 본다. 이주대책이나 기타의 보상대책이 추가로 주어질 수는 있겠지만 보상금 액수에 직접적인 영향을 주기는 어렵다는 의미이다.

대규모 시위가 발생하고 이러한 상황이 언론을 통해 공개되면 보상금을 직접 산정하는 감정평가사는 심리적으로 압박을 받는다. 그런데 그 압박이 보상금을 최대한 높게 책정해서 위기를 벗어나겠다는 생각을 일으키지는 못한다.

대신에 '크게 이슈화한 만큼 언론이나 감사기관에서 보상금 책정에 대해 사후 심각하게 검증작업을 하겠구나.' 하고 예상을 하게 된다. 감정평가사들은 이러한 검증작업에 대비해서 더 철저하게 보상금 산정작업을 한다. 더 철저하게 작업한다는 의미는 오해나 논란이 없도록 재량의 범위 내에서 좀 더 보수적으로 접근한다는 것으로 보아야 할 것이다. 특히 감사기관에 의해 사후에 이루어지는 보상금 관련 감사는 가격산정이나 민원대처 과정의 어려움을 이해하거나 노고에 대해 위로하는 모습으로는 나타날 리 없고 혹시 과다 보상으로 예산 낭비가 이루어지지 않았는지에 집중될 가능성이 크기 때문이다.

따라서 대규모 시위가 발생하였다고 해서 보상금액이 높게 책정될 가능성은 일반적으로 높지 않다고 하는 것이 타당할 것이다. 오히려 사업시행 자체가 당사자 이외에는 알려지지 않고 시위도 발생하지 않은 소규모의 사업에서 보상금액이 높게 책정되는 경우가 많다고 보는 것이 적절할 듯하다.

토지조사와
물건조사

보상의 대상을 확정하기 위해서는 우선 사업구역 내에 소재하는 모든 토지와 물건을 조사하고 그 목록을 작성하여야 한다. 작성이 완료된 그 목록을 '토지조서', '물건조서'라고 부르며, 조서작성을 위해 토지와 물건을 조사하는 것을 '토지조사'와 '물건조사'라고 한다. 사업시행자는 토지조서와 물건조서를 작성하고 이를 포함한 보상계획을 공고하며, 이후 이의신청 등의 절차를 거쳐 보상의 대상을 확정한다.

토지조서와 물건조서는 원칙적으로 사업시행자가 작성한다. LH공사나 한국감정원 등 보상 전문기관이 사업시행자로부터 업무를 수탁하여 보상 업무 일체를 대행할 때에는 이들이 조사·작성한다. 사업시행자가 아닌 민간 전문업체에서 용역보수를 받고 물건조사 업무를 할 수도 있으며, 이 경우 조서의 작성 주체는 사업시행자이다. 일부 사업시행자는 개발사업의 시공회사나 관련 용역회사에 대가도 없이 물건조사를 강요하기도 하는데, 이는 이른바 '갑'의 지위에 있는 공공기관의 부적절한 처사이다.

지방자치단체가 사업시행자인 소규모 사업의 경우 가끔은 별도의 토지조사와 물건조사 그리고 조서작성이라는 과정이 없이 감정평가사에 의해 감정평가 실지조사를 겸해서 동시에 조사가 이루어지기도 한다. 보상 업무의 첫 출발점이며 재산권 보호를 위해 가장 중요한 조서작성의 책무를 이른바 '을'에게 떠넘기는, 공공기관의 무책임한 업무처리 방법이다. 이런 사업지구는 사업설명회는 물론 법률에 규정된 보상계획의 열람이나 통지도 생략될 수밖에 없으므로 절차상의 문제점도 안고 있다.

토지조서는 보통 지적공부인 토지대장과 지적도에 근거하여 작성한다. 사업구역에 편입되는 토지의 지적도를 발급받아 모든 필지의 지번을 추출하고, 그 지번의 토지대장을 기준으로 지목과 면적을 기재한다. 그리고 등기사항전부증명서를 기준으로 소유자 현황을 작성한다. 이렇게 하면 일단 기초적인 토지목록이 완성된다.

구체적인 이용 상황은 사업 현장을 방문하여 일일이 확인하되 공부상 지목과 현실적인 이용 상황이 다른 것을 중심으로 조사한다. 예를 들면 지목은 전인데 주거용건물이 있는 경우, 지목은 대인데 일부 도로로 이용하고 있는 경우 등이 있다. 토지조서를 작성하는 과정에는 굳이 소유자의 협력을 얻을 필요가 없다. 농경지 등 집 밖에 소재하는 토지는 사업시행자 직원이 얼마든지 단독으로 조사할 수 있다. 혹시 잘못 조사되었다면 나중에 이의신청의 절차도 있으니 토지조서의 작성에는 큰 어려움이 없는 편이다.

그런데 물건의 경우는 이야기가 다르다. 물건은 편의상 옥내 소재 물건과 옥외 소재 물건으로 구분한다. 옥내 소재 물건은 담장이나 울타리의 안쪽에 있는 물건으로 소유자의 협력이 없으면 조사 자체가 불가능하다. 소유자의 동의 없이 주거지 내에서 조사한다면 주거침입의 죄가 성립할 수도 있다. 영업이 이루어지는 장소와 울타리 내에 수목이 식재된 곳도 마찬가지이다. 출입구가 잠긴 건물도 많다. 옥내 소재 물건을 조사하기 위해서는 소유자의 협력이 절대적으로 필요하다.

비닐하우스, 관정, 분묘 등 옥외 소재 물건은 물론 소유자 협력 없이 조사할 수는 있다. 그래도 사업시행자 혼자서 조사하기는 역부족이고 추후 많은 이의신청이 제기될 수 있다. 그래서 옥외 물건도 상당 부분 소유자의 협조를 얻어 조사를 진행한다.

옥외 물건 중 분묘의 경우는 주로 마을에서 오래 살아오신 어르신을 모시고 함께 조사하는 경우가 많다. 이들은 임야 곳곳에 숨어있는 분묘까지 상세하게 찾아내기도 한다. 분묘의 조사는 추석과 설 명절 직전에 하면 좋다. 대부분 벌초가 이루어져 조사가 쉽게 이루어지며, 분묘개장을 안내하는 팻말을 세웠을 때 명절에 산소를 방문하는 연고자들이 이를 읽어볼 가능성이 크기 때문이다.

소유자는 물론 사업시행자도 가장 신경 쓰는 것은 주거용건물이다. 보상 대상 주거용건물은 주로 단독주택이다. 앞에서 언급했듯이 하나의 단독주택이라 하면 그 부지인 토지와 건물인 주택이 있다. 단독주택 본체 외에 그 부속 건물로서 부속의 주택, 창고, 화장실, 축사 등이 있다. 그리고 주택의 둘레에 만들어진 이른바 가축, 토지의 경계에 설치된 담장, 대문, 차양, 마당 포장, 장독대, 세면대, 우물, 관정, 화단 등과 화단이나 기타의 장소에 식재된 모든 수목이 조사 대상이다.

보통 한 차례의 시위가 있고 나서 보상대책위원회와 사업시행자는 서로 조건을 주고받으며 협조하기로 약속한다. 소유자는 물건조사에 협조하고 사업시행자는 최대한의 보상이 이루어질 수 있도록 노력하겠다고 합의한 이후 사업시행자의 물건조사가 시작된다. 이때 이후 일반적으로 보상대책위원회가 사업시행자에게 적극적으로 협조를 한다.

사업시행자는 우선 누구네 집부터 조사할 것인가 동선을 짜야 한다. 지도만 펴놓고 가까운 곳부터 차례대로 조사해가면 좋을 것이다. 그런데 그게 쉽지가 않다. 집을 비우는 사람들이 많기 때문이다. 보상대책위원회의 협조가 큰 도움이 된다. 보상대책위원회는 누가 집을 비우는지를 알고 있을 뿐 아니라 연락처까지도 가지고 있어 조사 순서를 정하기도 하고 스스로 연락을 취해가며 사업시행자가 쉽게 주택을 조사할 수 있도록 도와주기도 한다. 협조가 없다면 사업시행자가 계획을 수립하여 그 순서대로 조사하며, 먼저 조사해 달라는 요청이 있다면 그 집을 우선 방문하여 조사한다. 사업 규모가 클 때는 보통 해당 지역에 수일을 머물러 조사하기 때문에 며칠이 지나면 골목에서 주민들과 서로 인사를 하기도 한다.

조사 당일, 마을회관 등에서 사업시행자, 소유자, 대책위원들이 함께 만난다. 사업시행자가 조사 순서를 제안하거나 안내를 자처하는 대책위원이 개략적으로 순서를 제시하고, 그 순서에 따라 개별 주택을 방문한다. 주택을 방문할 경우 소유자들이 미리부터 조사팀과 함께 다니기도 하며 일부는 주택에서 기다리기도 한다. 조사팀은 대문을 열고 들어가 간단한 인사를 하고 바로 물건조사를 시작한다.

사업시행자 담당자들은 보통 4인으로 조를 짜서 움직인다. 팀장은 보상의 대상이 되는 물건을 지정하는 역할을 한다. 본체, 창고 1, 창고 2, 차양, 대문, 담장 1, 담장 2, 울타리, 감나무, 대추나무 등 일일이 지정을 한다. 다음 역할을 맡는 사람은 목록을 만들며 동시에 건물의 도면을 작성한다. 주택 마당에 들어서면 제일 먼저 주요 건물의 배치도를 그린다. 그리고 다음부터 팀장이 부르는 목록을 하나씩 적어 내려간다. 우측에는 규격을 적을 수 있는 공간을 비워두어 실측이 이루어지면 그 수치를 기재한다. 팀장과 목록을 만드는 사람이 조사팀의 핵심이다.

다른 두 사람은 거리측정기 또는 줄자를 들고 팀장이 지정하는 건물 등의 규격을 잰다. 반듯한 주택 본체 같으면 가로, 세로를 잰다. 보통 줄자 또는 레이저 거리측정기를 사용한다. 조금 긴 거리의 측정에는 레이저 측정기가 적절하고 짧은 거리의 측정에는 줄자 특히 자동으로 감아지는 철제 줄자가 오히려 편리하다. 한 사람은 줄자를 기준점에 대거나 레이저 측정이 가능하도록 도와주고 한 사람은 측정되는 숫자를 부른다. 5미터, 2.7미터 등 보통 10센티미터 단위로 측정한다. 그러면 목록을 작성하는 사람이 이를 받아 적는다.

규격을 재야 하는 건물이나 공작물의 조사가 끝나면 이 두 사람은 사진을 찍는다. 한 사람은 물건의 내용을 적은 화이트보드 팻말을 물건 앞에 세우고 다른 한 사람은 각 물건과 팻말을 대상으로 하여 사진을 찍는다. 소유자가 팻말을 들고 함께 사진을 찍기도 한다. 소유자가 물건과 함께 사진에 찍히면 나중에 기억하기가 쉽기에 도움이 되기도 한다.

본체와 부속되는 건물을 조사하는 과정은 다소 혼란스럽다. 도면을 그리며 규격을 재야 하고 사진도 찍기 때문이다. 이 조사가 끝나고 규격을 잴 필요가 없는 물건을 조사할 때는 팀이 함께 움직이기 쉽다. 팀장이 '대문' 하면 한 사람은 '대문, 철제 2면' 하고 물건의 이름과 구조를 적고 한 사람은 팻말에 '대문' 하고 적어서 그 앞에 세우며 그때 한 사람이 사진을 찍는다. 조사의 속도는 팀장의 판단력과 지식, 목록 작성자의 정확성과 속도, 그리고 팀원들의 팀워크에 좌우된다.

사업시행자의 조사팀이 본인 소유 주택을 방문했을 때 소유자는 어떻게 해야 할까? 이럴 때 소유자의 행동은 두 가지 유형으로 나뉜다. 우선 다짜고짜 화를 내는 경우가 있다. 누가 사업을 하라고 했느냐며 화를 내고 심지어는 욕설을 하기도 한다. 사업시행자 팀원이 사정하는 말투로 부탁을 하고 동행한 대책위원이 달래면 못 이기는 체 조사를 허락하는 유형이다. 화를 내며 비협조적인 데다가 꼼꼼하게 따지고 들면 참으로 곤란한 경우가 많다. 두 번째는 비교적 공손하게 대하는 소유자가 있다. 말씨도 부드럽고 수고한다는 말도 잊지 않으며, 마실 물이나 음료수를 준비하기도 한다.

　사업시행자 조사팀은 침착하고 냉정하게 대처하려고 노력하는 편이다. 소유자의 대응 유형에 흔들리지 않고 본인의 임무를 수행하려고 한다. 그런데 이들도 보통의 사람이다 보니 욕설을 듣고 위협적인 상황을 맞으면 마음과 행동이 부정적으로 될 수도 있다. 팀장이 줄자를 잡는 팀원에게 갑자기 소리를 친다.

　"김 주임, 줄자 팽팽하게 잡으세요. 외벽 중심선에 대고…"

　원래 건물의 규격을 재는 기준은 벽체의 끝이 아니라 외벽의 중심선이다. 벽의 두께가 20센티미터라면 양쪽에서 10센티미터씩 안쪽에서 재는 것이 맞다. 그런데 보통은 벽의 두께를 알 수 없고 또한 소유자에게 불이익이 될까 봐 외벽 끝에서 재는 경우가 많다. 팀장이 정확하게 하라고, 그야말로 법대로 하라고 하니 팀원들은 따를 수밖에 없다. 팀장이 지시하지 않더라도 기분이 상한 팀원은 줄자 위치를 조금 안쪽으로 바꿀 것이다. 그리고 감아 쓰는 줄자라면 아주 팽팽하게 잡느냐 아니면 좀 느슨하게 잡느냐에 따라 약간의 오차가 있을 수 있다. 아주 팽팽하게 줄자를 잡아당긴다면 아마도 면적이 조금은 좁게

측정될 것이다. 예를 들어, 가로가 10미터인 주택의 세로 폭이 10센티미터 줄게 되면 최소 1제곱미터의 주택면적이 줄게 된다.

물건조사를 하는 사업시행자 팀원들은 대충 조사하지 않는다. 베테랑들이 많다. 타인의 재산권과 직접 관련되므로 상당한 주의를 기울여 조사를 수행한다. 내부 또는 외부의 감사를 의식하기도 한다. 그러면서도 최소한의 재량 범위를 가지고 움직인다. 새로 지은 주택의 경우는 건축물대장에 등재된 면적을 기준으로 한다. 그런데 오래된 건물, 무허가 건물 등은 줄자나 거리측정기를 사용한 실측으로 면적을 산정하며, 그 과정에서 이러한 재량에 의한 일부 융통성이 있을 수 있다. 이것을 보고 위법하거나 부당하다고 할 수도 없으니, 그 소유자는 불필요한 행동을 하여 보이지 않는 손실이 있을 수 있다. 거기다가 부정적인 언사로 하나하나 따지고 든다면 더욱 힘들어진다.

"감나무가 30년생이 아니라 40년생이에요. 수정해 주세요. 잘 알지도 못하면서 조사를 한다고…."

감나무는 40년생보다 30년생이 수확량이 많을 수 있어 오히려 고가로 책정될 가능성도 있다. 사업시행자가 소유자에게 유리하게 조사를 해 두었는데도 시시콜콜 따지고 들면 조사팀원들은 힘들어한다. 굳이 그럴 필요까지는 없다. 꼼꼼한 것과 따지는 것은 차이가 있다.

다만, 중요한 항목, 혹은 그리 중요하지 않더라도 누락된 물건이 있으면 알려주는 것이 좋다.

"뒤꼍에 감나무가 두 주 있는데 빠진 것 같습니다."

여기에 한 마디를 더하면 금상첨화이다.

"아주 꼼꼼하게 조사하시던데 오죽 알아서 하시겠어요."

이렇게 이야기하면 사업시행자 팀원들은 혹시나 누락된 물건이 있을까 하여 집 안의 구석구석 찾아다니게 된다. 처음부터 이런 분위기였다면 물론 줄자도 그렇게 팽팽하게 잡아당기지 않을 것이다. 음료수를 대접하지 않아도, 말 한마디로 천 냥 빚을 갚는다는데 돈 쓰지 않고도 조금만 긍정적인 마음을 갖는다면 불이익을 받지는 않을 것이다. 사업시행자가 못마땅하더라도 땀을 뻘뻘 흘리며 고생하는 말단 팀원들에게 화풀이할 이유는 없어 보인다. 손익을 따지기에 앞서 우리 집을 방문한 손님이라고 편하게 생각하는 것이 좋은 방법이다. 더운 여름에 시원한 보리차라도 권하면 매우 감사한 마음을 갖는다. 조사하는 팀원들도 부담감이 적어지면서 마음이 가볍게 될 것이고 본인도 덩달아 기분이 좋아질 수 있다.

정원에 관상수가 많이 있거나 과수원이 있는 경우에는 수목의 목록을 작성해 두면 좋다. 사업시행자 조사팀원도 희귀한 관상수의 이름을 모두 알 수가 없다. 이럴 때는 사업시행자에게 적극적으로 협조하면서 본인의 재산을 보존한다는 의미에서 스스로 목록을 미리 작성하여 제시하는 것이 좋다.

하나 더, 목록에 적힌 물건의 이름에 너무 민감해할 필요는 없다. 창고라고 적든 부속 건물이라고 적든 차이가 없다. 감나무가 12년생이든, 13년생이든 큰 차이가 없으니 이를 가지고 다툴 필요는 없다. 나무 이름도 마찬가지이다. 소유자도 사업시행자도 이름을 모르는 관상수가 있을 수 있다. 나무 이름을 도저히 알 수 없어 심지어 '미상목'이라고 목록을 작성한 사례도 있다. 정 이름을 모르는 나무가 있다면 다른 나무의 수량 하나를 더 더하는 방법을 사용하기도 한다. 물론 소유자에게 충분히 설명하고 동의를 얻어 작성한다. 감나무가 5주인데 비슷한 규격의 이름 모를 나무가 한 주 더 있으면 감나무 6주로 표시하는 사례도 있다는 말이다. 이때는 양해하고 넘어갈 필요도 있다.

　사업시행자가 목록을 완성하고 확인을 요청하면 이때는 한번 꼼꼼하게 살펴보아야 한다. 특히 주된 건물의 구조가 다른 경우, 예를 들면 벽돌구조인데 블록구조라고 조사되었다면 반드시 수정을 요구해야 할 것이다. 부속 건물도 방이 설치된 구조인데 창고라고 기재되어 있다면 방이 있다는 사실과 창고보다는 부속 주택으로 표기하는 것이 적절하겠다는 의견을 표시하는 것이 좋다. 나중에 감정평가를 위한 실지조사 과정에서 다시 한번 확인이 되겠지만 가격이 덜 나가는 구조와 규격으로 조서가 작성되어 있다면 감정평가사가 선입견이 있을 수도 있고 사실관계를 간과할 우려도 있으니 조서작성 과정에서 중요사항은 분명하게 잡아주는 것이 필요하다.
　물건조사는 소유자에게 보상의 첫 단계이며 매우 주요한 절차이다. 사업시행자가 물건조사를 나왔을 때 불필요하게 이들을 자극할 필요가 없으며 되도록 우리 집을 방문한 손과 같이 긍정적으로 대해주는 것이 좋다는 점, 그리고 중요 부분에서 착오가 있다거나 누락된 물건이 있다면 분명하게 의견을 표시해서 바로잡아 주는 것이 좋다는 점을 기억해 두자.

보상계획이 공고되고
물건조서를 받았을 때

　보상계획의 공고는 토지조서와 물건조서의 내용을 소유자 또는 관계인에게 열람시키고 이들의 이의신청을 받아들여 보상 대상을 확정시키며, 일반적인 보상의 절차와 추진 일정, 토지소유자에 의한 감정평가사 추천제도 등을 알리는 절차이다.

「공익사업을 위한 토지 등의 취득 및 보상에 관한 법률」 제15조(보상계획의 열람 등)(조문 일부 수정)

① 사업시행자는 제14조에 따라 토지조서와 물건조서를 작성하였을 때에는 공익사업의 개요, 토지조서 및 물건조서의 내용과 보상의 시기·방법 및 절차 등이 포함된 보상계획을 전국을 보급지역으로 하는 일간신문에 공고하고, 토지소유자 및 관계인에게 각각 통지하여야 하며, 제2항 단서에 따라 열람을 의뢰하는 사업시행자를 제외하고는 특별자치도지사, 시장·군수 또는 구청장에게도 통지하여야 한다. 다만, 토지소유자와 관계인이 20인 이하인 경우에는 공고를 생략할 수 있다.

② 사업시행자는 제1항에 따른 공고나 통지를 하였을 때에는 그 내용을 14일 이상 일반인이 열람할 수 있도록 하여야 한다.

③ 제1항에 따라 공고되거나 통지된 토지조서 및 물건조서의 내용에 대하여 이의가 있는 토지소유자 또는 관계인은 제2항에 따른 열람 기간 이내에 사업시행자에게 서면으로 이의를 제기할 수 있다.

「공익사업을 위한 토지 등의 취득 및 보상에 관한 법률 시행령」 제28조
(시·도지사와 토지소유자의 감정평가업자 추천)(조문 일부 수정)

① 사업시행자는 보상계획을 공고할 때에는 시·도지사와 토지소유자가 감정평가업자를 추천할 수 있다는 내용을 포함하여 공고하고, 보상 대상 토지가 소재하는 시·도의 시·도지사와 토지소유자에게 이를 통지하여야 한다.
② 시·도지사와 토지소유자는 보상계획의 열람 기간 만료일부터 30일 이내에 사업시행자에게 감정평가법인 등을 추천할 수 있다.

보상계획은 일간신문을 통해 공고되며 동시에 모든 소유자에게 개별적으로 통보된다. 공익사업의 개요, 토지조서 및 물건조서, 열람 기간 및 장소, 이의신청 방법, 보상의 시기와 방법, 감정평가사 추천에 관한 사항을 주요 내용으로 한다. 물건조서는 그 분량이 방대하므로 일간지에 게시되는 공고문에서는 보통 생략하고 별도의 열람 장소에 비치하기도 한다. 개인적으로 통보되는 보상계획통지에는 공고문과 함께 본인 각자에게 해당하는 소유자별 토지조서와 물건조서가 첨부되어 있다.

보상계획을 통보받은 소유자가 해야 할 일은 크게 두 가지가 있다. 하나는 토지조서와 물건조서를 꼼꼼하게 살펴보고 잘못되거나 누락된 물건에 대해 이의신청을 하는 것이다. 그리고 또 하나는 소유자 추천 감정평가사를 추천하는 것이다.

　우선 통지문에 첨부된 본인 소유의 토지조서와 물건조서를 자세히 살펴보아야 한다. 토지조서에는 토지의 소재지, 지번, 지목, 면적, 소유지분, 이용 상황 등이 표시되어 있다. 이러한 표시들은 지적공부와 등기부를 기초로 작성하기 때문에 아마 틀림이 없을 것이다. 그런데 이용 상황은 좀 더 자세히 살펴볼 필요가 있다. 이용 상황은 지목과 달리 현실적으로 이용하고 있는 상황을 조사하여 기재한 것이며, 토지의 가격에 직접 영향을 미칠 수도 있다. 토지보상법은 토지의 지목에도 불구하고 현실적인 이용 상황을 기준으로 보상액을 산정하도록 규정하고 있기 때문이다.

　지목이 전, 답 또는 대라 하더라도 도로로 이용하고 있다면 도로를 기준으로 보상액을 산정하며, 반대로 지목이 답이나 도로 등이라 하더라도 실제 건축물의 부지이면 물론 예외가 많으나 원칙적으로 대를 기준으로 가격을 산정하여야 한다. 따라서 토지의 지목보다도 열람문서의 토지조서에서 제시하는 이용 상황이 매우 중요하다. 이를 꼼꼼하게 살펴보아야 할 이유이다. 다만, 가격이 낮은 이용 상황으로 바꾸어 달라고 굳이 이의신청할 필요는 없다. 일부 토지가 도로로 이용되고 있다 하여 이것을 이의신청할 것은 없다. 이런 경우는 도로로 점유되고 있는 사실이나 점유 면적 등이 명백하지 않아 측량 등의 조치가 필요하여 사업시행자가 검토 중에 있을 가능성이 크다.

　토지조서는 대체로 간단한 편인데 물건조서는 매우 복잡할 것이다. 본인이 소유권을 가진 모든 물건이 목록으로 작성되어 있다. 본인의 토지 위에 소재하나 타인의 소유물이거나 소유권이 불분명한 물건이 포함되기도 한다.

물건조서에 기재된 내용 하나하나를 꼼꼼하게 검토해 볼 필요가 있다. 중요한 것은 주요 건축물의 구조와 규격에 관련된 것, 그리고 누락 여부이다. 주택의 본체와 같은 주요 건축물의 구조가 현황과 달리 표기되어 있다면 보상액 수준에 영향을 미칠 수 있다. 콘크리트구조인데 벽돌구조로 표시되거나 벽돌구조인데 블록구조로 표시되어 있다면 반드시 바로잡아 주어야 한다. 기와지붕이 슬레이트지붕이나 함석지붕으로 표시되어도 바로잡아야 한다. 조서의 오류는 감정평가 과정에서 대부분 바로잡아지겠지만 혹시라도 올바른 상태가 간과되어 건물의 가격이 하향 평가될 우려도 있기 때문이다.

다음은 누락된 물건이 있는지 찾아보아야 한다. 많든 적든 모두 보상금이 책정되니 작은 나무 하나라도 모두 찾아서 이의신청하는 것이 좋다. 그런데 하나의 독립된 물건같이 보이지만 보상의 대상이 아닌 것도 있다. 이들은 굳이 이의신청할 필요가 없다. 대표적으로 주택의 보일러와 에어컨, 건물의 기초, 지붕이 연장된 차양, 화장실 정화조, 화분, 마당의 배수로, 석축 등이 있다.

보상의 대상에서 한번 살펴보았듯이 마당의 배수로와 석축은 독립된 물건이 아니라 토지 일부분으로서 별도의 보상 대상이 되지 아니한다. 이들의 가치는 모두 토지의 가치로 이전되었다고 보기 때문이다.

주택의 보일러는 건물을 구성하는 하나의 구성품이므로 독립된 물건이 아니며, 이것의 가격은 주택의 가격에 포함되어 있다. 건물의 기초, 지붕이 연장된 차양도 마찬가지이다. 주택이나 옥외 화장실에 연결되어 있는 정화조도 건물 일부로서 보상의 대상이 아니며 건물과 함께 가격이 산정된다. 에어컨과 화분은 독립된 물건이지만 이것은 비품의 하나로서 보상 대상이 아니다. 건물의 연면적에 따라 산정되는 이사비가 별도로 지급된다. 그러나 영업장은 이사비의 지급 대상이 아니기에 영업장에 설치되어 있는 에어컨은 보상의 대상이 된다.

그런데 이것들이 보상 대상인지 아닌지 쉽게 구별하기 어려울 수 있다. 이럴 때는 일단 이의신청 목록에 포함하여 사업시행자에게 문의하는 것이 좋다.

본인 소유가 아닌 물건이 물건조서에 포함되어 있을 수 있다. 주 건물을 제외한 대부분 물건은 등기부와 같은 소유권을 표시하는 공시 방법이 없으므로 우선 소유권을 추정하여 통보한다. 토지소유자를 토지 위에 소재하는 모든 물건의 소유자로 판단하는 경우가 많다. 본인 소유 물건이 아닐 때는 사업시행자에게 사실대로 알리는 것이 좋다. 어차피 다음 과정에서 진짜 소유자가 나타나 소유권을 주장할 것이기 때문에 미리 자진하여 바로잡는 것이 깔끔하다. 그리고 토지소유자와 그 토지 위에 있는 물건의 소유자가 다르다면 그 사실에 동의하는 토지소유자의 확인서를 요청하기도 하니 이럴 때는 협조하는 것이 바람직하다.

토지조서와 물건조서를 꼼꼼히 살펴보고 나서 별도로 수정할 것이 없다면 그냥 놓아두면 된다. 그러면 조서는 그대로 확정된다. 수정할 사항이나 누락물건이 있다거나 주소나 연락처를 변경하려면 통지문에 기재된 사업시행자 연락처로 문의를 하면 된다. 형식이 없는 서면으로 이의신청을 할 수도 있고 사업시행자가 제시하는 양식으로 해야 할 경우도 있다. 이의신청서가 제출되면 사업시행자 조사팀이 다시 방문하여 구조와 규격을 조사하며 사진을 찍고, 조서를 수정한다.

이로써 보상 대상은 확정된다.

　다만 이의신청을 하지 않았다고 하여 잘못되거나 누락된 사항을 변경시킬 수 없는 것은 아니다. 보상계획 열람 기간 내에 이의신청하지 않았어도 추후 사실관계가 확인된다면 조서는 수정할 수 있다. 나중에도 조서의 수정은 가능하겠지만 혹시 새로 설치한 물건이 아닌지 괜히 의심받을 수도 있으니 이의신청 기간에 정정하는 것이 적절할 것 같다.

　보상계획 공고문 이후 두 번째로 중요한 사항은 감정평가사의 추천이다. 감정평가사 추천은 보상계획 열람 기간 만료일로부터 30일 이내에 이루어져야 한다. 보상계획 열람 기간이 14일이기 때문에 공고일로부터는 44일 이내이다. 아마 이 기간에는 감정평가사 사무실에서 방문하는 수도 있을 것이고 몇 차례의 회의도 열릴 것이다. 개별적으로 추천을 하는 것은 아니며, 사업구역 내 토지소유자 모두의 의견을 모아 하나 혹은 두 군데의 감정평가사를 추천하여야 한다. 추천할 감정평가사를 최종적으로 선정하는 것은 총회를 통해서 이루어지기도 하고 보상대책위원회에서 결정하기도 한다. 총회에서 대책위원회에 그 선정을 일임하기도 한다. 보상대책위원회에서 선정한다면 관여할 부분이 없겠지만 총회에서 선정한다면 투표를 할 수도 있기에 관심을 가지고 볼 필요가 있다.

　혹시 친분이 있거나 친인척인 감정평가사가 있어 그를 추천하겠다고 하면 그 반응은 둘로 나뉠 것이다. 어떤 감정평가사는 적극적으로 수임을 하겠다고 말한다. 감정평가에 따른 수입이 발생하기 때문이다. 그런데 모든 감정평가사가 이렇게 토지소유자 추천 감정평가사가 되려고 하는 것은 아니다. 어떤 감정평가사는 소극적인 모습을 보이기도 한다. 혹 추천을 해주면 감정평가는 하겠다는 식의 시큰둥한 반응을 보이기도 하며 추천받는 것을 거절하기도 한다.

다소 의외이겠지만 이런 감정평가사도 제법 많이 있다. 토지소유자 추천 감정평가사는 너무 큰 스트레스를 받기 때문이다. 자신을 추천한 토지소유자가 의도하고 기대하는 보상액과 이른바 적정가격과의 차이가 클수록 그가 받는 스트레스는 증가할 수밖에 없다. 토지소유자의 기대에 미치지 못할 것을 뻔히 알면서 수임을 자처하기도 어려울 것이며, 그렇다고 상식의 범위를 넘어서는 과다 보상액을 산정할 수도 없다.

그리고 토지소유자 앞에서 법이 허용하는 범위 내에서 혹은 그보다 많은 최대한의 보상을 하겠다고 큰소리를 친 감정평가사가 모두 최고의 보상금을 산정하는 것은 아니다. 소극적인 모습을 보였던 감정평가사도 본인이 추천을 받는다면 아마 최선을 다해 토지소유자의 재산권 보호를 위해 노력할 것이다. 분명한 것은 감정평가 결과가 공개되기 전까지 보상금 액수는 아무도 모르며, 소유자 추천 감정평가사가 보상금의 상향에 어느 정도 영향을 미쳤는지 알 수도 없다는 점이다.

이같이 보상계획 열람 기간 내에 이의신청과 재조사가 완료되어 보상 대상이 확정되고 토지소유자 추천 감정평가사가 사업시행자에게 추천이 된다면 이제는 본격적인 보상액 산정작업이 시작된다.

감정평가사의 보상금 산정을 위한
실지조사

　사업시행자는 보상계획 열람 기간에 소유자의 확인과 이의신청을 거쳐 토지조서와 물건조서를 확정하고 이를 대상으로 감정평가를 의뢰한다. 감정평가는 보상액을 산정하는 작업이다. 감정평가는 토지 등의 소유자 보유 재산의 소유권을 변동시키기 위한 대가인 보상금을 책정하는 과정이기 때문에 소유자에게는 가장 중요한 절차이다.

　보상금은 당사자인 사업시행자나 소유자가 산정하지 아니하고 제3자의 자리에 있는 외부의 감정평가사가 결정한다. 일반적인 사적 거래라면 매도인이 희망가격을 제시하고 매수인이 이를 받아들여 바로 거래가 이루어지거나 아니면 흥정을 통해 몇 차례의 가격 조정과정을 거쳐 합의가 이루어질 때 거래가 성사된다. 그런데 수용과 보상이라는 특수한 거래는 우선 거래에서 가장 중요하며 기초가 되는 가격을 당사자가 아닌 제3자가 결정하고, 당사자인 사업시행자와 소유자는 그 가격산정에 직접 개입할 수 없는 구조로 되어 있다.

　사업시행자는 외부의 제3자가 결정해준 가격을 소유자에게 제시하고, 소유자는 자신의 의사와 무관하게 결정된 그 가격을 받아들여 계약을 성사시키거나 혹은 거부를 하여 다음 단계로 계약을 유보할 수 있을 뿐이다. 수용과 보상은 사적인 거래와는 다르게 당사자 간 흥정의 과정이 생략되며, 이는 국가나 공공기관이 한쪽 당사자가 되는 공적인 거래의 특수성이 반영된 것으로 이해를 해야 할 것이다.

사업시행자는 2개 혹은 3개의 감정평가업체에 감정평가를 의뢰한다. 사람이 2인 혹은 3인이라는 의미는 아니고 같은 토지 또는 물건의 감정평가를 복수의 감정평가사에게 의뢰한다는 뜻이다. 사업구역이 매우 넓어서 3개 권역으로 구분하여 감정평가를 한다면 권역별 2개 업체 또는 3개 업체씩 모두 6개 혹은 9개의 감정평가업체가 감정평가를 수행할 것이다. 그리고 감정평가업체에서 감정평가 대상 물건의 양을 고려하여 1개 권역에 각각 3인의 감정평가사를 투입한다면, 위 사례 사업지구의 경우 모두 18인 또는 27인의 감정평가사가 실제 감정평가를 수행한다.

감정평가 의뢰를 받은 감정평가업체는 담당자를 배정한다. 소규모 사업의 경우 1인의 감정평가사가 토지와 물건 모두를 혼자서 처리한다. 그런데 토지의 필지 수가 수백 필지를 넘는다든가 물건의 수량이 많다든가 하면 1인은 토지 담당, 1인은 물건 담당으로 구분하여 2인의 감정평가사가 처리한다. 사업구역이 아주 넓고 물건이 복잡하며 수량이 많은 경우는 3인에서 5인의 감정평가사가 물건의 종류별로 나누어 감정평가를 담당하기도 한다. 필지 수가 많아도 토지의 경우는 실지조사가 비교적 어렵지 않기 때문에 보통 1인의 감정평가사가 담당한다.

사업시행자는 먼저 담당 감정평가사와 실지조사 일정을 협의한다. 사업시행자는 소유자들의 여건과 협조 여부 등을 파악하고 전체적인 보상 일정을 고려하여 실지조사 날짜를 잡는다. 감정평가사의 실지조사 시에도 물건조사 때와 마찬가지로 보통 보상대책위원회에서 적극적으로 협조를 하는 편이다.

감정평가사의 실지조사는 사업시행자의 물건조사와 유사한 점이 많다. 물건 하나하나를 일일이 확인하는 것이 그렇다. 이 둘의 차이를 이해하지 못하는 소유자들도 많이 있다. 어떤 소유자는 "몇 달 전에 우리 집에 와서 모든 것을 적어가더니 왜 또 왔습니까?" 하고 묻기도 한다. 일차적으로 보상 대상의 목록을 작성하는 것이 물건조사이고 작성된 그 목록을 기준으로 가격을 책정하기 위해 이차적으로 물건을 확인하는 것이 감정평가를 위한 실지조사라고 이해하면 간단하다.

실지조사도 토지와 물건의 차이가 크다. 토지는 사업시행자나 소유자의 협조가 없어도 가능하다. 통상 감정평가사들 단독으로 다른 사람의 협조 없이 준비된 지적도면을 보고 조사한다. 감정평가사들은 준비한 도면을 활용하여 대상이 되는 모든 토지를 필지별로 직접 발로 밟으며 확인한다.

물건의 경우는 물건조서를 작성할 때와 같이 소유자의 협조가 필요하다. 주택의 실지조사 과정을 살펴보자. 첫날 아침 마을회관 등에서 사업시행자와 보상대책위원회 위원, 일부 소유자 그리고 감정평가사들이 만난다. 그 장소에서 조사 일정을 대략 협의한다. 집을 방문하기 전에 많은 사람이 모여 있다면 간단하게 감정평가 과정 등을 설명해 달라고 요구하기도 하며, 간담회나 설명회 형식으로 대화가 이루어지기도 한다.

이후 사업시행자 그리고 대책위원 또는 마을 주민 등의 안내에 따라 각 집을 순서대로 방문한다. 급한 일이 있는 소유자는 자신의 집을 먼저 보아달라고 요청하기도 하며 특별한 일이 없으면 편의를 위해 순서를 조정하여 조사한다. 대책위원회나 주민들의 협조가 없다면 사업시행자와 도면에 나온 순서대로 임의로 각 주택을 방문한다. 심지어 어떤 무책임한 사업시행자는 자신의 업무에 소극적이거나 민원을 두려워하여 실지조사 과정에 참여하지 않고 감정평가사에게 모든 일정을 미루어 감정평가사만 단독으로 방문하는 때도 있다.

대문을 열고 들어가 간단한 인사를 나누고 각 물건을 차례로 확인한다. 이때에도 각 소유자의 반응은 물건조사 때와 유사하다. 부정적인 태도로 맞이하는 소유자와 긍정적으로 맞이하는 소유자가 있다. 보통 감정평가사에게 신체적 위해를 가하거나 욕설을 하는 소유자들이 많지는 않다. 본인 소유 물건의 가격을 책정한다는 것을 알고 있기 때문이라고 짐작해 본다. 가끔은 언성을 높이거나 문전박대를 하기도 하며, 보상금이 낮으면 가만히 있지 않겠다고 강압적으로 말하는 소유자도 있으나 이는 도움이 되지 않는 행동이다.

누누이 강조하지만, 본인 집을 방문하는 사업시행자나 감정평가사를 거칠게 대할 필요는 없다. 물건조사 때와 마찬가지이다. 서운하게 대했다고 해서 보상금이 낮아지지는 않을 것이라고 믿으나, 불필요하게 자극할 이유는 없다는 뜻이다. 그냥 집을 방문한 모르는 손을 대하듯이 하면 된다. 과잉친절도 필요가 없으며 박대할 이유는 더구나 없다.

감정평가사들을 맞이하는 많은 소유자가 가격은 물론 보상 일정이나 누락물건 등에 관한 이야기를 한다. 질문이 쏟아지기도 한다. 이때는 주로 동행한 사업시행자 담당자가 답변한다. 특히 물건조서에 누락된 물건이 있다면 조서를 작성하는 사업시행자에게 말하여야 한다. 소유자의 생각에는 사업시행자와 감정평가사가 구별되지 않고 '모두 사업을 추진하는 측, 그들이 그들이겠지.' 하는 것 같다.

사업시행자 관리자금 담당자는 주로 소유자와 면담을 하고, 그 사이 사업시행자 실무자와 감정평가사들은 목록을 펼쳐놓고 하나하나 체크를 한다. 주택 본체 같은 경우는 구조와 지붕부터 시작하여 확장 여부, 벽체 두께, 난방, 창틀, 마루 새시, 처마, 부엌 형식, 옥내 화장실 유무, 난방방식, 마루 또는 장판, 벽지, 천장 높이, 방문이나 현관문 등 건물 상태와 종합적인 인테리어 여부 및 균열과 같은 하자 유무를 중점으로 조사한다. 가장 중요한 포인트는 어떤 부분이 주택의 가격을 주로 결정하느냐 하는 것이다. 외형은 유사하게 보여도 벽돌 주택과 블록으로 지어진 주택은 가격 차이가 있을 수밖에 없다.

그리고 '담장, 차양, 화단, 감나무…' 하면서 목록의 순서에 따라 조사하되 물건조서 목록에는 기재되지 않은 구조와 규격을 확인하고 적는다. 당연히 가격에 영향을 주는 요소를 중점으로 조사한다. 수목의 경우는 물건조서에 제시된 수종과 수령 외에 근원직경, 수고, 수관 폭 등과 종합적인 생육상태 및 상품성을 판단하여 기록한다.

어느 물건이 어디에 있는지 찾기도 쉽지는 않다. 간단한 경우는 감정평가사들이 스스로 찾을 수도 있으나 보통은 물건조사를 담당했던 사업시행자 담당자들이 하나하나 적시해 준다. 시간을 단축하고 정확하게 확인하기 위함이다. 어떤 경우 특히 수목은 사업시행자나 감정평가사들도 쉽게 찾지 못할 때가 있다. 소유자만이 그 위치를 알 수 있기에 소유자들이 협조를 해주는 경우가 많다. 감정평가사들은 주로 연필을 들고 기록하지만 어떤 경우에는 기억의 한계를 극복하기 위해 카메라로 물건의 사진을 담기도 한다.

감정평가사들은 소유자에게 여러 가지를 묻기도 한다. 특히 건물이나 공작물을 신축하였다든가 특수한 설비를 설치한 경우 등은 실제 소요비용을 묻는 경우가 있다. 아마 가능하다면 투입한 비용만큼의 보상액을 책정하여 소유자에게 손실이 발생하지 않도록 하기 위한 것 같으니 이때는 사실대로 이야기해 주는 것이 좋다. 높은 금액을 이야기하면 보상금을 높게 책정할 것으로 생각하여 아주 높은 금액을 말하기도 한다. 그런데 감정평가사들은 그 말을 곧이곧대로 믿지 않고 여러 가지 방법으로 크로스체크를 한다. 오히려 그 소유자의 모든 말이 신뢰를 잃을 수도 있다.

어떤 집을 방문하면 음료수나 간식거리를 내어놓기도 한다. 그때 잠깐 휴식을 취할 수 있다. 음료수는 가끔 함께 마시기도 하지만 다른 음식물은 보통 사양한다. 가끔이라도 음료수를 마시는 것은 이를 사양했을 때 소유자들이 불안해하기 때문이다. 대책위원이나 통장이 준 음료수는 먹고 내가 준 음료수는 거부했다고 오해를 하여 화를 내거나 불안해하는 소유자들도 있다.

감정평가사들은 어떤 곳에서 음료수나 간식을 먹고 휴식을 취한 것, 소유자가 고함을 지른 것, 강아지가 귀여웠던 것, 감이 탐스럽게 열린 것, 마당에 장작이 놓여 있었던 것 등 모든 것들을 실지조사 서류에 기록을 해두는 경향이 있다. 혹시 가격을 올리거나 내리기 위해 그때그때의 사정을 기록해 두는 것으로 오해할 필요는 없다. 이는 오로지 기억을 되살리기 쉽게 하기 위함이다. 실지조사를 마치면 바로 가격작업을 하지만 아무리 최대한 기록을 한다고 해도 어떤 경우는 물건 내용이 명확하지 않을 때가 있다. 이럴 때 조그맣게 기록된 문구, '하얀 개가 크게 짖은 집'이란 메모를 발견하면 대부분 바로 기억을 찾을 수 있다. '드링크 마신 집'이라고 기록을 해두어도 그 집의 보상금이 올라갈 것 같지는 않으니 오해할 필요는 없다.

　정리해 보자. 소유자는 보상액 산정을 위해 실지조사를 하는 감정평가사에게 과잉친절을 베풀 필요도, 박대할 이유도 없다. 모르는 손이 집을 방문했을 때처럼 평범하게만 대하면 될 것 같다. 감정평가사의 언행에 일희일비할 것도, 오해할 것도 없으며, 혹시 질문을 해오면 사실만 이야기하면 된다. 불필요하게 과장하거나 숨길 이유도, 묻지도 않은 이야기를 장황하게 할 필요도 없다.

　감정평가사들은 실지조사를 할 때 말을 조심해서 하는 편이다. 가격수준에 관한 이야기라든가 보상금을 높게 책정하겠다, 낮게 책정하겠다 하는 말은 특히 조심한다. 사소한 말로 오해를 받기도 한다. 어떤 집을 방문한 감정평가사가 지나가는 인사말로 "분재가 참 좋으시네요."라고 이야기를 했는데 몇 달 후 사업시행자에게 제출된 민원서에는 본인의 집을 방문한 감정평가사가 분재에 탐을 내며 뇌물로 달라고 했다고 적혀 있었던 경우도 있다. 이런 경험을 몇 번 하게 된 감정평가사는 말을 조심하는 것은 물론이고 표정 관리까지 신경을 쓴다. 그러다 보니 차갑고 무표정하다는 말을 듣기도 한다.

　얼굴만 차갑고 무표정한 것이 아니라 감정평가사들은 냉정하게 행동할 때가 많다. 업무가 업무다 보니 모든 사람한테서 오해와 비난을 받기도 하고 이해관계자들의 틈바구니에서 처신이 곤란한 경우가 많다. 그래서 매사에 주의하는 편이다. '오이밭에서 굳이 신발을 만지지 않으려'고 하며, '가는 줄에 매달려 있는 날카로운 칼날의 검을 머리 위에 두고 있는 심정'으로 스스로 엄격하게 처신하려고 한다.

　공익사업이 원활하게 진행될 것인가 여부는 보상금의 적정성과 공정성에 크게 영향을 받고, 보상금에 대한 신뢰는 감정평가 결과의 타당성 여부에 달려 있다는 점을 생각할 때 무엇보다도 감정평가사가 이해관계자들로부터 독립하여 객관적 자료를 근거로 자신의 전문지식과 양심에 따라 소신껏 보상금 책정작업을 수행할 수 있도록 하는 제도적인 바탕이 먼저 마련되었으면 한다. 동의하는 사람도 동의하지 않는 사람도 있겠지만, 그 첫 출발은 보상액을 산정하는 감정평가사가 이해관계자인 사업시행자나 토지소유자가 아닌 제3의 독립된 기관에 의해 선정되도록 하는 보상 제도의 개선이라고 생각한다.

보상금의
결정과 통지

　사업시행자는 감정평가 의뢰 시 보통 감정평가서 제출일자를 명시
하며, 감정평가사는 그 정한 기한 내에 감정평가를 완료하고 감정평
가서를 사업시행자에게 제출한다. 감정평가서를 제출받은 사업시행
자는 감정평가서의 기본적인 오류 여부를 검토한다. 이 부분에서 오
해를 받기도 한다. 사업시행자가 감정평가 과정에 개입하여 보상금을
낮추려고 한다는 오해이다.

　그런데 이것은 말 그대로 오해일 가능성이 크다. 사업시행자는 적
게는 몇십억 원, 많게는 수조 원에 이르는 보상금을 지급할 예정인데
아무런 검토 없이 그 금액을 집행할 수는 없지 않겠는가. 그래서 감
정평가서에 기본적인 오류가 있는지 그 여부를 검토하는 것이다.

　보통 실무담당자가 기본적인 검토 작업을 하고 간단한 오류가 발견
될 시 감정평가서의 수정을 요청하기도 한다. 그런데 그 검토사항은
판단의 여지가 적은 기술적인 것, 예를 들면 계산 착오 또는 단순 오
타 등에 한정될 가능성이 크다. '가격이 너무 높다, 혹은 너무 낮다.'
하는 것은 오타에 의한 것과 같은 명백한 경우 이외에는 감정평가서
가 제출된 이후에 검토의 대상에 포함되어 표면상으로 드러날 여지
가 거의 없다.

　감정평가서가 정말로 위법하거나 부당하게 작성되었다고 판단된다

면 사업시행자는 법적인 조치를 하여야 한다.

「공익사업을 위한 토지 등의 취득 및 보상에 관한 법률 시행규칙」 제17조(재평가 등)(조문 일부 수정)

① 사업시행자는 제16조 제4항의 규정에 의하여 제출된 보상평가서를 검토한 결과 그 평가가 관계 법령에 위반하여 평가되었거나 합리적 근거 없이 비교 대상이 되는 표준지의 공시지가와 현저하게 차이가 나는 등 부당하게 평가되었다고 인정하는 경우에는 당해 감정평가업자에게 그 사유를 명시하여 다시 평가할 것을 요구하여야 한다.

여기에서 재평가는 당초에 감정평가를 한 그 감정평가사에게 의뢰하여야 한다. 단순한 오류의 경우 대부분 문서의 오고 감이 없이 감정평가서를 수정하기도 하고, 평가 내용을 분명히 할 필요가 있을 때는 공문서로써 질의하고 공식적인 답변을 받기도 한다. 그런데 위 규정에 따라 공문서로 재평가를 요구할 때에는 사업시행자와 감정평가사의 의견이 일치하지 않는 사항일 것이다. '가격이 너무 높다. 혹은 너무 낮다.' 이런 부분에서도 공식적인 견해의 차이가 있을 수 있다.

사업시행자가 감정평가사에게 가격수준에 관한 의견을 포함하여 위법하거나 부당하게 평가되었는지를 질의할 것이고, 이때 감정평가사는 명백한 오류가 발견될 때를 제외하고는 자신이 얼마 전 제출한 감정평가서의 가격이 잘못되었다고 공식적으로 인정하기가 쉽지 않을 것이다. 그래서 위 법규의 조항에 따라 재평가가 이루어지는 경우는 거의 없다고 보아야 한다.

보상금에 불만을 가진 소유자들이 위 규정을 근거로 하여 감정평가사에게 재평가를 요구하라고 사업시행자에게 강권하는 때도 있나. 재평가를 요구하기 위해서는 사업시행자가 위법하거나 부당하게 평가되었다고 먼저 인정하여야 하나 사업시행자가 그렇게 판단하는 것도, 사업시행자의 요구에 따라 감정평가사가 가격의 오류를 인정하는 것도 기대하기는 쉽지 않다. 대부분 제출된 감정평가 금액은 보상금으로 확정된다고 보아야 할 것이다.

감정평가서의 검토를 마친 사업시행자는 2개 혹은 3개의 가격을 산술평균하여 보상금으로 확정한다. 이렇게 만든 조서를 통상 '보상금 산정조서'라고 한다. 많은 결재권자는 보상금 산정조서의 마지막 부분 총 보상금액과 감정평가서 총액을 비교 확인하며, 보상금을 지급할 때는 이 소유자별 산정조서와 보상금 지급 문서의 소유자별 금액을 비교하고 확인한다. 혹시라도 담당 실무자가 고의로나 실수로 금액변경을 하여 보상금을 과다 또는 과소 지급하는 사고를 미리 막기 위함이다.

보상금 산정조서는 소유자별로 만든다. 한 사람의 소유자가 여러 필지의 토지를 가지고 있다 하더라도 한꺼번에 보상금을 수령하기 때문이다. 그리고 각자 소유자별로 만들어진 보상금 산정조서를 개별적으로 출력하고 이를 보상협의요청서에 첨부하여 각 소유자에게 개별 발송한다. 이것이 '손실보상 협의요청'이다.

협의요청서를 받은 소유자는 여러 생각이 들 것이다.
'기대도 하지 않았는데 보상금이 이렇게 많이 책정되었구나.', '역시 생각한 대로 충분한 수익을 내는구나. 투자하기를 잘했어.', '아쉽지만 딱 예상한 수준이다.', '이런, 혹시나 했는데 역시나구나. 이걸 어떻게 할까?.' '이런 나쁜 사람들, 세상에 이렇게 보상금을 책정하다니!', '도저히 두고 볼 수 없다. 당장 찾아가서 혼쭐을 내야겠다.'

이처럼 각자가 처한 위치와 기대 수준에 따라 여러 가지 반응이 나올 것이다. 어떤 생각을 하든 보통 며칠은 눈치를 보며 가만히 두고 보는 경우가 많다. 다른 사람들의 보상금을 알아보고자 이리저리 탐문을 하거나, 의견을 나누기도 하고, 아주 흥분하여 주변 사람들을 선동하기도 한다. 돈이 아주 급한 사람을 제외하고는 대부분 눈치를 보거나 시위를 부추기지 바로 보상금을 수령하지는 않는다.

이후 보상대책위원회를 중심으로 하여 한 차례의 격렬한 시위가 열리기도 한다. 그러나 겉으로는 흥분하여 시위에 동참하지만 적지 않은 사람은 보통 그 보상금의 사용처를 계산하기에 바쁘다. '주택을 어떻게 마련할까?', '새로운 농지는 어디에 매입할까?', '자녀들에게 어떻게 배분을 할까?', '은행에 맡기면 얼마의 이자를 받을 수 있을까?', '매월 월세가 나오는 상가가 어디 없을까?' 등 여러 가지 새로운 고민을 하게 된다.

특히 자녀들의 관심이 지대하다. 농사를 계속 짓고 계시던 고향의 연로하신 부모님에게 무관심하였던 자녀들도 부모님이 큰 보상금을 받게 되니 갑자기 효자, 효녀가 되었다고 하는 말이 들린다. 현 세종시인 행정중심복합도시 건설사업이 예상될 때부터 그 지역에 외지 차량의 방문이 부쩍 늘었다는 보도가 있기도 하였다.

가장 중요한 사항은 '과연 보상금을 바로 수령할 것인가?' 아니면

'수용의 절차까지 가서 재평가를 한 번 더 거칠 것인가?' 하는 점일 것이다. 주변의 같은 위치에 있는 사람들의 반응을 보는 것도 필요하다. 남들은 대체로 만족해한다면 수용까지 가더라도 보상금이 상승할 가능성이 적다고 예상할 수 있다. 겉으로 표현되는 말뿐이 아니라 내심이 어떤지도 파악해 보아야 한다. 겉으로는 흥분하여 사업시행자를 성토하더니 보상금을 모두 수령하였다고 하는 사람도 있다. 사업시행자 관계자나 친분이 있는 감정평가사에게 살며시 의견을 물어볼 필요성도 있다. 이들은 아마 본인들의 생각을 직접 말하지는 않고 주변의 반응이나 계약체결이 이루어진 비율 등을 전해줄 것이다.

사업시행자에게 직접 불만을 표시해도 사무적인 반응만 있을 것이다. 사업시행자 처지에서는 아마 그렇게 답변할 수밖에 없지 않겠는가. 감정평가 회사에 전화해도 담당자와 통화하는 것은 거의 불가능하다. 감정평가 업계에 그냥 떠도는 말이겠지만, 대규모 사업지구 보상금이 통보되면 담당했던 감정평가사는 바로 해외로 여행을 가거나 어디 오지로 잠적하겠다는 이야기가 있다. 감정평가 사무실을 찾아가도 이런저런 이유로 감정평가사를 직접 만나기는 어려울 것이다. 혹시 만남이 성사되더라도 보상금이 잘못 책정되었다는 책망과 같은 질문을 하면 감정평가사는 바로 입을 다물고 방어적으로 나올 것이니, 오히려 '수용재결에까지 갔을 때 보상금의 상향 조정될 가능성이 있는지 알고 싶다.'고 솔직하게 문의하는 것이 더욱더 실리적이다.

보상금에 불만이 있어 흥분한 나머지 감정평가 사무실의 기물을 파손한 사례도 있다. 사업시행자는 공공기관이기에 민원인을 배려하는 측면이 있으나 민간 회사인 감정평가 사무실은 배려 없이 형사 사건으로 사법당국에 조치를 요청할 가능성이 크다. 감정에 휩쓸리거나 과도하게 흥분하여 오점을 남길 수 있으니 주의를 해야 한다. 모든 일은 순리로 푸는 것이 타당하다. 아무튼, 한번 보상액이 통보되고 나면 감정평가사는 대부분 자신의 평가 결과에 오류가 있다고 인정하지 않을 것이며, 이들을 상대로 얻어낼 것은 거의 없다.

시위 과정에서 감정평가사의 의견을 직접 들어보자고 사업시행자와 합의를 할 수 있다. 사업시행자는 감정평가사에게 보상금 산정 과정에 관한 설명을 하고 시위 주민들을 설득해 달라고 요청한다. 그러나 거의 모든 감정평가사는 이 요청을 거부한다. 어차피 설득이란 말은 어불성설이며 대화에 나서도 답이 없다는 것을 잘 알고 있기 때문이다. 흥분한 소유자들 앞에서 적정하게 보상금을 산정하였다고 하면 불에 기름을 부은 격이 될 것이고, 그렇다고 본인이 잘못했다고 말할 수도 없다. 대부분 이런 자리에서는 답변의 적절성 여부와 관계없이 싸움이 일어난다. 문제가 해결되기보다는 오히려 악화되는 것이 보통이다. 그래서 감정평가사가 시위하는 장소에 나타나는 경우는 거의 없다고 보아야 한다.

어떤 소유자는 정보공개청구를 하여 감정평가서를 검토하려고 한다. 감정평가 업체는 공공기관이 아니므로 정보공개의 대상이 되지 아니하며, 정보공개를 요청해도 답을 하지 않을 것이다. 정보공개의 청구는 사업시행자에게 하여야 하며, 청구를 받은 사업시행자는 감정평가서 중에서 청구인의 해당 부분만 발췌하여 공개할 것이다. 그러나 감정평가서는 통상 법령으로 규정된 최소 요건을 충족하는 수준에서 작성되므로 이를 검토한다 해도 특별한 수확은 없을 가능성이 크다.

이같이 보상금 내용이 통보된 이후 현실적으로 사업시행자나 감정평가사의 사과를 받거나 보상금 재평가 약속을 받아낼 수가 없다. 오로지 '협의요청을 수용할 것이냐, 아니면 거부할 것이냐' 하는 본인의 결심만 남아 있을 뿐이다.

여러 고민 끝에 보상금을 받기로 마음을 먹으면 사업시행자가 협의요청서에 기재하여 보내온 서류들을 준비하여 사업시행자 사무실을 방문하면 된다. 인감도장을 날인하고 금융기관 계좌번호를 제시하면 협의 과정은 간단히 마무리된다. 얼마 후 토지의 소유권은 사업시행자에게 이전되고 본인의 금융기관 계좌에는 보상금이 입금된다.

모든 보상이 이대로 마무리되지는 않는다. 더 받아야 할 보상금이 있으므로 몇 차례 더 사업시행자 사무실을 방문할 일이 있을 것이다. 그때는 보상금을 받을까 받지 말까 고민할 필요도 없으니 좀 더 편안하게 방문하면 된다. 주거이전비나 이사비, 농업보상비 등 생활보상의 일환으로서 지급되는 현금성 보상금이기 때문에 가볍게 수령만 하면 된다.

보상금에
불만이 있는 경우

사업시행자가 감정평가 결과를 기초로 보상금을 결정하여 토지 등의 소유자에게 통보하면 소유자는 보상금을 수령할 것인지 수령을 거부할 것인지 결정하여야 한다. 보상금을 수령하는 것으로 결정하였다면 사업시행자가 제시한 구비서류, 예를 들면 부동산 매매용 인감증명서 등을 준비하고 계약서 또는 합의서에 도장을 찍으면 된다. 토지의 경우는 소유권 이전 서류를 넘기고 물건의 경우는 합의서에 날인하고 사업시행자에게 금융기관 계좌번호를 제시하면 며칠 후에 보상금이 입금된다. 이로써 협의에 의한 보상 절차는 종결된다.

그런데 통보된 보상금이 도저히 이해할 수 없다든가 아무래도 재평가를 통해 다시 한번 보상액 산정이 이루어져야 한다고 생각한다면 협의를 거부할 수 있다. 거부라고 해서 별도의 조치를 할 필요는 없으며, 그냥 응하지 않으면 된다.

이때 감정적으로 대응하면 안 될 것이다. 사업시행자에게 화풀이해도 결과는 달라지지 않는다. 욱하는 심정에 혹은 군중심리에 의해 폭력이라도 행사하면 일이 걷잡을 수 없게 커질 수도 있다. 혼자서 걱정만 해도 득이 없을 뿐 아니라 자신의 건강을 해친다. 쉽지는 않겠지만 감정을 억제하고 보다 차분하고 냉정하게 대응할 필요가 있다.

우선 통보된 보상금이 정말로 낮은 수준인가 냉철하게 생각해 보고, 6~9개월 후 재평가를 한다면 가격 상승의 가능성이 있는지를 판단해야 한다. 본인의 기준도 중요하지만 보다 개관적인 3자의 입장에서 보상금이 적절하다고 볼 것인지 혹은 낮은 수준이라고 볼 것인지 냉정하게 정리하여야 한다.

통상 이때 법률이나 행정업무를 대행하는 일을 업으로 하는 이들이 소유자를 대리하여 이의신청과 수용재결 업무를 대신하겠다고 등장할 것이다. 성실하게 그리고 법령에서 정한 범위 내에서 소유자의 입장을 잘 전달하여 효과를 보는 사례도 있고, 상당한 수수료를 요구하면서 무조건 재결과정에서 많은 보상금을 받게 해주겠다고 하는 이들도 있다. 냉정하게 판단하고 도움을 받을 가능성이 크다면 적절히 전문가 집단을 활용하는 것도 좋을 것이다. 분명한 것 하나는 과거의 어떤 성공 사례를 예로 들거나 혹은 예상되는 이익을 설명하면서 재결이나 소송까지 반드시 거쳐야 한다고 강조하더라도 이들 업무대행 전문가가 차후에 이루어질 감정평가 금액을 예상하기가 쉽지는 않다는 점이다.

사업시행자는 소유자가 협의를 거부하거나 응하지 않으면 몇 차례의 협의요청 공문을 발송할 것이다. 사업시행자는 몇 번의 협의요청서를 보내어 나름대로 수용재결 신청의 명분을 쌓는다. 이렇게 협의를 위해 노력을 하였으나 소유자가 거부해서 불가피하게 수용의 절차에 이르게 되었다고 하는 증빙이 필요하기 때문이다. 사업시행자는 공문발송이든 전화를 통한 접촉이든 사무실에서 대면 협의를 하였든 이러한 모든 행위를 기록하고 이를 협의경위서로 작성한다.

토지 등의 소유자가 보상금에 불만을 품고 협의에 응하지 않으면 사업시행자는 강제적인 취득절차인 수용의 단계를 진행한다. 수용이 이루어지는 절차를 수용재결이라고 한다. 즉, 사업시행자의 신청에 의하여 토지수용위원회에서 재결 절차를 진행하고 재결을 통해 소유권의 이전과 보상금의 확정이라는 효과를 발생시킨다.

토지수용위원회는 중앙토지수용위원회와 지방토지수용위원회가 있다. 중앙토지수용위원회는 국토교통부에 두고 지방토지수용위원회는 특별시, 광역시, 도, 특별자치도 등 광역자치단체에 둔다. 중앙토지수용위원회는 국가나 시·도가 사업시행자인 경우, 수용할 토지가 둘 이상의 시·도에 걸쳐 있는 경우, 그리고 지방국토관리청 등 국가기관과 LH공사 등 정부투자기관이 사업시행자인 사업, 택지개발사업과 같이 국가적 차원에서 시행되는 사업의 재결을 관장하고, 지방토지수용위원회는 나머지 사업의 재결을 관장한다.

중앙토지수용위원회와 지방토지수용위원회는 심급을 달리하는 형태이다. 일종의 2심제이다. 1심인 지방토지수용위원회의 재결에 불복할 경우 중앙토지수용위원회에서 다시 2심의 재결을 한다. 1심인 중앙토지수용위원회의 재결에 불복할 경우 중앙토지수용위원회에서 2심의 재결을 한다. 지방토지수용위원회의 재결이나 중앙토지수용위원회의 재결에 불복하고 이의신청을 하여 다시 중앙토지수용위원회에서 이루어지는 2심의 재결을 '이의재결'이라고 한다. 반면에 중앙토지수용위원회에서든 지방토지수용위원회에서든 처음 이루어지는 1심의 재결은 일반적으로 '수용재결'이라고 부른다.

협의에 불응할 경우는 사업의 종류에 따라, 사업시행자가 누구냐에 따라 지방토지수용위원회 또는 중앙토지수용위원회에서 일차적으로 수용재결의 절차가 진행된다. 수용재결 절차에서는 다시 한번 감정평가가 이루어질 기회가 있다. 이때는 각 토지수용위원회에서 지정하는 2인의 감정평가사가 보상금을 산정한다. 수용재결을 신행하는 토지수용위원회는 이 감정평가 결과와 처음 협의 당시의 보상액을 비교하고 재결을 한다.

이때 수용재결 과정에서 산정된 보상액이 협의 때의 보상액보다 높다면 더 높은 수용재결 평가금액으로, 협의 당시의 보상액보다 낮은 경우는 협의 당시의 보상액으로 재결을 한다. 두 보상액 중 무조건 높은 금액으로 재결이 이루어진다. 이는 불이익변경금지의 원칙을 적용한 것이라고 할 수 있다. 불이익변경금지의 원칙은 피고인이 상소한 사건이나 피고인을 위하여 상소한 사건에 대하여 원심판결보다 중한 형을 선고할 수 없다는 원칙으로, 행정절차인 재결에서도 토지소유자가 협의에 불복하여 재결까지 이르렀는데 처음보다 불리한 결과가 나타나는 재결을 해서는 안 된다는 원칙이 적용된다.

이 때문에 토지소유자는 '밑져야 본전'이라고 생각할 수 있다. 그런데 꼭 그렇지만은 않다. 이른바 기회비용을 고려하여야 한다. 보상금을 조기에 받지 않고 재결에까지 이름으로써 잃게 되는 것들이 있다. 우선 보상금을 수령했다면 생길 수 있는 그동안의 이자만큼 손실이 있다.

그리고 그사이 투자기회를 놓친 것도 생각해야 한다. 보통 보상금이 지급되는 시기를 전후하여 인근 지역의 지가가 급등하는 경향이 있다. 이른바 대토 수요 때문이다. 그런데 보상금을 조기에 수령하지 않고 재결 절차까지 거침으로써 상당한 시간이 경과하고, 그 사이에 이미 지가가 크게 올라 종전의 가격으로 매입하기가 어렵게 되는 경우가 많다. 이것은 눈에 보이지는 않지만 손실이다. 따라서 재결까지

가려면 최소한 시중금리보다 높은 나름의 기대수익률 수준만큼, 또는 더 많은 보상액 상승이 기대되어야만 할 것이다.

보상금 풀려 경기북부 땅 들썩[15]

포천과 연천 등 경기도 북부지역에 대규모 토지보상금이 풀리면서 땅값이 들썩이고 있다.

지난해 12월께 고양시 삼송신도시, 양주시 옥정신도시가 5조 원에 가까운 보상에 들어간 뒤 포천·연천 땅값이 10~20% 뛰었다. 삼송 등은 물론 인천 영종지구도 상당액이 올해로 보상이 이월된 상태. 올해로 넘어간 보상액만 3조 원을 넘는다.

정부가 5월께부터 4조5,000억 원 규모 혁신도시 보상에 나서고, 무주와 원주 등 기업도시 6곳도 3조 원대 보상이 예상된다. 이것만 따져도 올해 안에 보상금으로 풀릴 돈은 11조 원에 육박한다는 계산이다. 여기에 옥정신도시에서 2조 원대 보상이 예상돼 송파 양주 등 신도시에서 추가로 보상금이 풀리면 올해 보상금 규모가 15조 원 선을 넘을 수도 있다. 이에 따라 전국 개발지 주변 땅값·집값이 불안해질 가능성이 커지고 있다.

또 고려하여야 할 점이 있다. 한국토지주택공사가 개발하는 광주 선운2지구의 보상대책에 나오는 협의양도인택지 공급대상자를 보자.

---

15)   장종회, "보상금 풀려 경기북부 땅 들썩", 『매일경제』, 2007년 1월 23일.

광주 선운2지구 보상안내문(2019년 6월)(문구 수정)

> 기준일(공람공고일) 이전부터 사업지구 내 토지를 소유하여 온 분으로서
> 당해 사업지구 내에 소유한 토지(물건이나 권리가 있는 경우 이를 포함)의 전부
> 를 협의에 의하여 공사에 양도한 분

협의양도인택지 공급이란 택지개발사업 등 조성된 토지가 새로이 생기는 개발사업을 시행하면서 토지소유자의 협의에 의한 양도를 유도하기 위하여 수용에까지 이르지 않고 협의에 의해 보상금을 모두 수령한 자에게 수도권의 경우는 감정평가액으로, 수도권 이외의 지역에서는 조성원가의 110퍼센트 수준의 비교적 저렴한 가격으로 경쟁 없이 단독주택건설용지를 특별 공급하는 것을 말한다. 이것은 법률이 정한 바에 따라 소유자들에게 반드시 제공하여야 하는 대책이 아니라 사업시행자가 협조자들에게만 부여하는 일종의 시혜성 조치이다. 수용의 절차까지 이르러 토지를 양도하게 되면 혜택이라고 할 수 있는 이 대책의 대상자가 될 수 없다. 따라서 토지소유자는 협의를 통해 토지를 양도하고 이 대책의 대상자가 될 것인지, 아니면 수용까지 가서 보상금의 적절성을 다투어 보고 이 대책의 수혜를 포기할 것인지를 선택하여야 한다.

수용재결이 있으면 그 결과가 사업시행자에게 통보되고, 사업시행자는 수용재결에서 정한 보상금을 지급하겠다는 내용의 공문을 토지 등의 소유자에게 보낼 것이다. 이 문서를 받아본 토지 등의 소유자는 여기에서 종결을 지을 것인지, 아니면 계속 보상금의 액수를 두고 다툴 것인지를 결정하여야 한다. 종결을 지으려면 보상금을 수령

하면 된다. 보상금 수령을 거부한다면 사업시행자는 법원에 그 금액을 공탁하게 된다. 수용재결 금액에 만족하지 못하여 계속 다툴 예정이더라도 법원에서 공탁금 찾기가 더 불편할 수 있으므로 굳이 수령을 거부할 이유는 없다.

토지소유자가 보상금을 받으면 토지소유권은 사업시행자에게 이전된다. 그런데 토지소유자가 보상금 수령을 거부하거나 수령할 수 없는 상태에 있어도 사업시행자가 보상금에 상당하는 금액을 법원에 공탁하게 되면 토지소유권이 사업시행자에게 이전된다. 본인의 동의여부와 관계없이, 본인이 인감도장을 날인하지 않았는데도 수용이라는 법률의 규정에 따라 개인의 토지소유권이 변경되는 것이다. 토지보상법이 아주 무서운 법이라고 하는 이유가 여기에 있다.

보상금을 두고 계속 다툴 예정이라 하더라도 보상금은 수령할 수 있다. 이때 주의해야 할 것은 아무 조건 없이 보상금을 수령한다면 다음 단계인 이의재결에서 다툴 수가 없다는 점이다. 그래서 보상금의 액수를 두고 계속 다툴 예정이면서도 일단 보상금을 수령할 때에는 보상금은 비록 수령을 하지만 이의는 남겨둔다는, 이의유보의 의사를 표시하여야 한다. 사업시행자에게 그 의사를 문서로 제출하면 보상금을 수령하고도 다음 단계의 이의재결 절차를 진행할 수 있다. 마음속으로는 수용재결에 불복하고 이의신청을 해야지 하면서도 이이의유보의 의사표시를 공식적으로 하지 않으면 이의재결 절차가 진행되더라도 그 결과는 각하재결이 된다. 이의신청의 요건을 갖추지 못했다는 의미이다.

일차 재결인 수용재결에 불복한다면, 이차 재결인 중앙토지수용위원회의 이의재결을 거쳐 행정소송에 이를 수도 있고, 이의재결을 거치지 아니하고 바로 행정소송으로 다툴 수도 있다. 과거에는 행정소송을 제기하기 위해서는 반드시 이의재결을 거치도록 하였다. 이의재결은 행정심판의 성격을 갖기 때문에 이를 '행정심판전치주의'라고 한다. 현행 법률은 이의재결을 거치지 않고 소송을 제기할 수 있도록 하고 있으며, 이때는 원래의 처분인 수용재결을 소송의 대상으로 하므로 이를 '원처분주의'라고 한다. 원처분주의를 취하면 소유자는 원하지 않는 심판을 거치지 않고도 소송에 이를 수 있어 다툼의 시간을 단축하는 효과가 있다.

중앙토지수용위원회의 수용재결에 불복하는 경우는 중앙토지수용위원회에, 지방토지수용위원회의 수용재결에 불복하는 경우에는 지방토지수용위원회를 거쳐 중앙토지수용위원회에 이의신청을 하면 된다. 이의신청은 재결서의 정본을 받는 날로부터 30일 이내에 하여야 한다. 이의신청이 있는 경우 중앙토지수용위원회는 이의재결 절차를 진행한다. 이 이의재결에서도 또다시 중앙토지수용위원회에서 지정한 2인의 감정평가사에 의해 보상금이 산정된다.

이의재결에서도 수용재결의 보상금과 비교하여 높은 금액으로 재결을 한다. 이의재결 감정평가 결과 수용재결 보상액보다 높은 금액이 책정되면 그 높은 금액으로, 수용재결 때보다 낮은 보상금이 책정되면 수용재결 보상액으로 재결을 한다. 단순하게 계산하면 토지 등의 소유자가 손해를 볼 일이 없으나 그 시점의 시중금리 수준이나 지가동향 등을 고려해서 그 유불리 여부를 판단해야 할 것이다.

다음은 행정소송을 알아보자. 이의신청에 의한 이의재결을 거치지 않고 바로 행정소송을 제기할 수도 있으며, 이의재결을 거치고 이의재결에 대해 소송을 제기할 수도 있다. 이의재결을 거치지 아니한 경우에는 수용재결의 재결서를 받는 날로부터 90일 이내에, 이의재결을 거친 경우에는 이의재결에 대한 재결서를 받는 날로부터 60일 이내에 소를 제기하여야 한다. 소송의 상대방도 주의를 하여야 한다. 수용재결 또는 이의재결의 취소나 무효를 다투는 경우는 각 토지수용위원회를 피고로 하며, 단순히 보상금의 증감을 다투는 경우는 사업시행자를 피고로 하여야 한다. 대부분은 법률사무소의 협력을 받아 소송을 제기하기 때문에 구체적인 사항을 알 필요가 없겠지만 스스로 소송을 진행할 때에는 하나하나 모두 챙겨야 할 사항들이다.

소송이 진행되어도 보상금의 산정은 일반적으로 감정평가사가 수행한다. 이때의 감정평가사는 사전에 해당 법원의 소송감정인으로 등록된 자 중에서 재판부가 지정한다. 재판부는 감정평가 결과에 반드시 따라야 할 의무가 없다. 감정평가 결과는 판결을 위한 참고사항일 뿐이다. 그러나 대부분의 보상금을 다투는 소송에 있어 그 재판 결과는 감정평가 결과를 그대로 인용하고 있는 듯하다. 이때는 보통 2인의 감정평가사가 아니라 법원에서 감정인으로 지정하는 1인의 감정평가사가 감정평가를 수행한다.

정리해 보자. 협의 보상에 불응하고 보상금의 증액을 다투기 위해서는 수용재결, 이의재결을 거쳐 행정소송에 이르는 방법이 있으며 수용재결 이후 이의재결을 거치지 아니하고 행정소송을 제기할 수도 있다. 앞의 경우 협의 이후 3번의 감정평가에 의한 보상금 재산정이 가능하며 뒤의 경우는 2번의 재산정이 이루어진다.

보상금의 재산정이 많이 이루어진다면 토지 등의 소유자에게 유리한 것 같지만, 꼭 그렇지만은 않다. 매번 감정평가가 이루어질 때마다 보상금액이 상향 조정된다는 보장이 없으며, 행정부를 불신하고 사법적 판단을 신뢰한다면 이의재결을 거치지 아니하고 곧바로 소송으로 다투는 것이 시간을 절약하는 방법이기도 하다.

그런데 최초의 보상금 협의 과정에서 사업시행자가 협의요청만을 하고 수용의 절차를 진행하지 아니할 수도 있다. 토지 등의 소유자는 이왕 사업이 착수된 마당이니 자신의 재산권을 빨리 넘기고 보상금을 받고 싶다, 그런데 보상금에 만족하지는 못하기에 수용재결을 거치고 싶다, 사업시행자가 협의를 종료하고 수용재결을 신청하여야 하는데 그럴 기미가 보이지 않는다. 문제는 재결의 신청은 사업시행자만이 할 수 있다는 데 있다. 이런 경우에 토지 등 소유자의 청구에 따라 수용재결의 절차를 조속히 진행하도록 하는 제도가 있으니 이를 '재결신청의 청구'라고 한다.

「공익사업을 위한 토지 등의 취득 및 보상에 관한 법률」 제30조(재결 신청의 청구)(조문 일부 수정)

① 사업인정고시가 된 후 협의가 성립되지 아니하였을 때에는 토지소유자와 관계인은 서면으로 사업시행자에게 재결을 신청할 것을 청구할 수 있다.

② 사업시행자는 제1항에 따른 청구를 받았을 때에는 그 청구를 받은 날부터 60일 이내에 관할 토지수용위원회에 재결을 신청하여야 한다.

③ 사업시행자가 제2항에 따른 기간을 넘겨서 재결을 신청하였을 때에는 그 지연된 기간에 대하여 법정이율을 적용하여 산정한 금액을 관할 토지수용위원회에서 재결한 보상금에 가산하여 지급하여야 한다.

사업시행자가 재결신청을 지연하고 있을 때는 소유자가 사업시행자에게 재결신청을 하여 줄 것을 청구할 수 있고, 이 청구가 있으면 60일 이내에 재결을 신청하여야 하며 그렇지 아니한 경우 지연된 기간만큼 연 12퍼센트[16] 이자 상당액을 추가 지급하도록 하는 벌칙성 조치로 사업시행자를 강제한다. 소유자가 원한다면 재결의 절차를 조속히 진행하도록 하여 피수용자의 재산권 보호를 도모하는 규정이다.

---

16) 「소송촉진 등에 관한 특례법」 제3조 제1항, 「소송촉진 등에 특례법 제3조 제1항 본문의 법정이율에 관한 규정」.

PART 3

사례별 보상액 산정

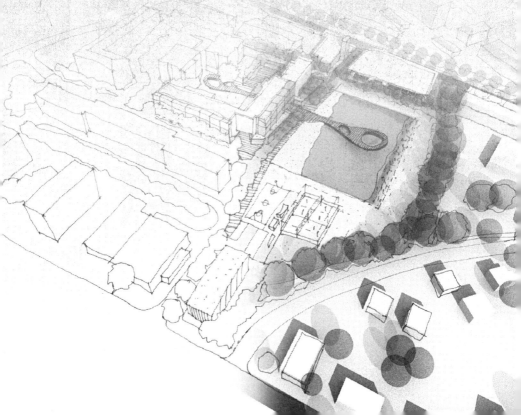

공시지가를 기준으로 한
토지 가액 평가

공시지가를 기준으로 토지의 보상금을 평가한다는 말과 같이 오해를 많이 받는 경우도 드물 것이다. 공시지가는 주로 조세징수 등 정책수행을 위한 수단으로 사용하기 위해 국가에서 결정하여 발표하는 지가이며, 따라서 시가와는 어느 정도 괴리가 있다고 알려져 있다. 보통 시세보다 공시지가가 낮은 경우가 일반적이다. 그런데 이런 공시지가를 기준으로 보상금을 산정한다고 하니 보상금이 저가로 책정될 것이 뻔하다는 이야기이다. 법 조항을 보자.

「공익사업을 위한 토지 등의 취득 및 보상에 관한 법률」 제70조(취득하는 토지의 보상)(조문 일부 수정)

① 협의나 재결에 의하여 취득하는 토지에 대하여는 「부동산 가격공시에 관한 법률」에 따른 공시지가를 기준으로 하여 보상하되, 그 공시기준일로부터 가격시점까지의 관계 법령에 따른 그 토지의 이용계획, 해당 공익사업으로 인한 지가의 영향을 받지 아니하는 지역의 지가변동률, 생산자물가상승률과 그 밖의 토지의 위치·형상·환경·이용상황 등을 고려하여 평가한 적정가격으로 보상하여야 한다.

「공익사업을 위한 토지 등의 취득 및 보상에 관한 법률 시행규칙」 제22

조(취득하는 토지의 평가)

①취득하는 토지를 평가함에 있어서는 평가 대상 토지와 유사한 이용가치

를 지닌다고 인정되는 하나 이상의 표준지의 공시지가를 기준으로 한다.

토지의 보상액은 공시지가를 기준으로 하여 지가변동률과 그 밖에 토지의 개별적인 상황을 고려해서 산정하도록 하고 있다. 그런데 자세히 보면 대상 토지의 공시지가를 보상금으로 책정하라거나 어떤 공시지가의 수준으로 하라고 명시하지는 않았다. 공시지가를 기준으로 한다는 것은 공시지가 수준에서 보상금을 결정하라는 것이 아니라 보상금을 산정하는 데 있어 그 계산의 출발점을 표준지공시지가로 하면서 표준지와 보상 대상 토지의 여러 가치형성요인을 비교하여 적정가격을 산정하고 이를 보상금으로 하라는 의미로서, 이는 감정평가의 기술적인 방법론을 정한 것이다. 이러한 감정평가 방식을 '공시지가기준법'이라고 한다. 따라서 보상금이 공시지가 수준으로 책정된다고 하는 것은 맞지 않는 예상이다.

공시지가에는 '표준지공시지가'와 '개별공시지가'가 있다. 여러 토지 중에서 대표적으로 몇 개 필지의 토지를 표준지로 선정하고, 이 표준지의 가격을 국토교통부 장관이 공시하는 것을 표준지공시지가라고 한다. 표준지는 우리나라 전체 토지의 약 1.6퍼센트인 50만 필지 정도 된다. 표준지공시지가는 일반 토지의 감정평가와 개별공시지가 산정의 기준이 된다.

개별공시지가는 표준지공시지가에 표준지와 개별 토지 간 토지특

성의 차이에 따른 가격 배율을 곱하여 시장·군수·구청장이 결정·공시하는 지가이다. 표준지공시지가는 감정평가와 유사한 절차와 방식에 의해 가격이 결정되나, 개별공시지가는 그 과정을 거치는 것이 아니라 컴퓨터에 의해 기계적으로 산정된다. 개별공시지가는 전국 거의 모든 토지를 대상으로 하여 산정하며, 우리가 일반적으로 공시지가라고 하는 것은 이 개별공시지가이다.

토지보상법에서 말하는 공시지가는 표준지공시지가이다. 감정평가 과정에서 인근 지역을 대표하여 선정된 표준지의 가격으로서 국토교통부 장관이 공시한 이 표준지공시지가를 출발점으로 하여 표준지와 개별 토지의 가치형성요인에 대한 비교를 통해 보상금을 산정한다. 그래서 개별 토지별로 결정·공시되는 개별공시지가는 보상금을 산정하는 데 영향을 주지 않으며, 보상 대상 토지의 개별공시지가가 낮다 하여 낮은 수준에서 보상액이 결정되는 것은 아니다. 드물게는 알 수 없는 사유로 한 토지의 개별공시지가만이 높게 산정된 경우가 있으며, 이때는 보상금이 개별공시지가와 유사하거나 그보다 낮을 수도 있다. 많은 사람이 보상액이 개별공시지가로 결정되는 것으로 알고 있는데 이는 오해일 뿐이다.

대규모 토지보상이 예정된 지역에서는 해마다 개별공시지가의 상향을 요구하는 집단적인 민원이 제기되며, 판단의 여지가 있을 때 되도록 긍정적인 방향으로 민원을 수용하려는 과정에서 개별공시지가가 상향 조정되는 사례가 있다. 보상을 앞두고 개별공시지가가 낮은 수준이라면 다소 불편할 수는 있겠지만, 그래서 개별공시지가를 상향하였다고 하여 보상금액이 함께 상향되지는 않는다. 자칫 토지보상 계약체결 이후 양도소득세의 계산이 실거래가가 아닌 개별공시지가를 기준으로 하게 되면 이의신청을 거쳐 상향된 개별공시지가로 인해 생각보다 많은 세금이 부과될 수 있다. 개별공시지가 상향 요청을 신중하게 해야 하는 이유이다.

토지보상금을 산정하는 감정평가 실무 과정을 살펴보자. 제일 먼저 가격산정의 기준이 되는 적정 표준지를 선정한다. '지리적으로 근접하여 소재하는가?', '용도지역이 같은가?', '지목과 이용 상황·도로상태 등이 유사한가?' 등 가치형성의 주요 요인을 기준으로 대상 토지와 가장 유사한 표준지를 비교표준지로 선정한다. 가끔 적절하지 못한 비교표준지가 선정되어 보상금이 잘못 산정되었다고 소송을 제기하기도 하는데, 이런 주장은 대부분 인정되지 않는 것 같다. 논리상 어떤 표준지를 선정하든 적절한 요인 비교가 전제된다면 모두 유사하거나 같은 액수의 보상금이 산정될 수 있기 때문이다.

지가공시및토지등의평가에관한법률상 표준지를 반드시 수용대상지역 안에서 선정하여야 한다든가 혹은 그 밖에서 선정하여야 한다든가 하는 규제는 없으므로, 표준지는 수용대상지역 안에서 선정할 수도 있고, 혹은 그 밖에서 선정할 수도 있는 것이지만, 그에 따라 가격에 차이가 나는 경우에는 같은 법 제10조 제1항의 취지에 비추어 지역요인 및 개별요인 등 품등비교 과정이나 개발이익의 배제를 위 구 토지수용법 제46조 제2항 소정의 기타사항으로 참작하는 등의 방법에 의하여 그 차이를 없애도록 조정을 거침으로써 재산의 객관적 가치를 적정하게 평가하도록 하고 있으므로, 표준지를 수용대상지역 내에서 선정하느냐 혹은 그 밖에서 선정하느냐에 따라 원칙적으로 보상액 산정의 결과에 차이가 나는 것은 아니다.[17]

---

17) 대법원 1993. 9. 10. 선고 93누5307 판결 [토지수용재결처분취소 등].

그런데 표준지공시지가 공시 이후 지가가 변동할 수도 있다. 표준지공시지가는 매년 1월 1일을 공시기준일로 한다. 공시지가는 2020년 1월 1일의 가격인데 보상금을 산정하는 기준시점인 가격시점은 2020년 10월 31일이라면, 약 10개월의 기간 동안 당해 사업과는 관계없이 지가가 변동했을 수 있다. 이 기간, 즉 표준지공시지가 공시기준일과 가격시점 사이에 발생하는 지가의 변동을 보상금 산정에서 고려하는 것을 '시점수정'이라고 한다. 시점수정은 통계자료인 지가변동률과 물가지수를 활용하여 작업된다.

　위 법률 규정에서 그 밖의 토지의 위치·형상·환경·이용 상황 등을 고려하여 평가한다는 것은 표준지와 보상금 산정 대상 토지와의 지역요인과 개별요인을 비교하여 보상금을 산출한다는 뜻이다. 표준지가 소재하는 지역과 보상 대상 토지가 소재하는 지역을 비교하여 격차율을 산정하는 것을 '지역요인 비교'라고 하며, 도로의 폭이나 접근성, 획지 상태, 행정적 규제 등 토지의 여러 가지 개별적 요인을 비교하여 표준지와의 우열을 따져보는 것을 '개별요인 비교'라고 한다. 표준지공시지가가 기준가격이 되기 때문에 이러한 표준지와 대상 토지의 가치형성요인 비교가 필요하다.

　그런데 공적 지가인 표준지공시지가가 시가를 제대로 반영하고 있지 못하는 것은 사실에 가깝다. 때문에 시가에 못 미치는 공시지가를 가지고 단순히 시점수정과 요인 비교만 해서 보상금을 산정한다면 보상금이 낮은 수준으로 결정될 가능성이 크며, 소유자의 재산권이 불합리하게 침해되는 상황이 될 수도 있다. 그래서 국토교통부의 감정평가 실무기준과 대법원 판례, 국토교통부의 유권해석 등에서 표준지공시지가가 적정 시세를 반영하지 못할 때 이를 적절히 바로잡는 보정을 할 수 있다고 인정하고 있다.

이에 따라 보상금 산정을 위한 감정평가 과정에서도 그 밖의 요인 보정 또는 기타요인 보정이라는 이름으로 표준지공시지가의 이른바 시세반영률 또는 현실화율을 고려한 일정 비율의 보정을 하고 있다. 이 보정이 가해져 감정평가된 보상금 액수는 표준지공시지가에서 시점수정과 요인 비교만을 거친 가격에 비해 높게 결정될 것이며, 그 상향 정도는 공시지가의 현실화율이 고려된 그 밖의 요인 보정치에 따라 달라진다. 표준지공시지가를 기준으로 하면서도 적정가격을 보상금으로 책정하기 위해 만든 불가피한 과정이라고 생각된다.

예를 들어보면 쉽게 이해될 것 같다. A 토지의 보상금을 개략적으로 책정해 보자. A 토지의 인근지역에 소재하며 용도지역과 지목이 같아 비교표준지가 될 수 있는 표준지의 공시지가가 제곱미터당 100만 원이다. 이 표준지공시지가 공시 이후 가격시점까지 지가는 2퍼센트 상승했다. 감정평가 대상 A 토지와 비교표준지의 가로조건, 접근조건, 획지조건, 환경조건, 행정적조건, 기타조건 등 제반 개별요인을 비교해 보니 A 토지가 표준지와 비교해 5퍼센트 열세하다. 그런데 위 비교표준지를 포함한 인근지역의 표준지공시지가는 인근의 보상감정평가 사례, 실거래가 등에 비해 낮은 수준이며, 따라서 적정가격 산정을 위해 35퍼센트 상향 보정을 할 필요성이 있다.

기준이 되는 표준지공시지가는 100만 원, 수정수정치는 지가변동률이 2퍼센트 상승이므로 1.02, 지역요인 비교치는 인근지역이므로 1.00, 개별요인 비교치는 대상 토지가 5퍼센트 열세하므로 0.95, 그 밖의 요인 보정치는 1.35이다. 모두 곱해보면 제곱미터당 약 131만 원이다. 이렇게 산정된 금액이 대상 A 토지의 보상금 단가이다.

표준지보다 열세한 상태의 토지로서 단순히 시점수정과 개별요인의 비교만을 거친다면 제곱미터당 97만 원 수준으로 결정될 것이고 해당 토지의 개별공시지가는 시점수정이 고려되지 아니한 95만 원 정도이겠지만, 그 밖의 요인 보정을 거쳐 표준지공시지가 제곱미터당 100만 원 또는 개별공시지가 제곱미터당 95만 원보다 높은 가격인 제곱미터당 131만 원으로 보상금은 책정된다.

표준지공시지가가 높다면 보상금도 높은 수준으로 책정될까? 그 밖의 요인 보정이 없다면 보상금이 표준지공시지가에 비례할 것이지만, 위와 같이 표준지공시지가의 이른바 시세반영률 또는 현실화율에 따라 그 보정률이 달라지기 때문에 공시지가의 수준을 떠나 결론적으로는 적정한 시세를 반영한 보상금이 산정된다. 헌법에서 규정한 정당한 보상을 위한 적정가격 산정이 목적이기 때문이다.

정리해 보자. 보상금은 표준지공시지가를 기준으로 책정된다. 표준지공시지가를 출발점으로 하여 지가변동률 등에 의한 시점수정, 지역요인과 개별요인 비교, 그 밖의 요인 보정의 과정으로 이루어진다. 계산의 기준점은 표준지공시지가이지만 시점수정과 요인 비교 이후에 추가로 그 밖의 요인 보정이 이루어지기 때문에 보상금은 통상적으로 말하는 시세 수준으로 산정된다. 보상금이 공시지가 수준의 낮은 가액으로 책정이 되는 것은 아니며, 이는 헌법에서 규정하고 있는 정당한 보상을 실현하기 위한 합당한 조치라고 생각된다.

이렇게 산정된 토지의 보상금은 적정한 수준일까? 보상 과정에서 손해를 보는 사례를 설명하면서 통상 6~7만 원 하던 농경지가 개발 소문이 돌면서 혹은 개발계획이 발표되면서 10~20만 원대로 가격이 상승하기도 한다, 이런 경우 보통은 10~15만 원 수준에서 보상금이 책정되는 것 같다, 소유자들이 기대하는 금액은 15~20만 원이라고 하는 개발사업 추진 단계별 가격변동 사례를 들었다.

공익사업에 따른 보상금 산정의 원칙 중에 개발이익의 배제가 있다. 개발이익이라는 용어의 사용에 논란이 있기는 하지만, 여기에서 말하는 개발이익이란 공익사업의 시행에 따라 정상지가상승분을 초과하여 발생하는 해당 사업지구 내 토지 가액의 증가분을 말한다. 공익사업지구 내에서 기존 6~7만 원 하던 토지 가격이 10~20만 원으로 상승한 것은 공익사업에 따른 개발이익이 어느 정도 반영된 것으로 추정된다. 이렇게 해당 공익사업으로 인해서 사업지구 내 지가가 상승한 상황을 보상금 산정 과정에서는 반영하지 말라고 하는 것이 개발이익의 배제 원칙이다.

법리상 타당한 규정이나 실무상으로 어디까지가 개발이익인지 판단하기가 쉽지는 않다. 개발 소문이나 확인되지 않은 정보 또는 분위기에 의해 지가가 상승한 것도 모두 개발이익으로 보아 이를 배제하는 것도 문제가 있다. 개발사업이 공식화해가는 사업추진 과정에 대한 면밀한 검토와 각 단계에서의 여러 가지 가격자료 분석을 통해 배제되어야 할 개발이익을 판단하며, 그 결과 통상적으로 10~15만 원 수준에서 보상금이 결정되는 것 같다.

토지소유자가 생각하는 15~20만 원은 개발사업 그 자체로 인한 지가 상승분인 개발이익이 포함되어 있을 가능성이 큰 금액이며, 감정평가사들이 계산하여 제시하는 10~15만 원은 공익사업이 공식화한 이후의 개발이익이 배제된 금액이 아닐까 한다. 토지보상금이 낮게 책정된다는 말은 보통 여기에서 생기며, 이런 시각의 차이가 근본적으로 많은 갈등이나 분쟁의 원인이 된다.

무허가건축물 부지와
불법 형질변경토지

  보상금 산정을 위한 감정평가의 원칙 중에서 '현황평가원칙'이 있다. 현황평가란 토지의 지목 등에 불구하고 가격시점 현재의 실제적인 이용 상태를 기준으로 보상금을 산정하는 것이다. 이에 따라 감정평가는 가치형성의 모든 조건에 있어 가격시점 당시 있는 그대로의 상태를 기준으로 이루어져야 한다. 예를 들면 지목은 전인데 주거용 건물이 소재하고 있다면 대지를 기준으로, 지목은 대인데 일부 도로로 이용하고 있다면 그 도로 부분은 도로를 기준으로 보상금을 산정하여야 한다. 토지보상법은 다음과 같이 규정하고 있다.

> 「공익사업을 위한 토지 등의 취득 및 보상에 관한 법률」 제70조(취득하는 토지의 보상)
>
> ② 토지에 대한 보상액은 가격시점에서의 현실적인 이용 상황과 일반적인 이용 방법에 의한 객관적 상황을 고려하여 산정하되, 일시적인 이용 상황과 토지소유자나 관계인이 갖는 주관적 가치 및 특별한 용도에 사용할 것을 전제로 한 경우 등은 고려하지 아니한다.

  일반적으로 현황평가가 원칙이지만 몇 가지의 예외가 있다. 무허가

건축물 부지와 불법 형질변경토지 등이 해당한다. 무허가건축물 부지는 지목이 대가 아닌 토지로서 현황은 대지이나 그 지상에 소재하는 건축물이 무허가건축물, 즉 불법적인 건축물인 경우이다. 불법 형질변경토지는 허가나 신고를 거치지 아니하고 형질을 임의로 변경한 토지이다.

토지의 지목이 대(垈)이면 지상에 건축물이 없거나 혹은 무허가의 건축물이 소재하여도 그 토지는 대를 기준으로 보상금을 산정한다. 그런데 지목이 대가 아닌 경우에는 문제가 된다. 지목이 전(田)이나 답(畓), 임야(林) 등의 토지에 건축물을 신축하기 위해서는 합법적인 절차를 통해 지목변경과 형질변경을 하여야 한다. 지목변경과 형질변경 과정에 비용이 소요된다. 그런데 그 절차를 거치지 아니하고 무허가로 건축을 한 경우 현실적인 이용 상황이 건축물 부지라고 하여 현황평가의 원칙을 근거로 정상적인 절차를 거친 대와 같게 보상하는 것은 형평성에 어긋난다.

건축물 부지가 아닌 용도로 형질변경된 경우도 마찬가지이다. 임야를 허가 없이 농지로 개간하는 것은 불법 형질변경에 해당한다. 무허가건축물이 소재하는 토지와 불법으로 형질변경된 토지의 보상금 산정 방법을 토지보상법에서 정하고 있다.

「공익사업을 위한 토지 등의 취득 및 보상에 관한 법률 시행규칙」 제 24조(무허가건축물 등의 부지 또는 불법형질변경된 토지의 평가)(조문 일부 수정)

관계 법령에 의하여 허가를 받거나 신고를 하고 건축 또는 용도변경을 하여야 하는 건축물을 허가를 받지 아니하거나 신고를 하지 아니하고 건축 또는 용도 변경한 건축물(이하 "무허가건축물 등"이라 한다)의 부지 또는 관계 법령에 의하여 허가를 받거나 신고를 하고 형질변경을 하여야 하는 토지를 허가를 받지 아니하거나 신고를 하지 아니하고 형질변경한 토지(이하 "불법 형질변경토지"라 한다)에 대하여는 무허가건축물 등이 건축 또는 용도변경 될 당시 또는 토지가 형질변경될 당시의 이용 상황을 상정하여 평가한다.

무허가건축물 부지와 불법 형질변경토지는 정상적인 행정절차를 거치지 않았고, 행정절차에 수반하는 여러 가지 비용을 부담하지 않았으므로 토지가 개량되어 지가가 상승한 현재의 상태를 인정하지 않는다. 그래서 토지 가치가 상향되기 이전인 무허가건축물이 건축될 당시나 토지가 형질변경될 당시의 상태를 상정하여 보상금을 산정하여야 한다. 지목과 현황이 전이었던 농지에 불법으로 건축이 되었다면 대가 아니라 전을 기준으로 하여, 지목과 현황이 임야였던 토지가 허가를 받지 아니하고 개간되어 전이 되었다면 임야를 기준으로 보상금을 산정하여야 한다.

무허가건축물 부지와 관련하여 예외가 있다. 1989년 1월 24일을 전후로 나누어 보상금 산정을 달리하고 있다. 1989년 1월 24일은 토지보상법의 이전 법률인 「공공용지의 취득 및 손실보상에 관한 특례법 시행규칙」 부칙에 무허가건축물 부지의 감정평가에 관한 규정을 신설하여 시행한 날짜이다. 위 날짜 이전부터 이미 무허가건축물이 소재하였던 경우에는 비록 무허가건축물 부지라 하더라도 대지와 같게 보상금을 산정하며, 그 날짜 이후에 무허가건축물이 신축된 경우에는 토지보상법 시행규칙 제24조의 규정에 따라 건물이 신축될 당시의 상황을 상정하여 보상금을 책정한다.

무허가건축물은 쉽게 얘기하면 건축물대장이 없는 건물이다. 지목이 대가 아니면서 건축물대장이 없는 건물이 소재하는 토지는 무허가건축물 부지이다. 지목이 대가 아닌 토지에 무허가건축물이 소재하는 경우, 이를 지목 대의 토지로 인정받기 위해서는 그 건축물이 1989년 1월 24일 이전부터 소재하고 있었음을 소유자가 증명하여야 한다. 시·군·구에서 관리하는 무허가건축물대장이나 과세대장 등을 확인하여 이를 입증하면 지목이 대가 아니라도 대와 같게 보상금이 산정될 것이다. 다른 조건이 같다면 농경지나 임야 등에 비해 대지의 보상금이 대체로 높다. 농경지나 임야 등을 대지로 전환하기 위해서는 지반조성 비용과 상하수도 등의 설치비용 그리고 지목변경에 필요한 부담금 등이 추가로 소요되기 때문에 대지는 이러한 비용이 고려된 가치를 갖는다.

불법 형질변경토지는 형질변경될 당시의 이용 상황을 상정하여 감정평가한다. 실무상 많이 발생하는 상황은 임야를 허가 없이 농지로 개간한 경우이다. 실제 많은 임야가 농지로 전환되어 있다. 특히 임야 하단부의 농지 근처에 소재하고 지세가 완만한 경우에 그러하다. 이는 산지 전용 허가를 받지 않은 형질변경이다. 정부는 이렇게 허가 없이 임야를 농지로 바꾼 불법 전용 임야를 2011년 한시적으로 양성화하는 조치를 한 바 있다. 이 양성화 조치에 따라 지목은 임야이면서 실제는 농지로 이용되고 있었던 많은 토지의 지목이 전이나 답으로 전환되었다. 이런 농지는 이제 불법 형질변경토지가 아니다.

그런데 그 양성화 조치 기간 내에 지목을 바꾸지 못한 토지들은 불법 형질변경토지이다. 이들은 여전히 복구되어야 할 임야로서, 형질변경될 당시 상태인 임야를 기준으로 보상금이 산정된다. 다만, 단순히 임야라 하여 농지와 비교해 보상금이 크게 낮은 것은 아니다.

임야와 농지의 가격 차이는 주로 토지의 생산성과 지목변경 비용에 근거한다. 임야와 비교해 농지의 생산성이 높으므로 대체로 임야보다 농지의 가격이 높다. 그리고 임야를 농지로 전환하는 경우는 있어도 스스로 농지를 임야로 전환하는 경우는 거의 없으므로, 임야를 농지로 지목변경하기 위해서는 대체산림자원조성비 등 비용이 소요되기 때문에 최소한 농지가 산지보다 이 비용만큼 지가가 높을 수 있다.

임야와 농지의 지가 차이는 그 가격수준 대가 낮은 경우에는 성립하지만, 도시 인근에 소재하여 가격수준이 상당히 높다면 가격 차이가 거의 없게 된다. 이때는 상업용이나 주거용 등 다른 용도로의 전용 가능성 등과 비교해 토지의 생산성이 가치형성의 중요 요인이 아니며, 전용을 위한 부담금 또한 토지 가격 대비 상대적으로 낮은 수준이기 때문이다. 오히려 임야의 전용에 소요되는 대체산림자원조성비가 농지를 전용할 때의 농지보전부담금보다 낮은 수준이고, 토지를 매입하기 위해 농지취득자격증명 등을 발급받지 않아도 되기 때문에 농지보다 임야가 선호되고 가격이 높을 수 있다.

실무상으로도 지가 수준이 낮은 지역에서는 농지가 임야보다 대체로 보상금 단가가 크게 높으며, 지가 수준이 높은 지역에서는 둘의 가격이 거의 대등하거나 그 차이가 크지 않다. 임야에서 불법 형질변경된 농지는 보상금 산정 과정에서 임야의 비교표준지를 활용하여 임야로서의 가격을 산정하지만 그렇다고 해도 지세 등이 통상의 임야보다는 양호하고 오히려 농경지와 유사한 경우가 많으므로 단순히 임야라는 이유만으로는 정상적인 농지와 가격 차이가 아주 크게 나 지는 않는다.

공법상
제한을 받는 토지

 이 부분은 수용과 보상에서 가장 솔깃한 이야깃거리이다. 운이 좋아 보상금을 많이 받을 수도 있겠지만 본인의 노력으로 수용과 보상 과정에서 이득을 창출하는 기회 대부분은 이 '공법상 제한을 받는 토지'와 다음에 언급할 '도로부지' 그리고 '잔여지'와 관련되기 때문이다.

 앞에서 보상금 산정을 위한 감정평가는 현황평가를 원칙으로 한다고 하였다. 용도지역이나 여타 공법상의 제한과 같은 행정적 조건도 현황평가가 원칙이다. 만약에 용도지역이 주거지역이라면 주거지역을 기준으로, 도시계획시설 도로에 저촉하고 있다면 저촉한 상태대로 평가하는 것이 현황평가이다.

 공법상의 제한 중에서 도시계획시설에 저촉하는 경우를 예로 들어 보자. 도시계획시설에 저촉하면 토지이용에 어떤 제한이 있을 수 있다. 도로든 공원이든 공공시설인 도시계획시설이 예정된 토지에 대해서는 불필요한 사회적 낭비를 예방하기 위해 여러 가지 행위 제한이 가해진다. 대표적으로 건축물의 신축이 어렵다. 언젠가 보상이 있을 터인데 건축물을 신축하게 하고 후에 다시 보상금을 지급하여 이를 철거하도록 한다는 것은 보상금을 지급하는 국가뿐 아니라 신축건물을 철거하여야 하는 개인도 손해이며 낭비이다. 따라서 사전 건축

규제를 통해 신축 자체를 불가능하게 하거나 어렵게 하고 있다.

도시계획시설 저촉 토지는 통상적인 목적으로 사용하는 것이 곤란하므로 정상적인 가격으로 거래되기가 어렵다. 소유권의 내용 중에서 처분권은 가지나 사용·수익권이 제한되는 것이니 사적인 거래 관계에서 이러한 제한이 없는 정상 토지와 비교해 가격이 낮을 수밖에 없다.

이렇게 사용·수익이 제한되어 지가가 낮게 형성된 도시계획시설 저촉 토지를 국가가 매입할 때 현황평가원칙을 내세워 낮은 가격으로 보상금을 지급한다면 어떻게 될까? 국가가 스스로 선을 그어놓고 그 선을 이유로 해서 낮은 가격으로 보상한다면 이는 불합리한 처사로서, 토지소유자는 매우 억울할 것 같다. 이런 불합리한 결과가 없도록 토지보상법은 다음과 같이 규정하고 있다.

「공익사업을 위한 토지 등의 취득 및 보상에 관한 법률 시행규칙」 제23조(공법상 제한을 받는 토지의 평가)

① 공법상 제한을 받는 토지에 대하여는 제한받는 상태대로 평가한다. 다만, 그 공법상 제한이 당해 공익사업의 시행을 직접 목적으로 하여 가하여진 경우에는 제한이 없는 상태를 상정하여 평가한다.

원칙적으로 공법상 제한을 받는 토지는 제한받는 상태대로 평가한다. 그런데 도로를 개설하기 위해 도시계획시설 도로를 미리 지정하고 그 사업시행을 위해 보상을 하는 때에는 도시계획시설 저촉이 '당해 공익사업의 시행을 직접 목적으로 하여 가하여진 경우'에 해당한다. 이런 때에는 제한이 없는 상태, 즉 도시계획시설에 저촉하지 아니한 정상적인 토지로 보고 보상금을 산정하라는 규정이다. 국가에서 임의로 그은 선 때문에 소유자가 불이익을 받아서는 안 된다는 의미이다.

도시계획시설이 공원인 경우는 어떠할까? 공원은 행위 제한이 매우 심하다. 도시계획시설 공원에 저촉하는 농경지는 그야말로 농사밖에 지을 수 없고, 임야는 자연림 상태로 보존하여야 한다. 다른 목적으로의 전용은 거의 불가능하며, 그래서 거래가격도 매우 낮다. 아마 비슷한 정상 토지와 비교해 3분의 1이나 5분의 1 이내에서 가격이 형성되는 것 같다. 이렇게 '쓸모없었던' 토지가 공원 조성사업에 편입된다면 공원지정이 없는 정상적인 토지 가격으로 보상금이 책정된다. 이러한 토지를 보유하고 있었던 사람들은 기대하지도 못했던 상당한 액수의 보상금을 받을 것이다.

도시계획시설 공원에 저촉된 토지가 도로개설 사업에 편입이 되면 어떻게 될까? 위 토지보상법은 '당해 공익사업을 직접 목적으로 하는 경우'에만 제한이 없는 상태로 평가하라고 했으니 이때에는 당해 공익사업이 아니므로 제한받는 상태 그대로 보상금을 책정하여야 할까? 법규에 쓰인 언어의 뜻으로만 보면 그 말이 맞을 듯하지만 이렇게 보상이 이루어진다면 또 억울한 사람이 많을 것이다. 토지소유자는 도로든 공원이든 국가가 필요하여 임의로 선을 그어놓고 또 강제적으로 빼앗아가면서 사업목적이 다르다고 보상금을 달리한다면 이해하지 못할 것이다. 공익사업인 택지개발사업을 시행하면서 그 안에 도로나 공원과 같은 다른 도시계획시설을 설치할 수도 있으니 '직접 목적으로 하는 경우'라는 말의 의미가 분명하지 않다. 대법원은 판례를 통해 이를 정리하였다.

> 공법상 제한을 받는 토지를 그 제한을 받지 않는 상태대로 평가하게 하
> 고 있는 토지수용법 제46조 제1항, 공공용지의취득및손실보상에관한특례
> 법시행규칙 제6조 제4항(*현 토지보상법시행규칙 제23조 제1항 단서) 소정의
> '당해 공공사업의 시행을 직접 목적으로 하여 가하여진 경우'란 도시계획
> 시설로 결정 고시된 토지가 당초의 목적사업에 편입 수용되는 경우는 물
> 론 당초의 목적사업과는 다른 목적의 공공사업에 편입 수용되는 경우도
> 포함된다.[18]

대법원은 기존의 사업목적이 공원 조성이었는데 문화시설 건립이라는 다른 공익사업의 시행구역에 편입되는 경우도 그 제한이 없는 상태로 보상금을 산정하여야 한다고 판시하였다. 도시계획시설로 지정되어 공법상의 제한을 받는 토지가 공익사업에 편입되어 보상을 받는 경우 처음 계획된 공익사업의 종류에 불문하고 모두 그 제한이 없는 상태를 기준으로 하여 보상금을 산정하여야 한다.

수용과 보상에 지식이 있는 투자자들은 도시계획시설에 저촉하면서 조기에 사업이 시행될 것이 예상되는 토지를 좋은 투자물건으로 생각한다. 시중에서는 비교적 낮은 가격으로 거래되는데 수용이 되면 일반 토지와 같은 수준의 가격으로 보상금이 책정될 것이니 많은 이득을 기대할 수 있다.

---

18) 대법원 1989. 7. 11. 선고 88누11797 판결 [토지수용재결처분취소].

단지 문제는 언제 보상금을 받을 수 있느냐이다. 도시계획시설에 저촉하는 토지를 투자 목적으로 매입했는데 몇십 년이 되어도 보상의 기미가 없다면 그 이후에 아무리 정상 토지의 보상금을 받더라도 성공한 투자라고 하기 어려울 수 있다. 그래서 이런 토지에 투자하는 사람들이 가장 관심을 가지는 것은 수용과 보상이 이루어지는 시기이다.

조속한 시일 내에 보상이 이루어질 것이 확실하다면 많은 사람이 그 토지를 매입하려고 할 것이며, 그렇다면 매수 경쟁에 따라 아마도 토지의 가격이 상승할 것이다. 이러한 토지를 매수하려고 하는 사람들은 보상금 액수를 추정해보고 손해가 나지 않을 가격으로 매입할 것이니 매입할 수 있는 가격은 보상 예정액이 기준이 되며, 결과적으로 일반 토지와 그 차이가 크지 않을 것이다. 일반 토지와의 가격 차이는 보상이 이루어질 시기에 따라 결정된다고 할 수 있다.

그렇다면 도시계획시설에 저촉되는 토지의 수용과 보상이 이루어지는 시기를 비교적 정확하게 예측할 수 있는 사람만이 이득을 얻을 것이다. 공직자의 주변에 있는 사람들이 이런 토지를 매수해서 이득을 보았다는 소문이 있는 이유가 여기에 있는 것 같다. 공익사업의 사업계획과 같은 정보에 접할 기회가 없는 일반인들은 오직 운에 맡길 수밖에 없다.

한 가지 방법이 있기는 하다. 자치단체에서 매년 연차별 투자계획이라는 것을 작성하고 이를 일반에게 공람하는 제도가 있다. 어떤 사업을 언제 시행하겠다는 계획인데, 보통 예산이 확보되지 않아 사업이 그 계획에 맞게 이루어지지는 않는다. 다만 이 계획은 지방자치단체의 투자 우선순위를 읽을 수 있는 자료이기 때문에 이 순위를 알아두는 것이 작은 도움은 될 것이다. 현실에서는 택지개발사업지구 주변 도로나 주민 민원에 의한 사업, 지방자치단체장 출마자의 공약사업과 같이 그 순서와 관계없이 갑작스럽게 도시계획시설 사업이 시행되는 경우를 자주 볼 수 있다.

그런데 모든 공법상의 제한이 보상의 과정에서 제한이 없는 상태로 되는 것은 아니다. 어떤 제한은 그 제한이 없는 상태로 보상금을 산정하지만 어떤 제한은 그 제한이 있는 상태로 보상금을 정하는 것도 있다. 제한이 있는 상태로 평가가 이루어진다면 토지보상법의 위 규정에 근거해 기대할 수 있는 이득을 얻을 수 없을 것이다.

공법상의 제한은 '일반적인 제한'과 '개별적인 제한'으로 구별된다. 일반적인 제한은 제한을 가한 자체로써 목적이 완성되고 별도의 구체적인 사업의 시행이 필요하지 않은 제한으로서 비침해적, 보존적 제한이다. 용도지역·용도지구·용도구역 등과 상수원보호구역, 군사시설보호구역, 접도구역, 국립공원·도립공원·군립공원 등이 이에 해당한다.

개별적인 제한은 제한을 가한 자체로 목적이 완성되지 않고 별도로 구체적인 사업시행이 필요한 제한이다. 도시계획시설로 결정된 경우와 공익사업의 시행을 위해 사업인정을 받은 경우가 이에 해당한다.

'공익사업의 시행을 직접 목적으로 하여 가하여진 경우'라 함은 공익사업의 시행을 목적으로 하는 개별적인 제한을 의미한다. 구체적인 사업시행을 목적으로 하는 개별적인 제한만이 보상 과정에서 제한이 없는 상태로 보며, 구체적인 사업시행을 목적으로 하지 않는 공법상의 제한인 일반적 제한은 그 제한이 계속 존속하는 상태를 기준으로 보상금을 산정한다. 그래서 토지에 가해지고 있는 제한이 '구체

적 사업시행을 목적으로 하는 개별적 제한인가' 아니면 '구체적 사업
시행을 목적으로 하지 아니하는 일반적 제한인가'를 구분하는 것이
매우 중요하다.

도시계획시설의 설치를 위해 도시계획시설로 결정한 것은 모두 사
업시행을 위한 개별적인 제한이다. 그리고 도로개설, 택지개발사업
등도 모두 구체적인 사업시행을 위한 것이다.

그런데 용도지역·용도지구·용도구역의 지정은 구체적인 사업시행을
목적으로 하지 않고 재산권의 박탈에 이르지도 아니하는 일반적인
제한이며, 따라서 보상금 산정은 그 제한이 있는 상태를 기준으로 한
다. 용도구역의 하나인 개발제한구역 내 토지도 개발제한구역의 지
정이 사업의 시행이나 재산권 박탈을 목적으로 하지 아니하는 일반
적 제한이므로 그 제한받은 상태대로 보상금이 산정된다.

공원은 특히 주의해야 한다. 이름이 같은 공원이라고 하여도 근린
공원·체육공원과 같은 도시계획시설 공원은 사업시행을 위한 개별적
인 제한이지만, 「자연공원법」에 의한 국립공원이나 도립공원·군립공
원은 보전과 관리를 위해 제한이 가해지는 일반적인 제한이다. 따라
서 국립공원이나 도립공원으로 지정된 토지가 수용되면 이들은 공원
으로 제한된 상태대로 보상금이 결정된다.

공법상 제한과 관련하여 주의할 점이 또 있다. 원래는 녹지지역이었
는데, 택지개발을 위해 용도지역이 주거지역으로 변경된 경우는 어떻
게 될까? 현황평가가 원칙이라면 이들은 주거지역을 기준으로 보상금
이 산정되어야 할 것이다. 토지보상법은 다음과 같이 규정하고 있다.

**「공익사업을 위한 토지 등의 취득 및 보상에 관한 법률 시행규칙」 제23
조(공법상 제한을 받는 토지의 평가)**

> ② 당해 공익사업의 시행을 직접 목적으로 하여 용도지역 또는 용도지
> 구 등이 변경된 토지에 대하여는 변경되기 전의 용도지역 또는 용도
> 지구 등을 기준으로 평가한다.

　녹지지역이 택지개발사업을 위해 주거지역이나 상업지역으로 변경
되었다면, 이러한 변경이 해당 택지개발사업을 위한 변경이므로 변경
되기 전 기존의 용도지역인 녹지지역을 기준으로 보상금을 산정한다.
소유자는 본인의 토지가 주거지역으로 변경되었으므로 지가 상승을
기대했겠지만 원래 용도지역으로 가격이 매겨지니 황당할 수 있다.
토지소유자의 입장이 충분히 이해되나 용도지역 변경이 사업시행의
과정에서 국가에 의해 이루어진 것이기 때문에 변경되기 전의 상태를
기준으로 하는 것이 타당할 것이다.

　같은 논리로 주거지역의 토지가 공원 조성을 위해 녹지지역으로 변
경되고 보상이 이루어진다면 이때는 주거지역의 가격으로 보상금이
책정된다. 토지 가치가 하락하는 변경이든 상승하는 변경이든 해당
공익사업의 과정에서 이루어졌다면 모두 변경되기 전의 상태를 기준
으로 한다.

　주변에는 공법적 제한이 가해지는 수많은 토지가 있다. 도시계획시
설과 같이 구체적인 사업을 위해 지정되어 개별적인 공법상 제한을
받은 토지는 그 제한이 없는 상태를 기준으로 보상금이 책정된다는
사실을 기억하여 좋은 투자의 기회로 삼기를 바란다. 아울러 제한이

존속하는 상태로 보상하는 일반적인 제한도 잘 파악하여 이를 고가로 매입한 후 손실을 보는 일이 없도록 주의해야 할 것이다.

장기미집행
도시계획시설 부지

공법상 제한을 받는 토지와 관련된 것으로서 최근 중요한 이슈가 되고 있는 장기미집행 도시계획시설에 대하여 알아보자. 장기미집행 도시계획시설이란 도시·군계획시설로 결정 고시되었으나 고시일부터 20년이 될 때까지 사업이 시행되지 아니한 것을 말한다. 개별적인 제한을 가하는 시설 결정을 하였으나 예산 확보의 어려움 등으로 사업이 시행되지 못한 토지들이 많이 있어 토지소유자들의 재산권을 침해하는 사례가 되어 왔다.

1999년 헌법재판소는 「도시계획법」 제4조(행위 등의 제한)의 위헌소원에 판단을 내렸다.

입법자는 도시계획사업도 가능하게 하면서 국민의 재산권 또한 존중하는 방향으로, 재산권의 사회적 제약이 보상을 요하는 수용적 효과로 전환되는 시점, 즉 보상의무가 발생하는 시점을 확정하여 보상규정을 두어야 한다. 토지 재산권의 강화된 사회적 의무와 도시계획의 필요성이란 공익에 비추어 일정한 기간까지는 토지소유자가 도시계획시설결정의 집행지연으로 인한 재산권의 제한을 수인해야 하지만, 일정 기간이 지난 뒤에는 입법자가 보상규정의 제정을 통하여 과도한 부담에 대한 보상을 하도록 함으로써 도시계획시설결정에 관한 집행계획은 비로소 헌법상의 재산권 보장과 조화될 수 있다.

　이 사건의 경우, 도시계획을 시행하기 위해서는 계획구역 내의 토지소유자에게 행위 제한을 부과하는 법 규정이 반드시 필요한데, 헌법재판소가 위헌결정을 통하여 당장 법률의 효력을 소멸시킨다면, 토지 재산권의 행사를 제한하는 근거 규범이 존재하지 않게 됨으로써 도시계획이라는 중요한 지방자치단체 행정의 수행이 수권 규범의 결여로 말미암아 불가능하게 된다. 도시계획은 국가와 지방자치단체의 중요한 행정으로서 잠시도 중단되어서는 안 되기 때문에, 이 사건 법률조항을 입법 개선 시까지 잠정적으로 적용하는 것이 바람직하다고 판단된다.[19)]

헌법재판소는 구 「도시계획법」 관련 규정에 대해, 도시계획시설 결정을 하였다면 보상의무가 발생하는 시점을 확정하여 보상규정을 두어야 하며, 다만 보상규정이 없다 하여 당장 위헌결정을 한다면 행정이 불가능할 수 있으므로 한시적으로 유예기간을 둔다는 헌법불합치 결정을 하였다. 위 위헌소원의 대상이었던 「도시계획법」과 「국토이용관리법」은 그 후 폐지되고 「국토의 계획 및 이용에 관한 법률」로 통합되어 2003년 1월 1일부터 시행되었다.

「국토의 계획 및 이용에 관한 법률」은 헌법불합치 결정의 취지에 따라 도시계획시설 결정 이후 보상이 이루어지지 않을 때 그 효력이 상실되는 것과 토지소유자의 해당 토지에 대한 매수청구에 관해 규정하고 있다.

---

19)　헌재 1999. 10. 21. 97헌바26, 판례집 11-2, 383, 410.

「국토의 계획 및 이용에 관한 법률」제48조(도시·군계획시설결정의 실효 등)

① 도시·군계획시설결정이 고시된 도시·군계획시설에 대하여 그 고시일부터 20년이 지날 때까지 그 시설의 설치에 관한 도시·군계획시설사업이 시행되지 아니하는 경우 그 도시·군계획시설결정은 그 고시일부터 20년이 되는 날의 다음 날에 그 효력을 잃는다.

「국토의 계획 및 이용에 관한 법률」제47조(도시·군계획시설 부지의 매수 청구)(조문 일부 수정)

① 도시·군계획시설에 대한 도시·군관리계획의 결정의 고시일부터 10년 이내에 그 도시·군계획시설의 설치에 관한 도시·군계획시설사업이 시행되지 아니하는 경우 그 도시·군계획시설의 부지로 되어 있는 토지 중 지목(地目)이 대(垈)인 토지(그 토지에 있는 건축물 및 정착물을 포함한다)의 소유자는 특별시장·광역시장·특별자치시장·특별자치도지사·시장 또는 군수에게 그 토지의 매수를 청구할 수 있다.

「국토의 계획 및 이용에 관한 법률」은 도시계획 결정 이후 20년이 경과할 때까지 사업이 시행되지 아니한다면 결정의 효력이 없어진다고 규정한다. 효력이 없어지면 공익사업이 예정된 토지가 아니고 건축물의 신축과 같은 토지이용 행위가 가능한 일반적인 토지가 된다. 그리고 지목이 대인 토지라면, 도시계획 결정 이후 10년이 경과할 때까지 사업이 시행되지 아니할 때 해당 토지를 매수하여 줄 것을 토지소유자가 담당 행정기관에 청구할 수 있다. 담당 행정기관은 보상금을 지급하고 토지를 취득하여 도시계획 사업을 시행하든지, 매수청구를 받은 토지를 매수하든지, 아니면 자동으로 효력이 상실되는 것을 포함하여 도시계획시설 결정을 해제하든지 하여야 한다.

아울러 「국토의 계획 및 이용에 관한 법률」 부칙 제16조는 이미 구 「도시계획법」 등에 의해 결정된 도시계획시설의 실효와 관련된 경과조치를 규정하고 있다.

「국토의 계획 및 이용에 관한 법률」 부칙 제16조(도시계획시설결정의 매수청구 및 실효 기산일에 관한 경과조치)(조문 일부 수정)

① 이 법 시행 당시 종전의 도시계획법에 의하여 결정·고시된 도시계획시설로서 부칙 제15조 제1항의 규정에 의하여 도시계획시설로 보는 시설의 결정 실효에 관한 결정·고시일의 기산일은 다음 각호에 의한다.

1. 2000년 7월 1일 이전에 결정·고시된 도시계획시설의 기산일은 2000년 7월 1일

2. 2000년 7월 2일 이후에 결정·고시된 도시계획시설의 기산일은 당해 도시계획시설의 결정·고시일

2000년 7월 2일 이후에 결정·고시된 도시계획시설의 기산일은 당해 도시계획시설의 결정·고시일이므로 사업시행이 없다면 처음 결정·고시한 날로부터 10년 후에 지목이 대인 토지는 매수청구가 가능하며 20년 후에는 도시계획시설 결정의 효력을 상실한다.

2000년 7월 1일 이전에 이미 결정·고시된 도시계획시설의 기산일은 2000년 7월 1일이므로 이로부터 20년에 해당하는 2020년 7월 1일 전까

지 사업이 시행되지 아니한다면 그 도시계획 결정은 효력을 잃게 된다. 이에 따라 2020년 7월 1일이 지나면서 2000년 7월 1일 이전 도시계획시설로 결정되어 있으나 사업이 시행되지 아니한 모든 토지의 도시계획 결정이라는 공법상 제한이 해제되었다. 이것을 이른바 '도시계획시설 일몰제'라고 하며, 도시계획시설로 결정된 상당수가 이에 해당하였다.

　각 지방자치단체에서는 이러한 도시계획 결정 효력상실에 대비하여 미리 준비를 해왔다. 대표적인 것이 '민간공원 특례사업'이다.

　보존에 목적으로 두고 있는 국립공원이나 도립공원과 같은 「자연공원법」에 의한 공원과 달리 도시지역 내에 있는 공원은 도시계획시설로 결정되고, 그 이후 공원 조성사업이 시행되어 공원으로서의 모습을 갖추게 된다. 시가지 내와 주변에는 많은 도시계획시설 공원이 존재한다. 반듯하게 조성된 공원도 있지만 대부분 자연림이나 전답의 상태로 있다. 예산이 확보되지 못하여 도시계획시설 공원으로 결정은 되어 있으나 공원 조성사업이 시행되지 않았기 때문이다.

　문제는 이 많은 도시공원의 대부분이 이른바 '도시공원 일몰제'에 의해 2020년 7월 1일이 되면서 도시계획 결정의 효력이 없어진다는 것이다. 시가지 내 공원의 긍정적인 가치를 고려할 때 공원의 해제는 재앙에 가까운 수준의 부정적 결과가 예상되었다. 공원의 해제는 문제가 너무 커 해결방법이 될 수 없었다.

　해결책은 도시계획시설 결정의 방법이 아닌 다른 법령의 규제를 적용한 새로운 형태의 공원으로 지정하거나 녹지 지정, 용도지구나 용도구역을 활용한 토지이용 제한 등 규제를 신설하는 방법 또는 보상을 통해 모든 공원 용지를 국가나 지방자치단체가 취득하는 방법밖에 없었다. 그러나 다른 공원의 형식으로 재지정하거나 용도의 규제를 신설하는 것은 헌법불합치 결정의 취지에 어긋나는 부분이 있어 공원부지 소유자들의 반발이 예상되었으며, 이를 모두 보상하기 위해서는 예산 확보가 필수적이나 현실적으로 이는 쉽지 않았다.

'사라질 도시공원 구하기' 서울시 안간힘…학생 대상 공모전[20]

도시공원을 만들겠다고 지정해두고 실제로 시행하지는 않은 땅에 대한 지정의 효력상실이 6개월 앞으로 다가온 가운데 서울시는 도시공원의 중요성 알리기에 나섰다. 시는 '사라지는 우리 동네 공원을 지켜주세요'를 주제로 내달 2일까지 서울 소재 초·중·고등학생 대상 그림·영상 공모전을 개최한다고 6일 밝혔다. … 공원에서 해제되면 토지소유자들은 공원 이외 용도로 땅을 개발할 수 있게 된다. 서울시의 장기미집행 도시공원 총면적은 117.2㎢에 달한다. 시는 지방채 발행을 통한 사유지 매입, 개발행위가 원칙적으로 금지되는 '도시자연공원구역' 지정 등 장기미집행 도시공원 부지 보존 방안을 마련해 시행 중이다.

"민간공원 진척 없으면 다시 개발제한"[21]

국토교통부가 최근 민간공원 조성이 추진되는 장기미집행 도시공원 중 4월 30일까지 사업이 제대로 진행되지 않는 땅에 대해 다시 보전녹지 등

---

20) 김지헌, "'사라질 도시공원 구하기' 서울시 안간힘…학생 대상 공모전", 『연합뉴스』, 2020년 1월 6일.
21) 김락현, "민간공원 진척 없으면 다시 개발제한", 『경북매일』, 2020년 4월 9일.

으로 지정해 개발을 제한하는 '도시공원부지에서 개발행위 특례에 관한 지침' 개정안을 행정 예고했다. 오랜 기간 개발사업을 기다렸던 토지소유자들의 강한 반발이 예상된다.

공원 지정 풀리는 땅에… 서울시, '도시자연공원구역' 지정[22]

장기미집행 도시공원 일몰제에 따라 공원지정 효력이 사라지게 되는 땅에 대해 서울시가 '도시자연공원구역 지정'이라는 방안으로 대응한다. 법적으로는 일몰제 대상인 '도시계획시설상 공원'을 '용도구역상 공원'으로 바꿔 일몰제 적용을 피하는 것이다.

서울시의 장기미집행 도시공원, 즉 서울시가 도시계획시설상 도시공원으로 지정해두고 20년 넘게 공원으로 만들지 않은 땅은 132곳에 걸쳐 총 118.5㎢다. 시는 이 가운데 68곳, 69.2㎢를 도시관리계획상 '도시자연공원구역'으로 용도구역을 변경했다.

도시자연공원구역에 해당하는 땅은 대부분 기존 용도구역이 자연녹지지역 등이었다. 서울에는 그간 도시자연공원구역이 없었는데 이번에 처음 도입했다.

매입한 땅도 있다. 시는 2000년 이후 지난해까지 2조9천356억 원을 투입해 84곳, 6.93㎢를 매입했고 올해 안에 3천50억 원을 들여 79곳, 0.51㎢를 사들일 방침이다.

---

22) 김영은·김계리, "공원 지정 풀리는 땅에… 서울시, '도시자연공원구역' 지정", 『매일경제』, 2020년 6월 29일.

민간공원 특례사업은 보상을 통해 토지를 매입하고 공원을 조성하되 민간의 자본을 활용하는 방식이다. 민간이 사업시행자로 지정을 받아 공원부지 내 토지 등에 대해 보상금을 지급하여 공원부지 전체를 매입하고, 그중 30퍼센트 이내의 토지를 비공원시설로 사용하며 나머지 토지에는 기존의 목적에 맞게 공원을 조성하는 것이다. 공원을 보전하기 위해 민간 기업을 참여시키고 수익을 제공하는 개발방식이다. 공원 조성의 주체는 공공기관이 되어야 할 것이나 기한이 촉박하고 예산이 부족하기에 민간자본을 활용할 수밖에 없어 나온 어쩔 수 없는 방편이다.

광주시, 일몰제 대상 도시공원 24개소 실시계획인가 고시 완료[23]

광주광역시가 내달 1일부터 적용되는 도시공원 일몰제를 앞두고 장기 미집행 도시공원 24개소에 대해 실시계획인가 고시를 모두 완료했다. 도심의 허파이자 150만 광주시민들의 휴식처인 도시공원들이 일몰제에 따라 공원에서 해제되는 상황을 막아냈을 뿐만 아니라 자치단체 중 공원면적 비율을 가장 높게 확보하게 됐다.

18일 광주시에 따르면, 광주시 전체 도시공원 면적은 1,994만㎡이며, 일몰제 대상공원은 25개소 약 1,100만㎡로 전체 도시공원의 55%에 해당된다. 시는 이 가운데 지난해 12월에 해제한 광목공원을 제외한 장기미집행 도시공원 24개소에 대해 실시계획 인가고시를 완료해 오는 7월부터 발효되는 일몰제로 인해 도시공원이 자동 실효되는 것을 막아냈다.

---

23) 박선강, "광주시, 일몰제 대상 도시공원 24개소 실시계획인가 고시 완료", 『아시아경제』, 2020년 6월 18일.

민간이 공원 조성에 참여하기 위해서는 수익성이 보장되어야 할 것이다. 30퍼센트 이내의 토지를 활용하여 공원부지 전체를 보상하는 비용을 충당하여야 한다. 높은 비율을 적용하면 수익성이 높아질 것이나 공원의 과도한 훼손이 예상되고 비율이 낮아지면 수익성이 악화한다. 어떤 지방자치단체는 비공원시설의 대부분은 수익확보가 용이한 고밀도로 활용될 것을 예상하고 비공원시설의 비율을 약 10퍼센트 내외로 조정하기도 하였다.

아파트를 건설하여 비용을 충당할 때 아파트의 분양 성공 가능성과 분양가격이 수익성에 영향을 미친다. 수익용 토지로 사용하는 비율이 정해진다면 높은 가격으로 분양하는 것이 가능하고 적은 비용으로 토지를 취득할 때만 수익성이 보장된다.

가장 기초적인 수익성의 잣대는 민간사업자의 비용 항목인 보상금이 될 수밖에 없다. 원론적으로 공원부지의 보상금은 대상 토지가 도시계획시설 공원으로 결정되지 아니한 상태, 즉 공법상 제한이 없는 상태를 기준으로 산정된다.

우려되는 부분이 없지는 않다. 보상금이 예상을 뛰어넘어 사업 자체가 난항에 처할 수 있으며 자칫 무산될 수도 있다. 그렇다고 보상금이 낮게 책정된다면 장기간 제한을 받아온 상태에서 또다시 가하여지는 재산권에 대한 침해가 너무 클 수도 있다.

여기에서 보상금의 적절성이나 사업의 성공 가능성을 언급하지는 않겠다. 모든 보상이 공익과 사익의 조화라는 큰 가치를 실현하기 위한 것이므로 원론적으로 적절한 보상이 이루어지고 도시 내 공원이 공원으로서의 모습을 온전히 유지할 수 있기를 바랄 뿐이다.

미지급용지

미지급용지(未支給用地)란 말은 일반인들에게 조금 생소한 단어일 것이다. 한자를 보면 아직 보상금이 지급되지 아니한 토지 정도로 해석이 되지만 그 뜻과 범위를 좀 더 명확하게 할 필요가 있다. 토지보상법을 보자.

> **「공익사업을 위한 토지 등의 취득 및 보상에 관한 법률 시행규칙」 제25조(미지급용지의 평가)(조문 일부 수정)**
>
> ① 종전에 시행된 공익사업의 부지로서 보상금이 지급되지 아니한 토지에 대하여는 종전의 공익사업에 편입될 당시의 이용 상황을 상정하여 평가한다. 다만, 종전의 공익사업에 편입될 당시의 이용 상황을 알 수 없는 경우에는 편입될 당시의 지목과 인근 토지의 이용 상황 등을 참작하여 평가한다.

미지급용지는 종전에 시행된 공익사업의 부지이면서 아울러 새로운 공익사업에 편입된 토지이다. 이미 공익사업이 완료된 토지이기 때문에 현재의 상태는 도로와 같은 공공시설의 부지일 것이다. 종전에 공익사업을 시행하기 위해서는 당시의 사업시행자가 토지를 이미 취득하였어야 한다. 그런데 어떤 이유에서인지 소유권 이전이 이루어지지 아니하고 사유 토지의 상태로 남아 있는 것이 있을 수 있다.

예를 들어보자. LH공사가 택지개발사업을 시행하면서 토지보상을 위해 토지조서를 만들어 보니 현황은 지방자치단체에서 관리하는 지방도부지인데 소유권이 개인의 명의로 남아 있는 토지가 있다. 지방도는 지방자치단체가 건설공사를 시행하고 관리한다. 도로를 건설하는 과정에서 개인 소유의 토지를 대상으로 보상금을 지급한 다음 그 토지를 취득하고 소유권을 이전시켰을 것이다. 그런데 그랬어야할 도로부지의 토지소유권 하나가 아직도 개인 명의로 남아 있는 것이다.

원인은 둘 중의 하나일 것이다. 보상 협의가 이루어지지 않았거나 협의를 할 수 없어 소유권을 이전받지 못한 경우, 그리고 보상금을 지급하였음에도 불구하고 소유권이전등기를 하지 않은 경우이다. 보상 협의가 성립하지 않으면 수용재결을 통해 토지를 취득하였어야 하며, 보상금을 지급했다면 당연히 소유권이전등기를 완료하였어야 했으나 당시 담당자가 업무를 태만했을 때 이런 일이 발생한다.

공익사업시행구역에 편입되는 도로나 구거, 하천, 제방, 수도용지 등 공공시설부지는 보상금을 지급하고 취득하는 것이 아니라 공공시설 관리청으로부터 사업시행자에게 무상으로 양도된다. 그리고 새로이 설치되는 공공시설은 또한 무상으로 관리를 담당하는 국가나 지방자치단체로 이전된다. 그런데 공공시설부지라 하여도 소유권이 개인에게 남아 있는 토지는 무상으로 양도받을 수가 없고 새로운 사업시행자가 취득하여야만 한다.

택지개발사업과 같이 환지가 발생하는 개발사업은 보상이 이루어지지 아니한 토지가 있을 수 없다. 미처 취득히지 못한 토지가 하나라도 있다면 환지 자체가 곤란하기 때문이다. 그러나 도로공사와 같이 환지가 수반되지 않고 반드시 지적정리를 하지 않아도 문제가 없는 사업은 토지를 취득하지 못했을 때 소유자의 민원제기만 없다면 바람직하지는 않으나 그냥 개인 명의의 소유권을 남겨두고 나머지 취득 완료한 토지만을 가지고 부분적으로 합병과 지목변경 등 지적정리를 하는 수도 있기에, 종종 보상이 이루어지지 않은 토지가 뒤늦게 발견되기도 한다.

토지조서상에 개인 명의의 토지가 존재한다면 사업시행자는 공공시설의 관리를 담당하는 기관에 보상금 지급 여부를 조회한다. 위의 예에서는 LH공사가 도로를 관리하는 지방자치단체인 시나 군·구에 보상금 지급 여부를 조회할 것이다. 자치단체가 과거의 보상 자료를 들추어 보니 이미 보상금을 지급했을 수도 있다. 이때에는 그 근거를 제시하여 소유권을 이전한 후 LH공사에 무상으로 양도하여야 한다. 그런데 소유권 이전 절차가 간단하지 않으며, 현실적으로 거의 모든 경우 도로개설 당시 보상금 지급과 관련한 서류가 남아 있지 않을 것이다. 자치단체는 LH공사에 보상금 지급 여부의 확인이 불가능하다고 회신을 한다. 이런 토지가 미지급용지이며, 이 토지는 기존 도로 건설사업의 시행자였던 시나 군·구가 보상하는 것이 아니라 새로운 공익사업인 택지개발사업을 시행하는 LH공사가 보상금을 지급하고 취득하여야 한다.

미지급용지의 보상금은 어떻게 책정될까? 공공시설의 부지는 거래 자체가 불가능하여 시장가격이라는 것이 없으므로 고민이 필요한 부분이다. 소유권만 남아 있지 사용과 수익이 불가능하기에 가격이 아주 낮아야 한다고 생각할 수 있고, 인근의 토지를 보니 높은 가격으로 거래가 되고 있으므로 그에 비례해서 공공시설부지의 보상금액도 높게 책정하여야 한다는 말도 타당성이 있다.

토지보상법은 종전의 공익사업에 편입될 당시의 이용 상황을 상정하여 평가한다고 규정하였다. 도로에 편입될 당시 지목이 전이었으며 인접 도로상태는 맹지였다고 해보자. 이렇게 쉽게 확인이 되지 않겠지만 지목과 지적도면, 토지분할과 지목변경 과정, 인근 토지의 이용 상황, 과거 항공사진 등을 기초로 추정하며, 이때는 지목 전, 도로상태 맹지의 토지를 상정하여 감정평가한다. 그리고 도로의 개설로 인하여 인근 지역의 모든 토지의 가격이 상승하였을 것이기 때문에 이러한 가격 상승분도 제외해야 한다.

따라서 그 도로의 영향이 없다고 판단되는 지목 전, 도로상태 맹지인 토지의 가격과 유사한 수준으로 보상금이 산정된다. 현재 도로변에 있는 토지와 같은 높은 가격이나 과거 도로 편입 시점의 낮은 가격으로 책정되지는 않는다. 토지 상태는 옛날 편입될 당시를 기준으로 하되 도로개설과 관계없는 지가의 변동이 반영된 현재 시점에서의 가격이라고 이해하면 될 것 같다.

소유자는 몇 년, 몇십 년 잊고 있었던 생각지도 않은 보상금이 반가울 수도 있고, 보상도 하지 않고 공사를 시행한 원래 사업시행자의 처사에 불만이 있을 수도 있다. 토지의 보상금이 나왔으니 횡재한 것도 맞으며 그동안 국가에서 남의 땅을 무상으로 사용했으니 손해를 본 것도 맞다. 처음에 보상금을 지급하지 않은 것이 일차적 잘못임이 명백하나 이럴 때는 소유자의 재산권 보호를 위해 기존 사업에 편입되기 전 정상적인 토지의 가격으로 보상하는 것이니 국가로서는 최선을 다한 조치라고 이해하는 것이 좋을 듯하다.

미지급용지와 비슷한 것으로서 미보상토지가 있다. 미지급용지는 보상금이 지급되지 않는 토지로서 새로운 공익사업에 편입되어 보상의 대상이 된 토지인 반면, 미보상토지는 보상금이 지급되지 않은 채 그대로 공공시설의 부지로 남아 있는 토지이다. 미지급용지는 새로운 공익사업의 시행자가 이를 찾아내고 보상을 하지만 미보상토지는 공공시설 관리청에서 보상금을 지급하고 소유권을 이전해 가야 함에도 여전히 보상도 하지 않고 소유권도 이전해 가지 않는다. 소유자가 보상을 청구하고 바로 보상이 이루어진다면 다행스러운 경우이지만 보통 예산이 없어 당장은 보상이 어렵다는 답을 듣기 쉽다. 이때는 보상청구와 동시에 무단 점유에 따른 부당이득반환청구의 소를 제기할 수 있다.

부당이득반환청구의 소가 제기되면 공공시설의 관리청은 보상금을 지급하지 아니하고 사유재산을 점유하고 있으므로 그 토지의 사용료 상당의 부당이득금을 반환하여야 한다. 오랜 기간 점유하였다 하여도 부당이득을 청구할 수 있는 권리의 소멸시효로 인하여 최대 5년 기간의 토지사용료만을 청구할 수 있다. 보통 소송이 제기되면 공공시설 관리청은 예산을 확보하여 보상금을 지급하고 소유권을 이전하며 토지사용료를 함께 지급하기도 한다. 사용료를 구하는 경우 그 기초가 되는 토지의 가격은 통상 미지급용지와 같게 공익사업에 편입될 당시의 이용 상황을 상정하여 평가한다.

다만, 경매나 공매를 통해 도로부지를 취득하려고 한다면 다음의 판례를 참고하면서 도로의 종류와 구체적인 도로화 과정 등을 파악하고 신중하게 접근하여야 할 것 같다.

원소유자의 독점적·배타적인 사용·수익권의 행사가 제한되는 토지의 소유권을 경매, 매매, 대물변제 등에 의하여 특정승계한 자는, 특별한 사정이 없는 한 그와 같은 사용·수익의 제한이라는 부담이 있다는 사정을 용인하거나 적어도 그러한 사정이 있음을 알고서 그 토지의 소유권을 취득하였다고 봄이 타당하므로, 그러한 특정승계인은 그 토지 부분에 대하여 독점적이고 배타적인 사용·수익권을 행사할 수 없다.[24]

토지의 원소유자가 토지 일부를 도로 부지로 무상 제공함으로써 이에 대한 독점적이고 배타적인 사용수익권을 포기하고 이에 따라 주민이 그 토지를 무상으로 통행하게 된 이후에 그 토지의 소유권을 경매, 매매, 대물변제 등에 의하여 특정승계한 자는 그와 같은 사용·수익의 제한이라는 부담이 있다는 사정을 용인하거나 적어도 그러한 사정이 있음을 알고서 그 토지의 소유권을 취득하였다고 보는 것이 타당하므로 도로로 제공된 토지 부분에 대하여 독점적이고 배타적인 사용수익권을 행사할 수 없다. 따라서 지방자치단체가 그 토지 일부를 도로로써 점유·관리하고 있다고 하더라도 특정승계인에게 어떠한 손해가 생긴다고 할 수 없으며 지방자치단체도 아무런 이익을 얻은 바가 없으므로 특정승계인은 부당이득반환

---

24) 대법원 2019. 1. 24. 선고 2016다264556 전원합의체 판결 [시설물철거및토지인도청구의소].

청구를 할 수 없다.[25]

미보상토지가 다른 공익사업에 편입되어 보상 대상이 되면 미지급
용지가 된다. 미지급용지와 미보상토지에 대한 보상은 비록 국가가
권리행사 또는 의무를 다하지 못하여 소유자의 재산권이 침해받게
되었으나 사후에라도 더 이상의 침해는 발생하지 않도록 하는 조치
이다. 시기적으로는 늦었지만 정당한 보상을 통해 국민의 재산권을
보호하려는 취지로 이해된다.

---

25) 대법원 2012. 7. 12. 선고 2012다26411 판결 [부당이득금반환].

도로부지

　도로는 사람과 차량 등이 통행할 수 있도록 만들어진 길이며, 도로부지는 말 그대로 도로의 바닥을 이루고 지탱하는 토지이다. 그런데 토지조서를 작성하는 사업시행자나 보상금을 책정하는 감정평가사들은 도로부지를 조금 어려운 대상으로 여긴다. 도로의 종류가 복잡하며 그 구분이 명쾌하지 아니하여 혼란스럽고 실수도 할 수 있기 때문이다. 보상을 많이 받을 수 있는 토지를 찾아다니는 전문 투자자들은 이 도로부지를 좋은 투자처로 생각하기도 한다. 복잡하지만 또한 틈새가 존재하여 제대로 알기만 하면 이득을 올릴 수 있다고 보는 것 같다. 예상이 잘못되어 장기간 묶이거나 큰 보상을 받지 못할 가능성도 얼마든지 있다.

　도로부지의 보상금은 도로의 종류에 따라 그 산정 방법을 달리한다. 자신의 토지의 편익을 위해 소유자 스스로 설치한 도로인지 아니면 국가에서 공익사업의 시행으로 설치한 도로인지 또는 자연발생적으로 통행에 이용되어 도로화한 것인지에 따라 보상금이 달라진다. 사유 토지가 국가에서 공익사업의 시행으로 설치한 도로의 부지이면 앞에서 말한 미지급용지에 해당하기 때문에 그 평가 방법을 적용한다.

　그래서 토지보상법은 미지급용지를 제외하고 도로를 「사도법」에 의한 사도, 사실상의 사도, 그 밖의 도로 이렇게 구분하여 보상금 산정 방법을 규정하고 있다.

「공익사업을 위한 토지 등의 취득 및 보상에 관한 법률 시행규칙」 제26조(도로 및 구거부지의 평가)(조문 일부 수정)

① 도로부지에 대한 평가는 다음 각호에서 정하는 바에 의한다.

　　1. 「사도법」에 의한 사도의 부지는 인근 토지에 대한 평가액의 5분의 1 이내

　　2. 사실상의 사도의 부지는 인근 토지에 대한 평가액의 3분의 1 이내

　　3. 제1호 또는 제2호 외의 도로의 부지는 제22조(취득하는 토지의 평가)의 규정에서 정하는 방법

② 제1항 제2호에서 "사실상의 사도"라 함은 「사도법」에 의한 사도 외의 도로(「국토의 계획 및 이용에 관한 법률」에 의한 도시·군관리계획에 의하여 도로로 결정된 후부터 도로로 사용되고 있는 것을 제외한다)로서 다음 각호의 1에 해당하는 도로를 말한다.

　　1. 도로개설 당시의 토지소유자가 자기 토지의 편익을 위하여 스스로 설치한 도로

　　2. 토지소유자가 그 의사에 의하여 타인의 통행을 제한할 수 없는 도로

　　3. 「건축법」에 따라 건축허가권자가 그 위치를 지정·공고한 도로

　　4. 도로개설 당시의 토지소유자가 대지 또는 공장용지 등을 조성하기 위하여 설치한 도로

먼저 「사도법」에 의한 사도는 인근 토지에 대한 평가액의 5분의 1

이내에서 보상한다. 사도부지는 다른 토지의 가치를 상승시키는 용도의 토지로서, 그 토지의 가치는 기여를 받는 토지로 이전되고 그 자체는 도로의 용도로만 사용하는 토지이기에 저가로 평가한다. 그리고 저가라는 기준이 일관되지 않을 것이므로 5분의 1 이내의 가격으로 정하고 있다. 보상 현장에서 「사도법」에 의한 사도는 발견되는 사례가 거의 없다.

복잡한 것은 사실상의 사도이다. 사실상의 사도 부지는 인근 토지에 대한 평가액의 3분의 1 이내에서 보상한다. 사실상의 사도를 저가로 보상하는 논리도 「사도법」상의 사도와 같다. 사실상의 사도는 네가지 유형이 있다.

첫째, 도로개설 당시의 토지소유자가 자기 토지의 편익을 위하여 스스로 설치한 도로이지만 「사도법」에 근거하지는 않은 도로이다. 단독으로 이용하는 진입로 등이 있다.

둘째, 「건축법」에 따라 건축허가권자가 그 위치를 지정·공고한 도로는 건축허가 시에 확보하도록 의무화한 도로를 말한다. 건축허가를 신청한 토지가 도로가 없는 맹지라면 건축허가가 불가능하며, 따라서 건축허가를 신청한 자는 미리 도로를 확보해야 한다. 이렇게 확보된 도로는 자기 토지의 편익을 위하여 스스로 설치한 도로와 유사한 성격을 가지므로 사실상의 사도로 본다.

셋째, 도로개설 당시의 토지소유자가 대지 또는 공장용지 등을 조성하기 위하여 설치한 도로이다. 대규모의 토지를 여러 필지로 구획하고 정리하여 분양하거나 스스로 사용할 때 필지별로 확보되고 공동으로 이용하는 도로로서, 이 도로가 없다면 여러 필지로 나누어진 모든 토지가 맹지가 될 것이며 건축 등 토지이용이 불가능할 것이므로 이것도 사실상의 사도이다.

넷째, 토지소유자가 그 의사에 의하여 타인의 통행을 제한할 수 없는 도로이다. 타인의 통행을 제한할 수 없다는 말은 도로의 상태가 자연적, 관습적으로 굳어져 개인이 그 도로부지 토지소유권을 갖고 있다 하여도 임의로 차단할 수 없는 토지이다. 공익사업으로 도로공사가 시행되지는 않았으나 누구나 제한 없이 통행이 가능한 도로로서, 마을 진입도로, 지역과 지역을 연결하는 통행로, 다수가 거주하는 주택지대 내 도로 또는 간선도로와 연결되는 도로 등이다. 이 도로는 자신 소유 토지의 편익을 위해 설치한 것은 아니나 사실상의 사도로 보아 인근 토지와 비교해 저가로 보상된다.

이 도로부지의 소유자는 가장 이해되지 않고 억울할 수 있다. 지금까지 선의로써 자신의 토지가 다수의 통행에 이용될 수 있도록 무상으로 제공하였는데 그 이유로 보상금까지 적게 책정되니 억울한 입장이 이해가 된다. '권리 위에 잠자는 자'라고 하는 말은 너무 냉정한 표현이다. 보상이 진행되는 곳은 아니지만, 가끔 토지소유권을 가진 자가 통행로를 차단하여 인근 주민들과 다툼이 있거나 심한 경우 형사처분까지 있었다는 보도가 있다. 아마도 그 도로는 토지소유자가 그 의사에 의하여 타인의 통행을 제한할 수 없다는 사실상의 사도일 것이다.

사실상의 사도에 예외가 있다. 토지보상법 시행규칙 제26조 제2항은 사실상의 사도를 규정하면서 「국토의 계획 및 이용에 관한 법률」에 의한 도시·군관리계획에 의하여 도로로 결정된 후부터 도로로 사용되고 있는 것을 제외한다.'라고 하고 있다. 즉, 사실상의 사도에 해당한다고 하더라도 도시계획선이 그어진 후에 도로가 되었다면 이것은 사실상의 사도로 보지 않는다. 도시계획선이 그어져 도로로 예정되어 있으므로 다른 용도로의 토지사용이 불가능하다 보니 통행에 제공되거나 자기 토지의 진입로로 사용하게 되어 사실상의 사도의 요건에 해당하게 되었으나, 이는 국가가 처음 원인을 제공하였으므로 인근 토지 가격의 3분의 1로 감가하는 것이 적절하지 않다.

실무상 이런 토지를 보고 '예정공도'라고 한다. 공도의 개설이 예정된 토지라는 의미 같다. 예정공도의 보상액은 도로가 아닌 상태의 정상토지가격으로 책정된다. 공공기관에 의해 아직 도로 개설사업이 시행되지는 않았으나 미지급용지와 유사하게 보상금이 산정된다.

「사도법」에 의한 사도 부지와 사실상의 사도 부지를 제외한 기타의 도로부지는 정상적인 토지로 보고 보상금을 산정한다. 그런데 실무상 미지급용지가 아니면서 정상적으로 보상금이 산정되는 도로부지는 많지 않다. 국가나 지방자치단체가 아닌 공공법인 등이 소유하고 있는 유료도로가 등이 여기에 해당할 수 있다. 이를 공도부지라고 한다. 국가나 지방자치단체가 관리하는 공공시설인 도로의 부지는 대부분 무상양도 무상양수의 대상이지 사업시행자가 보상금을 지급하고 취득하는 토지가 아니기 때문이다.

도로부지에 어느 정도의 보상금이 책정되는가 하는 것은 도로의 종류와 성격, 도로화 또는 도로개설의 시기에 따라 달라진다. 투자자 입장의 수익성 여부는 해당 도로가 인근 토지 가격의 3분의 1 이내에서 결정되는 도로인가 아니면 예정공도 또는 미지급용지와 같이 도로가 아닌 정상적인 토지 상태를 상정하여 보상금을 산정하는 도로의 부지인가에 달려 있다. 이를 구분하기 위해서는 상당한 정도의 지식과 경험이 필요할 것이다.

특히 둘의 구분이 애매하여 명확하지 아니할 때, 이를 결정해야 하는 사업시행자나 감정평가사가 혹시나 나중에 본인의 판단이 잘못된 것으로 결론이 나서 본인에게 행정처분이나 배상 청구가 있을 것을 염두에 두고 보수적인 판단, 즉 보상액이 큰 정상 토지를 상정하는 것보다는 보상액이 더 적은 사실상의 사도로 기울어질 가능성도 있으니 주의해야 한다.

하천부지

하천부지의 보상금 산정과 그 액수도 도로부지 때와 유사하게 해당 토지가 각기 처한 상황, 즉 보상의 사유, 하천에 편입될 당시의 상황, 현재의 상태 등에 따라 달라진다.

하천부지의 보상금 지급 사유는 공익사업에 편입되는 하천구역에 사유 토지가 존재하는 경우, 하천구역으로 결정되어 종래의 용도로 사용할 수 없기에「하천법」에 따라 매수청구된 경우,「하천편입토지 보상 등에 관한 특별조치법」에 따라 보상청구된 경우 등이 있다. 매수 또는 보상을 청구할 수 있는 자격이나 방법 등은 별도로 언급하지 아니하고 보상금 또는 매수 금액을 산정하는 것을 중심으로 알아본다.

공익사업을 시행하기 위해 하천부지에 있는 사유 토지를 취득할 때 지급하는 보상금은 보상 대상 토지가 하천에 편입되는 원인이 하천공사를 위해서였는지 아니면 홍수 등 자연적 현상으로 인한 것인지에 따라 달라진다. 하천공사를 시행하는 과정에서 하천으로 편입이 되었는데 보상금이 지급되지 않았다면 원칙적으로 미지급용지의 기준에 따라, 즉 기존의 하천공사에 편입될 당시의 상황을 상정하여 보상금을 산정한다. 그런데 홍수 등으로 수로가 변경되어 하천이 되었다면 하천의 상태로 보상금을 책정하며, 이때는 토지의 사용 수익이 불가능한 점이 고려되어 통상적으로 미지급용지보다 낮은 가액으로 산정된다.

그렇다면 일반적인 정상 토지와 비교해 하천부지는 어느 정도 낮은 금액으로 보상금이 책정되는 것이 적절할까? 관계 법령에 그러한 기준이 명시된 것은 없으며, 보상액 산정을 담당하는 감정평가사들이 모여 만든 한국감정평가사협회에서 자체적으로 제정하여 회원들이 감정평가 기준으로 사용하기를 권고하고 있는 '토지보상평가지침'에서 그 기준을 찾아볼 수 있다. 이 지침은 협회 내부적인 기준으로서 법규성을 가지지 않기 때문에 보상 감정평가 과정에서 반드시 이를 따라야 하는 것은 아니다. 그러나 달리 적용할 기준이 없는 상황에서 현실적으로 많은 감정평가사가 실무에 참고하고 있으며, 판례나 감사 결과에서도 지침의 법규성은 인정하지 않더라도 그 타당성은 긍정하여 기준을 적용하는 것 자체를 문제 삼지는 않는다.

위 토지보상평가지침은 하천을 감정평가할 때 편입 당시의 이용 상황을 알 수 없어 적정가격을 산정하는 것이 사실상 불가능한 경우나 하천 상태대로 보상금을 산정하는 경우, 현재의 토지 상태를 기준으로 하여 하천구역 주변 지역에 있는 표준적인 이용 상황의 토지 가격에 일정한 비율을 적용하여 감정평가할 수 있도록 하고 있다.

그 일정한 비율은 도시지역 안과 도시지역 밖으로 구분되어 있으며, 모두 인근의 표준적인 상황의 토지 가격을 기준으로 하여 다음의 비율을 적용한다. 도시지역 안의 경우, 현재의 토지 상태가 농경지이면 2분의 1 이내, 제방은 제외지 측과 접한 부분이 농경지일 때는 2분의 1 이내 제외지 측과 접한 부분이 농경지가 아닐 때는 4분의 1 이내, 고수부지는 4분의 1 이내, 모래밭·개펄은 7분의 1 이내, 물이 계속 흐르는 토지는 10분의 1 이내이다.

도시지역 밖의 경우, 현재의 토지 상태가 농경지이면 10분의 7 이내, 제방은 제외지 측과 접한 부분이 농경지일 때는 10분의 7 이내, 제외지 측과 접한 부분이 농경지가 아닐 때는 3분의 1 이내, 고수부지는 3분의 1 이내, 모래밭·개펄은 5분의 1 이내, 물이 계속 흐르는 토지는 7분의 1 이내이다.

위 규정은 과거의 상황을 알 수 없거나 개별요인 비교가 사실상 불가능하여 감정평가를 할 수 없을 때도 현재의 상태를 기준으로 가치형성의 불리한 점을 고려해서 일정하게 감가를 하라는 것이다. 농경지보다는 제방이나 고수부지가 불리한 정도가 크며, 이보다는 모래밭·개펄이, 모래밭·개펄보다는 물이 계속 흐르는 토지가 더 불리하다고 보고 있으며, 불리한 정도가 클수록 감가를 크게 하여 낮은 가액으로 보상금을 산정하고 있다.

그런데 하천공사가 시행되거나 자연적으로 하천이 된 것은 대부분 아주 오래전 이야기이다. 최근의 것이 1960년대이며 해방 전후나 일제 강점기에 이루어진 것도 있다. 하천으로 편입된 시기를 추정하는 것조차도 불가능할 때가 많다. 그래서 대부분의 하천부지 보상금 산정은 편입 당시의 이용 상황을 상정하는 것보다는 한국감정평가사협회의 토지보상평가지침에서 정한 위 비율에 따라 이루어지는 것 같다. 다만 최근에 하천공사가 시행되었으며 그때 당시의 이용 상황 추정이 가능하거나 소유자가 증명할 수 있다면 이는 미지급용지이므로 편입 당시의 상황을 상정해서 보상금이 책정될 것이다.

공익사업에 편입되어 토지보상법에 따라 보상하는 것이 아닌 경우로서, 「하천법」이나 「하천편입토지 보상 등에 관한 특별조치법」에 따라 매수청구 또는 보상청구된 토지의 금액은 원칙적으로 현재의 상태를 기준으로 산정된다. 그러나 이때도 대상 토지가 공익사업의 시행으로 하천으로 되었다면 미지급용지의 기준을 따른다. 본인의 토지가 하천공사 등 공익사업으로 인해서 하천이 되었으며 그 당시 이용 상황이 하천이 아니었다는 것을 증명한다면 편입 당시를 기준으로 매수 금액을 산정할 것이나 이것은 현실적으로 거의 불가능하다고 볼 수 있으므로 대부분의 하천부지 매수 금액 산정은 한국감정평가사협회의 토지보상평가지침에서 정한 비율에 따라 이루어질 수밖에 없을 것이다.

하천부지도 도로부지의 미보상토지와 마찬가지로 관련 전문가들이 보상 또는 매수청구의 대상이 될 수 있는 토지를 발굴하고 소유자를 추적하여 보상금을 받는 경우가 있다. 그 금액이 크지는 않지만 보통은 생각지도 않은 보상금일 것이다.

지상 또는 지하 공간의
사용에 따른 보상

우리나라 「민법」은 토지소유권이 미치는 범위를 정하고 있다.

「민법」 제212조(토지소유권의 범위)

토지의 소유권은 정당한 이익 있는 범위 내에서 토지의 상하에 미친다.

토지의 소유권은 지표면뿐만 아니라 공중과 지하 공간에도 미친다. 무한하지는 않더라도 지상과 지하의 어느 정도 범위까지는 소유권 행사의 대상이 되며, 따라서 소유권 행사의 대상이 되는 범위 내의 지상 또는 지하 공간의 이용이 국가 등에 의해 제한받게 되면 보상의 대상이 될 수 있다. 한국전력공사의 고압 송전선로가 지나감에 따라 토지이용에 제한받는 경우는 지상 공간의 사용 예이며, 지하철의 건설은 지하 공간의 사용 예이다.

우리나라 「민법」은 아울러 지하 및 공중에 대해 구분지상권을 설정할 수 있는 제도를 갖추고 있다. 토지소유권과 같은 물권으로서 구분지상권이 인정되어 지하나 공중을 적극적으로 사용할 수 있는 근거가 마련되었다. 구분지상권을 설정하고 토지를 사용하기 위해서도 보상이 이루어져야 한다.

토지보상법은 지상 또는 지하 공간을 사용하는 데 따른 보상을 다음과 같이 규정하고 있다.

「공익사업을 위한 토지 등의 취득 및 보상에 관한 법률 시행규칙」 제31조(토지의 지하·지상공간의 사용에 대한 평가)(조문 일부 수정)

> ① 토지의 지하 또는 지상 공간을 사실상 영구적으로 사용하는 경우 당해 공간에 대한 사용료는 당해 토지의 가격에 당해 공간을 사용함으로 인하여 토지의 이용이 저해되는 정도에 따른 적정한 비율(이하 이 조에서 "입체이용저해율"이라 한다)을 곱하여 산정한 금액으로 평가한다.

지상 공간의 사용에 따른 보상을 송전선로가 지나가는 토지를 예로 들어 알아보자. 송전선로의 신규 건설에 따른 분쟁의 사례에서 보듯이 송전선로는 일반적으로 혐오 시설로 알려져 있다. 대부분 자신의 토지 위나 주변으로 송전선로가 지나가는 것을 원치 않을 것이다. 송전선로가 지나감으로 인해서 그 아래 토지의 가치가 감소하는 부정적인 영향이 있기 때문이다. 송전선로가 지나가는 경우 건축물 등 시설의 설치가 제한받는 것이 가장 큰 감가 요인이다. 그 밖에 통신 장애나 위험시설로서의 심리적 부담감이 있고 더욱 유용한 용도로의 토지이용 전환이 곤란하며 고압선이 지나가고 남은 토지마저도 이용에 제한이 있을 수 있다.

송전선로가 지나가는 그 아래의 토지를 '선하지(線下地)'라고 한다. 선하지에 감가 요인이 있다는 것은 누구나 알지만 모든 선하지를 보상할 수도 없을 것이다. 현실적으로 154kV 이상의 고압을 송전하는 송전선로의 선하지가 보상의 대상이 되는 것 같다. 선하지는 고압 송전선로가 지나가는 아래의 부분으로, 송전선로의 가장 바깥쪽에서 좌우로 3미터를 더한 부분으로 한정한다. 한 필지 전체를 대상으로 보상하는 것이 아니라 선하지의 면적을 계산하여 그 면적만을 대상으로 보상금을 산정한다.

「전기사업법」은 선하지의 손실보상 산정기준을 제시하고 있다(「전기사업법 시행령」 별표 5). 지상 공간을 송전선로가 존속하는 기간까지 사용하는 경우 보상금은 토지의 단위면적당 적정가격에 지상 공간의 사용면적을 곱하고 여기에 입체이용저해율과 추가보정률을 더한 비율을 곱하여 산정한다. '입체이용저해율'이란 송전선로를 설치함으로써 토지의 이용이 저해되는 정도에 따른 적정한 비율을 말하며, '추가보정률'이란 송전선로를 설치함으로써 해당 토지의 경제적 가치가 감소하는 정도를 나타내는 비율을 말한다. 즉, 선하지의 정상적인 토지가격에 입체이용이 제한받는 비율과 경제적 가치가 감소하는 비율을 고려해서 보상금을 산정한다.

국토교통부의 감정평가 실무기준과 한국감정평가사협회의 선하지의 공중 부분 사용에 따른 손실보상평가 지침은 「전기사업법 시행령」과 유사하게 규정하고 있다. 당해 토지의 적정가격에 보정률을 곱하여 사용료를 산정한다. 이때 보정률은 기본율과 추가보정률로 구성되며, 「전기사업법」의 입체이용저해율 및 추가보정률과 같은 개념이다. 기본율은 토지의 이용이 입체적으로 저해되는 정도에 따른 적정한 비율을 말하며, 추가보정률은 토지의 경제적 가치가 감소하는 정도를 표시하는 비율로서 쾌적성의 저해 정도, 시장성 저해 정도, 기타 제한 정도로 세분하여 정하고 있다.

선하지는 전기사업자가 토지의 소유권을 취득하지 아니하고 공중 부분의 일부만을 사용하고 있다. 따라서 토지 전체의 가격이 아니라 토지를 정상적으로 사용하는 데 있어 저해를 받는 정도만큼을 보상금으로 한다. 토지의 가격이 제곱미터당 10만 원인데 송전선로가 지나감으로써 30퍼센트 정도가 저해를 받게 된다면 3만 원을 보상금으로 지급한다. 소유권을 이전하는 것은 아니고 구분지상권을 설정하게 된다. 토지소유자는 일단 소유권을 보유한 상태에서 그 토지를 계속 사용할 수 있을 것이지만, 구분지상권이 설정된 토지에 높은 건축물을 짓지는 못한다. 그래서 3만 원의 토지 가치하락이 예상되며 이를 보상받는 것이다.

입체이용저해율은 대상 토지가 상업용이나 주거용과 같이 고밀도로 이용 가능한 토지인지 농지나 임야와 같이 저밀도로 이용하는 토지인지, 그리고 154kV, 345kV, 765kV 등 송전하는 전압의 크기, 토지의 지표면으로부터 선로까지의 높이, 선하지의 면적이 토지 전체 면적에서 차지하는 비율, 송전선로가 지나가는 위치에 따라 각각 달리 적용된다. 구분지상권의 설정에 따른 보상금은 해당 토지의 가격인 기초가격, 그리고 토지별로 각기 다른 상태와 조건에서 산출된 입체이용저해율에 따라 결정된다.

선하지도 그동안 주목을 받지 못하였다. 과거 재산권에 대한 인식이 비교적 덜한 시기에 공익사업이라는 명분으로 소유자의 동의 없이 많은 송전선로가 건설되었으나 이의를 제기하거나 보상을 요청하는 경우가 많지 않았으며, 실제 보상이 이루어지지도 않았다. 그러나 국민의 의식이 높아지고 외국의 사례를 접하면서 선하지의 보상요구가 크게 늘었다. 국회에서도 선하지의 보상 문제를 꾸준히 제기하였다.

대구·경북 송전선로 선하지 보상금 2천억 원 못 받아[26)]

한전이 대구·경북지역에만 2천만 제곱미터의 부지를 송전선로로 무단 사용하고 있는 것으로 드러났다. ○○당 홍○○ 의원의 국정 감사 자료를 보면 한전이 송전선로가 지나는 부지의 45.2%, 여의도 면적의 37배에 달하는 1억 7백만㎡를 보상 없이 무단으로 사용하고 있는 것으로 확인됐다. 이 가운데, 대구·경북의 미보상 면적은 총 20,443,703㎡(대구 1,696,365㎡, 경북 18,747,338㎡)로 전체 미보상 면적의 19%에 달했다.

지금은 한국전력공사에서 대부분의 송전선로 철탑 부지 및 선하지를 대상으로 보상하고 있다. 이미 만들어져 사용되고 있는 기설 송전선로 철탑 부지 및 선하지를 보상 대상으로 고시하고 이들을 대상으로 보상을 완료하였거나 계속하여 보상하고 있다.

지하 공간의 사용도 유사하다. 서울시에서 지하에 도시철도를 건설하여 운영하는 경우 그 지하철이 지나가는 해당 토지는 지하의 사용이 제한받게 된다. 송전선로를 지중화하는 경우나 송유관을 묻어 석유류를 운반하는 것도 마찬가지다.

보상규정도 선하지의 보상과 유사하다. 도시철도건설자가 도시철도 건설사업을 위하여 타인 토지의 지하 부분을 사용하려는 경우에는 「도시철도법」에 따라 보상한다. 보상단가는 정상적인 토지 가격에 입체이용저해율을 곱하여 산정하며, 입체이용저해율은 주로 대상 토지

---

26) 지민수, "대구·경북 송전선로 선하지 보상금 2천억 원 못 받아", 『노컷뉴스』, 2013년 10월 25일.

인근 지역의 표준적인 이용 상황과 지하 공간의 사용 깊이가 고려되어 결정된다.

토지소유자의 통상적인 이용행위가 예상되지 아니하며 지하시설물을 따로 설치하는 때에도 일반적인 토지이용에 지장이 없을 것으로 판단되는 깊이를 '한계심도'라고 한다. 고층 시가지는 40미터, 저층 시가지 및 주택지는 30미터, 농지나 임지는 20미터를 한계심도로 본다. 한계심도 이내의 깊이에서 토지를 사용하는 경우에는 입체이용저해율을 적용하여 보상금을 산정하며, 입체이용저해율은 건물의 이용저해율, 지하 부분의 이용저해율, 건물 및 지하 부분을 제외한 그 밖의 이용저해율로 구분하여 계산한다. 한계심도를 초과하는 지하 부분을 사용하는 때에도 그 깊이에 따라 저해되는 비율을 적용하여 보상금을 산정하는데, 그 비율은 매우 낮은 수준이다.

잔여지 보상

공익사업에도 여러 종류가 있다. 그런데 이런 기준으로 분류해볼 수도 있다. 행정복지센터나 소규모 주차장을 건설하는 사업, 도로나 철도를 건설하는 사업, 택지나 산업단지 또는 댐을 건설하는 사업 등으로 나누어 보고자 하는데 이들의 차이가 무엇일까?

첫 번째는 한 곳 지점에서 이루어지는 사업이며, 두 번째는 선으로 이루어지는 사업, 세 번째는 면으로 이루어지는 사업이다. 공식적인 용어는 아니나 보상담당자들은 점적(點的) 사업, 선적(線的) 사업, 면적 (面的) 사업으로 부르기도 한다.

통상 사업지구 경계 지점에서는 자투리 토지가 발생할 수밖에 없는데 각각의 사업 특성에 따라 자투리 토지의 발생 과정과 그 토지의 가격변동에 어떠한 차이점이 있는지 살펴보자.

비교적 좁은 구역에서 이루어지는 점적 사업은 몇 개의 필지만이 사업지구에 편입된다. 지적선의 경계에 따라 사업지구를 정할 수도 있으나 반듯하게 사업지구를 만들고자 한다면 경계선에 있는 몇 개 필지는 분할이 되어 일부는 편입되고 일부는 편입이 되지 않을 수 있다. 선적 사업은 거의 모든 토지가 일부는 편입되고 일부는 편입이 되지 않은 모양으로 분할된다. 사업지구가 좁고 길게 이루어져 있기 때문이다. 면적 사업은 사업지구 내로 인근의 모든 토지가 함께 편입되지만, 사업지구 경계선에 있는 토지는 한 필지의 토지가 나뉘어 일부는 편입되고 일부는 편입이 되지 않을 수도 있다.

선적 개발사업에 편입되는 많은 토지나 점적 혹은 면적 사업지구의 경계선에 있는 토지 대부분은 사업구역의 경계선을 기준으로 둘 이상의 토지로 분할된다. 지도를 펴놓고 연필로 사업지구 경계선을 긋는다고 생각해 보자. 개별 필지별 지적경계선을 항상 사업지구 경계로 설정할 수는 없다. 하나의 토지가 둘로 분할되고, 그중 하나는 사업지구에 편입되면서 보상의 대상이 되나 지구계 밖에 소재하는 나머지 일부분의 토지는 보상의 대상이 되지 않는다. 이렇게 하나의 토지가 사업시행을 위해 분할이 되면서 일부는 사업지구에서 제외되어 보상을 받지 못하는 토지가 발생하는데, 이를 '잔여지'라고 한다.

사업지구의 경계 부분에 녹지를 조성하거나 시설물의 담장이 만들어지고 원래 있던 길이 없어진다면 그 나머지 토지인 잔여지는 맹지가 되어 농사를 지을 수도, 건축할 수도 없게 되는 경우가 있다. 그렇다면 잔여지 소유자의 손해가 불가피하다. 토지보상법은 잔여지에 대한 보상규정을 두고 있다.

「공익사업을 위한 토지 등의 취득 및 보상에 관한 법률」 제73조(잔여지의 손실과 공사비 보상)(조문 일부 수정)

① 사업시행자는 동일한 소유자에게 속하는 일단의 토지의 일부가 취득되거나 사용됨으로 인하여 잔여지의 가격이 감소하거나 그 밖의 손실이 있을 때 또는 잔여지에 통로·도랑·담장 등의 신설이나 그 밖

의 공사가 필요할 때에는 그 손실이나 공사의 비용을 보상하여야 한다. 다만, 잔여지의 가격 감소분과 잔여지에 대한 공사의 비용을 합한 금액이 잔여지의 가격보다 큰 경우에는 사업시행자는 그 잔여지를 매수할 수 있다.

「공익사업을 위한 토지 등의 취득 및 보상에 관한 법률」 제74조(잔여지 등의 매수 및 수용 청구)(조문 일부 수정)

① 동일한 소유자에게 속하는 일단의 토지의 일부가 협의에 의하여 매수되거나 수용됨으로 인하여 잔여지를 종래의 목적에 사용하는 것이 현저히 곤란할 때에는 해당 토지소유자는 사업시행자에게 잔여지를 매수하여 줄 것을 청구할 수 있으며, 사업인정 이후에는 관할 토지수용위원회에 수용을 청구할 수 있다.

보상의 대상이 되는 잔여지가 되기 위해서는 세 가지 요건을 갖추어야 한다. 첫째는 동일인의 소유이어야 한다. 둘째는 일단의 토지이어야 한다. 셋째는 일부의 토지가 공익사업에 편입됨으로 인하여 잔여지의 가격이 감소하거나 공사가 필요할 것 또는 잔여지를 종래의 목적으로 사용하는 것이 현저히 곤란하여야 한다. 여기에서 일단의 토지라고 함은 같은 건축물의 부지이거나 아니면 한 개의 지번이 부여되는 한 필지이어야 한다는 뜻이다. 잔여지 여부의 구체적인 판단 기준은 다음과 같다.

「공익사업을 위한 토지 등의 취득 및 보상에 관한 법률 시행령」 제39조

(잔여지의 판단)(조문 일부 수정)

① 잔여지가 다음 각 호의 어느 하나에 해당하는 경우에는 해당 토지소
유자는 사업시행자 또는 관할 토지수용위원회에 잔여지를 매수하거
나 수용하여 줄 것을 청구할 수 있다.

1. 대지로서 면적이 너무 작거나 부정형(不定形) 등의 사유로 건축물
을 건축할 수 없거나 건축물의 건축이 현저히 곤란한 경우

2. 농지로서 농기계의 진입과 회전이 곤란할 정도로 폭이 좁고 길게
남거나 부정형 등의 사유로 영농이 현저히 곤란한 경우

3. 공익사업의 시행으로 교통이 두절되어 사용이나 경작이 불가능
하게 된 경우

4. 제1호부터 제3호까지에서 규정한 사항과 유사한 정도로 잔여지를
종래의 목적대로 사용하는 것이 현저히 곤란하다고 인정되는 경우

보상의 내용은 가치하락에 따른 손실의 보상, 추가적인 공사비의
보상, 그리고 잔여지 매수가 있다. 가치하락에 따른 손실은 분할됨
으로 인하여 교통이 단절되거나 저지(低地) 또는 고지(高地)가 되어
종전 토지와 비교해 가치가 하락하는 경우 발생한다. 본래 도로에
접하는 토지였으나 도로 부분이 공익사업에 편입되고 나머지 토지
는 맹지가 되는 때가 있을 수 있으며, 조성된 사업지구의 지반이 높
아져서 본 토지가 저지로 되거나 반대로 사업지구는 흙을 깎는 절
토가 많이 이루어져서 본 토지는 고지가 되기도 한다. 이럴 때 분할
되기 전 기존 토지와 비교해 가격이 하락한다면, 분할 전 기존의 토

지 단가와 분할 후의 토지 단가의 차이에 잔여지 면적을 곱하여 손실액을 산정한다.

추가적인 공사비의 보상은 소유자가 소유권을 보유한 상태로 잔여지를 계속 사용할 것이나 잔여지를 위해 수로나 통로를 추가로 만들어야 할 필요성이 있는 경우 그 소요비용을 보상하는 것이다. 그러나 추가적인 공사비 등이 잔여지 가격보다 크다면 사업시행자는 그 토지를 매수할 수 있다. 토지 가격보다 더 많은 금액을 불이익의 치유비용으로 지급할 수는 없기 때문이다.

공익사업에 편입되고 남은 토지가 종래의 목적에 사용하는 것이 현저히 곤란할 때는 토지소유자가 사업시행자에게 잔여지를 매수하여 줄 것을 청구할 수 있다. 종래의 목적에 사용하는 것이 현저히 곤란할 때라고 함은 토지보상법 시행령 제39조를 기준으로 하여 구체적으로 사업시행자가 판단하고 그 매수 여부를 결정한다. 잔여지의 가격은 보통 분할되기 전의 기존 토지의 단가 수준으로 결정된다.

고속도로나 철도의 잔여지는 문제가 좀 다르다. 경작이나 건축 등이 불가능한 것도 아니며 보통은 남은 면적이 기준보다 커서 매수 요건이 되지 못하므로 보상의 대상이 될 수 없으면서도 소음이나 그늘 발생에 따른 피해를 고스란히 입을 수 있다. 지가가 장기적으로 하락할 가능성도 있다. 이에 관한 연구는 이루어지고 있으나 구체적인 법령이 마련될 때까지는 쉽게 보상이 이루어지기 어려워 보인다.

그런데 모든 경우에 잔여지의 가격이 하락하는 것은 아니다. 공익사업구역의 경계에 위치하여 이득을 보는 경우도 많이 있다. 선적 개발인 도로건설사업을 예로 들어, 차량통행이 불가능한 좁은 도로에 접해 있었던 토지 일부가 폭 20미터의 도시계획도로 건설구간에 편입되었다고 해보자. 일부 토지는 보상을 받을 것이고 일부 토지는 남아 있다. 당초에 좁은 도로에 접해 있다 잔여지가 된 토지가 도로 개설 후에는 폭 20미터의 대로에 접해지게 되었다면 그 토지 가격은 아마 몇 배는 오를 것이다.

설령 남은 땅은 폭이 너무 좁거나 부정형이어도 새로운 도로에 접하는 부분 면의 길이가 충분하다면 이것도 괜찮다. 소유자가 직접 사용하는 것은 곤란하겠지만 본 토지의 후면에 접해 있는 다른 토지의 소유자가 그 토지를 매수하려 할 것이기 때문이다. 후면 토지소유자는 도로에 접해 있는 토지인 잔여지만 매수하게 되면 본인 소유 토지 전부가 도로에 직접 접하게 되고 가격이 크게 오를 것이란 점을 잘 알고 있기에 높은 가격으로 해당 잔여지를 매수하려 한다. 반대로 잔여지 소유자가 후면의 토지를 매입하여 함께 사용할 수도 있다. 잔여지의 소유자는 본인이 직접 토지를 사용하거나 후면 토지소유자에게 매도하거나 모두 큰 이득을 보게 된다.

면적 개발에서 사업지구 경계에 걸쳐 있어 잔여지가 된 토지는 잔여지와 접하는 부분의 토지이용계획에 따라 희비가 갈리게 된다. 본인 소유 잔여지에 접하는 부분이 도로라면 도시계획도로의 경우와 마찬가지로 큰 이득을 보게 된다. 그런데 그 부분에 도로도 없이 공원이나 녹지가 설치된다면 잔여지의 가격이 오를 여지가 없어 보인다.

점적 개발에서 발생하는 잔여지는 크게 이득을 보기 어렵다. 행정복지센터의 담벼락이 소재할 수도 있고, 공공주차장의 철망에 연접하여 많은 매연과 소음에 시달릴 수도 있다.

많은 전문적인 투자자들이 왜 도시계획시설에 저촉하는 토지를 찾는지 잔여지를 통해서도 이해가 갈 것이다. 편입 부분은 도시계획시설에 저촉하지 않는 상태로 보상을 받고 동시에 보상을 받은 편입 부분의 개발 후 상황에 따라 잔여지의 가치 증대도 기대할 수 있으니 좋은 투자물건이 아닐 수 없다.

잔여지 매수청구와 관련하여 토지소유자의 본심이 드러나기도 한다. 보상금에 불만이 있어 줄기차게 민원을 제기하며 사업시행자 담당자를 힘들게 했었던 어떤 토지소유자가 있었는데, 그가 어느 날 잔여지 매수청구를 하였다. 남은 토지를 모두 보상금액 수준에서 사달라고 또 민원을 제기한 것이다. 보상금이 낮았다면 잔여지 매수청구를 하지 않고 본인이 생각하는 높은 금액을 받고 다른 사람에게 그 땅을 팔았을 것이지만 아마 보상금 수준의 금액을 지급하고 그 땅을 사겠다는 사람이 없었을 것이다.

잔여지와 관련된 것으로서, 사업지구에 편입되어야 하나 편입시키지 아니하고 일부러 잔여지로 만들어 사업시행자가 매입하지 않는 사례도 있다. 매입하지 않는다기보다는 원래의 소유권을 그대로 남겨둔다는 것이 적절할 것 같다.

선적 사업이든 면적 사업이든 사업지구의 경계 부분은 토지 고저차가 발생할 가능성이 있으며, 통상 그 부분은 법면(法面)으로 처리한다. 도로나 녹지의 안정성을 위해 가장자리 부분을 경사지게 처리한 곳이 법면이며, 그 토지를 '법면부지'라고 한다. 원칙적으로 그 법면이 발생하는 부분까지 사업지구에 포함하여 보상을 통해 매입한 후 경사면 공사를 하여야 한다.

법면이 보호하는 곳이 도로라고 하면 특이한 상황이 생긴다. 공사가 종료되고 도로가 개통된 후 도로 주변 토지의 가치는 크게 상승할 것이다. 그런데 잔여 토지를 사용하려고 하니 한 가지 문제가 있다. 법면 공사를 했기 때문에 보상을 받고 남은 잔여 토지는 도로에 직접 접하지 않게 된다. 본인 토지와 새로 만들어진 도로 사이에 경사면을 이루면서 국가나 지방자치단체 등 도로관리청이 소유권을 가지고 있는 법면이 소재한다.

서로 고저 차가 있어서 법면이 만들어졌더라도 법면부지가 본인 소유 토지라면 관리청의 허락을 얻어 적절한 성토나 절토 과정을 거치면 실제 도로와 고저 차이가 없어져서 도로에 직접 접하는 효용도 높은 토지가 만들어질 수 있는데, 법면에 해당하는 부분의 토지소유권을 도로관리청이 보유하니 그 부분에 성토나 절토를 할 수도 없고, 관리청의 허가를 받아 성토나 절토를 한다고 하더라도 잔여지였던 본인 토지가 직접 도로에 접하지 않게 되는 문제점이 발생한다.

토지소유자는 성토나 절토를 하여 도로와 높낮이를 같게 만든 다음 후면에 위치하는 본인 토지만을 그대로 사용하든지 혹은 도로관리청에 법면부지였던 해당 토지의 매수청구를 하여 본인이 양도하고 보상금을 받았던 그 토지를 다시 취득하려 한다. 도로의 안전성이나 유지에 문제가 없다고 관리청이 인정할 때 원래 자신의 토지였던 법면을 다시 되살 수 있을 것이나, 매수가격은 도로에 접하는 토지를 기준으로 본인이 받은 보상금보다 높은 가격으로 산정될 것이다.

이같이 법면 부분을 사업지구에 포함하여 보상할 경우 토지소유자에게 불리한 상황이 될 수도 있으므로 사업지구의 경계 부분이 후면 잔여 토지의 효용성을 높이는 토지이용 특히 도로라고 한다면,

소유권은 토지소유자에게 그대로 두고 소유자의 사용승낙을 얻어 법면 공사만 시행할 수 있다. 토지소유자는 법면 부분의 토지소유권을 그대로 갖고 있기에 도로공사 완료 후에 다시 토지를 매수하여야 하는 문제점을 해결할 수 있으며, 사업시행자는 법면 부분 토지의 보상금을 지급하지 않아도 되기 때문에 보상비를 절감할 수 있다.

사업시행자가 토지소유자에게 '사업지구 경계에서 발생하는 법면 부분은 보상하지 않고 공사만 하겠다. 토지소유자의 사용승낙이 필요하다.'라고 요청할 때가 있다. 이때 선적 사업의 경우에는 도로의 상태와 도로와의 고저 차, 면적 사업은 사업지구의 토지이용계획을 살펴본 후 녹지가 만들어져 맹지가 되거나 혐오 시설이 생기는 것과 같은 최악의 경우만 아니라면 바로 동의하는 것이 최선이다. '혹시 무슨 꿍꿍이가 있는가.', '보상금도 주지 않고 내 토지를 사용한다니.' 이런 의심을 품고 사용승낙을 거부하기도 하지만 적절치 못한 대응이다. 맹지가 되거나 혐오 시설의 담벼락에 접하게 되는 상황이라면 사업시행자도 일방적으로 토지소유자에게 손해가 되는, 보상 없는 토지사용승낙을 요청하지 않을 것이다.

나아가 도로개설사업이나 택지개발사업이 시작되려고 할 때 건설될 도로의 모습이나 택지개발지구 토지이용계획을 검토한 후에 법면에 해당하는 부분을 사업지구에서 제외한다면 보상은 받지 않고 공사가 가능하도록 토지사용승낙을 하겠다는 의사를 사업시행자에게 선제적, 적극적으로 제안하는 것도 생각해 볼 만하다. 보상금을 받지 않기 때문에 우선은 손해인 듯하나 장래에 큰 이득이 될 수 있다.

사업지구 경계가 과도하게 넓은 구역으로 지정되어 실제로는 공사 후에 법면 등이 만들어지지 아니하고 기존 상태 그대로 방치되는 경우라면, 즉 보상이 이루어졌으나 그 토지가 해당 사업에 직접 필요하지 않게 된다면 기존 소유자가 토지를 다시 매수할 수도 있다. 기존 소유자의 이러한 권리를 '환매권'이라고 한다.

물건의
보상금 산정

　공익사업을 시행하는 사업시행자가 직접 필요로 하는 것은 보통 토지일 것이다. 특정의 목적을 위해 건축물이나 공작물이 필요할 수도 있지만 대부분 토지를 확보하는 것을 궁극의 목적으로 한다. 그런데 토지를 온전히 확보하고 사용하기 위해서는 그 토지에 부착되어 소재하는 여러 가지 물건들을 함께 취득하거나 비용을 지급하고 이전시켜야 한다.

　토지 위에 소재하는 건축물, 공작물, 수목, 분묘 등을 모두 포함하여 '물건'이라고 한다. 이 물건을 구분해 보면 사업시행자가 직접 필요로 하는 물건과 직접 필요로 하지 않는 물건이 있다. 당해 공익사업을 위해 직접 필요로는 하지 않기 때문에 사업시행자가 반드시 취득할 필요가 없고, 이전시킬 수 있다면 이전을 시켜야 하는 토지 위의 물건을 '지장물'이라고 한다. 사업시행자들이 지장물조사, 지장물조서와 같은 용어를 사용하는 것을 쉽게 볼 수 있을 것이다. 보상의 대상이 되는 물건 대부분은 지장물이다.

　지장물은 사업시행자가 직접 필요로 하지 않기 때문에 그 보상금은 반드시 물건의 가격으로 책정되지 않을 수 있다. 이전하는 비용만 지급하면 소유자가 그 물건의 소유권을 보유한 채 스스로 이전할 것이고 사업시행자는 군이 필요 없는 물건을 취득하지 아니하고도 토지확보라는 보상의 목적을 달성할 수 있다. 토지보상법은 이러한 취지를 살려 물건의 보상금 산정을 규정하고 있다. 토지보상법의 규정을 보자.

「공익사업을 위한 토지 등의 취득 및 보상에 관한 법률」 제75조(건축물 등 물건에 대한 보상)(조문 일부 수정)

① 건축물·입목·공작물과 그 밖에 토지에 정착한 물건에 대하여는 이전에 필요한 비용(이하 "이전비"라 한다)으로 보상하여야 한다. 다만, 다음 각 호의 어느 하나에 해당하는 경우에는 해당 물건의 가격으로 보상하여야 한다.

1. 건축물 등을 이전하기 어렵거나 그 이전으로 인하여 건축물 등을 종래의 목적대로 사용할 수 없게 된 경우
2. 건축물 등의 이전비가 그 물건의 가격을 넘는 경우
3. 사업시행자가 공익사업에 직접 사용할 목적으로 취득하는 경우

토지보상법은 건축물이나 공작물 등 물건의 보상금은 원칙적으로 이전비를 기준으로 산정하도록 하고 있다. 굳이 가격 전부를 지급하고 물건을 취득할 필요가 없이 이전을 시킴으로써 토지확보라는 보상의 목적을 달성하기 위함이다. 다만 다음 세 가지 경우에는 물건의 가격으로 보상하도록 한다.

이전하기 어렵거나 그 이전으로 인하여 건축물 등을 종래의 목적대로 사용할 수 없게 된 경우는 말 그대로 이전이 사실상 불가능한 경우이다. 콘크리트구조의 건물은 해체, 이전하여 다시 조립할 수가

없으니 철거를 할 수밖에 없다. 담장이나 마당 포장, 장독대 등 수많은 물건이 사실상 이전이 불가능하다. 소유자 상황에서는 순전히 물건이 없어지는 것과 같다. 이런 물건들의 보상금은 그 물건의 가격으로 책정하여야 한다. 사실상 사업시행자가 취득하는 경우와 같이 보상금으로 그 물건값을 지급하여야 한다.

이전비가 그 물건의 가격을 넘는 때도 있을 수 있다. 목조주택은 해체, 이전, 재조립 등의 과정으로 일부 이전이 가능하다. 그런데 만약 이전비용이 주택값보다 더 나간다면 사업시행자는 굳이 이전비를 지급하고 이전시킬 필요가 없을 것이다. 그냥 주택값을 모두 지급하고 사업시행자가 철거시키면 된다. 오래된 나무 등도 마찬가지이다. 이런 나무를 이전하기 위해서는 커다란 크레인이 동원되며, 그 규모가 크기 때문에 쉽게 이전할 수도 없고 이식 후 되살리기도 어렵다. 그래서 이전에 큰 비용이 소요된다. 차라리 나무의 값을 지급하고 사업시행자가 처리하는 것이 적절하다. 예외적으로 마을의 수호신으로 여겨지고 있었던 노거수를 주민들의 민원에 의해 인근에 신설되는 공원으로 이전한 사례는 있다. 그 노거수의 이전비로 1억 원 이상이 소요되는데 이때의 비용은 마을 주민에게 지급되었어야 했을 보상금이 아니라 사업시행자의 공원 조성 공사비용일 것이다.

사업시행자가 공익사업에 직접 사용할 목적으로 취득하는 경우는 사업시행구역 내에 소재하는 소나무를 사업시행자가 조경을 위해 그대로 사용하는 것을 예로 들 수 있다. 보통의 경우 임지 상에 자생하는 소나무는 그 경제적 가치가 크지 않기 때문에 토지의 가격에 포함하여 함께 보상하고, 보상 협의가 완료되면 사업시행자가 이를 제거한다. 그런데 특정 지역에 자라고 있는 소나무의 상태가 아주 양호하여 이 주변을 소나무공원으로 만들고자 토지이용계획을 수립할 수 있다. 이때 소나무는 제값을 주고 취득하여야 한다. 특정의 건축물을 사업시행자가 직접 사용하기 위해 건물값을 보상금으로 책정할 수도 있다. 이런 물건은 지장물이 아니다.

보상금을 지급한 지장물의 소유권은 누구에게 있을까? 사업시행자가 직접 필요로 하지 않아 이전비만 지급했기 때문에 소유권은 원래의 소유자에게 있다. 주택의 보상을 받은 후에 소유자는 보일러를 떼어가거나 관상수를 옮겨갈 수 있다. 과수원을 보상받고 그 과수목을 다른 과수원으로 옮겨 심어도 된다.

물건의 가격으로 보상한 때에도 마찬가지이다. 보상금의 책정은 물건의 가격으로 하였으나 소유권을 취득하는 것이 아니다. 따라서 주택에 부착된 일부 구성 부분이 필요하다면 소유자는 자신의 비용으로 그 구성 부분을 철거할 수 있다. 사업시행자도 물건의 가격으로 보상하였다 하여 소유권 이전 절차를 밟지 않는다. 소유권을 취득하지 않고 그냥 철거작업을 진행할 뿐이다. 보상금을 받았기 때문에 소유자에게는 물건을 이전하여야 하는 의무가 발생하는데, 소유자의 이 의무를 사업시행자가 대신해 줄 뿐이다.

그런데 이 과정에서 문제가 하나 있다. 소유자가 보상금을 받고 나서 물건을 이전시키지 않으면 어떻게 될까. 본인의 물건이라 주장하면서 이전 또는 철거도 하지 않고 사업시행자가 훼손하지도 못하게 하여 사업시행자는 보상금을 지급하고도 토지사용을 하지 못하는 때가 있다. 판례는 이 같은 경우 사업시행자가 이를 제거할 수 있다고 한다.

사업시행자가 지장물에 대해 토지보상법 제75조 제1항 단서 제2호에 따라 이전에 소요되는 실제 비용에 못 미치는 물건의 가격으로 보상을 한 경우, 사업시행자가 그 보상만으로 물건의 소유권을 취득한다고 보기는 어렵다.

그러나 다른 한편으로 사업시행자는 지장물의 소유자가 토지보상법 시행규칙 제33조 제4항 단서에 따라 스스로의 비용으로 철거를 하겠다는 등의 특별한 사정이 없는 한 지장물의 소유자에 대해 그 철거 및 토지의 인도를 요구할 수 없고 자신의 비용으로 직접 이를 제거할 수 있을 뿐이며, 이러한 경우 지장물의 소유자도 사업시행에 방해가 되지 않는 상당한 기한 내에 지장물을 이전해 가지 않는 이상 사업시행자의 지장물 제거와 그 과정에서 발생하는 물건의 가치 상실을 수인하여야 할 지위에 있다.[27]

즉, 물건의 가격으로 보상하였다 해도 사업시행자가 소유권을 취득하는 것은 아니지만 직접 그 지장물을 이전할 수는 있으며, 소유자는 사업시행자가 직접 이전하는 것을 수인해야 한다고 판시한 것이다. 이로써 보상금이 이전비에 미치지 못한다는 이유로 자진 철거하지 아니하여 사업이 방해받게 할 수는 없게 되었다.

지장물인 물건의 보상금은 한마디로 그 물건의 가격과 이전비 중에서 낮은 가격으로 결정된다. 낮은 가격이라 하니 오해할 수도 있겠지만 전체적인 관점에서 합리적인 기준인 것 같다. 규격은 작지만 귀한 나무는 이전비가 물건의 가격에 비해 훨씬 적을 수 있으나 그 이전비로 이전을 하고 본인이 계속 보유하면 된다. 가치와 비교해 규격이 크

---

27) 대법원 2012. 4. 13. 선고 2010다94960 판결 [손해배상].

다거나 구조가 복잡해서 이전비용이 많이 드는 경우는 물건의 가격을 받고 그냥 두면 된다. 굳이 직접 이전하지 않아도 사입시행자가 철거할 것이다.

　오래된 공장 시설과 같이 경제적 가치를 떠나 깊은 의미나 추억이 있어 소유자가 반드시 이전하여 계속 사용하고자 하는데, 물건 가액보다 훨씬 많은 이전비가 필요한 것도 있을 수 있다. 이전비가 물건의 가격을 초과한다고 하여 이때에도 이전비에 못 미치는 물건의 가격으로 보상금이 책정될 것이며, 그러한 경우 보상금이 소유자에게 만족감을 주기는 어려울 것 같다.

건축물과 공작물의 보상

공익사업에 편입되어 보상의 대상이 되는 물건들을 몇 개로 구분하여 보상금 산정 원칙과 내용을 알아보자. 이번에는 가장 대표적인 보상 대상 물건이며 보상금의 규모가 큰 건축물과 공작물을 중심으로 설명한다.

건축물은 토지에 정착하는 물건으로서 지붕과 기둥 또는 벽이 있는 것을 말한다. 주택, 상가, 사무실, 창고, 화장실 등 우리가 잘 아는 건축물들이 주위에 얼마든지 있다. 공작물은 인공적 작업에 의해 토지 위에 만들어진 모든 물건을 칭한다. 토지보상법은 건축물 등 물건의 보상을 다음과 같이 규정하고 있다.

> **「공익사업을 위한 토지 등의 취득 및 보상에 관한 법률 시행규칙」 제33조(건축물의 평가)(조문 일부 수정)**
>
> ① 건축물(담장 및 우물 등의 부대시설을 포함한다. 이하 같다)에 대하여는 그 구조·이용 상태·면적·내구연한·유용성 및 이전 가능성 그 밖에 가격 형성에 관련되는 제 요인을 종합적으로 고려하여 평가한다.
> ② 건축물의 가격은 원가법으로 평가한다. 다만, 주거용 건축물에 있어서는 거래사례비교법에 의하여 평가한 금액이 원가법에 의하여 평가

한 금액보다 큰 경우와 구분소유권의 대상이 되는 건물의 가격은 거
래사례비교법으로 평가한다.

**「공익사업을 위한 토지 등의 취득 및 보상에 관한 법률 시행규칙」 제36
조(공작물 등의 평가)(조문 일부 수정)**

① 제33조 내지 제35조의 규정은 공작물 그 밖의 시설의 평가에 관하
여 이를 준용한다.

② 다음 각 호의 1에 해당하는 공작물 등은 이를 별도의 가치가 있는
것으로 평가하여서는 아니 된다.

1. 공작물 등의 용도가 폐지되었거나 기능이 상실되어 경제적 가치
가 없는 경우

2. 공작물 등의 가치가 보상이 되는 다른 토지 등의 가치에 충분히
반영되어 토지 등의 가격이 증가한 경우

3. 사업시행자가 공익사업에 편입되는 공작물 등에 대한 대체시설
을 하는 경우

토지보상법은 건축물이나 공작물 등 물건의 보상금은 원칙적으로
이전비를 기준으로 산정하도록 하고 있다. 굳이 물건의 가격을 지급
하고 취득할 필요가 없이 이전을 시킴으로써 보상의 목적을 달성할
수 있기 때문이다. 그러나 조립식 건물과 같은 일부의 경우를 제외하
고는 건축물을 이전시켜 사용하는 것이 사실상 불가능하다. 이전이
가능하다 하더라도 이전비용이 많이 들어 물건의 가격을 초과할 수
도 있다. 그래서 현실적으로 대부분 건축물은 그 가격으로 보상금이

산정된다고 보면 될 것이다.

원가법은 보상의 대상이 되는 당해 물건과 유사한 물건의 신축하는 데 소요되는 금액에 감가수정을 하여 대상 물건의 가격을 구하는 감정평가 방법이다. 예를 들어, 10년 전에 1억을 들여 주택을 지었다고 해보자. 그런데 그동안 자재의 값이나 인건비 등이 많이 상승하여 현재 시점에서 그 주택과 유사한 건축물을 새로 짓기 위해서는 2억 원이 소요된다. 그렇다면 기준이 되는 가격 이른바 재조달원가는 실제 투입된 비용인 1억 원이 아니라 현재 시점에서 필요한 2억 원이다. 주택이 노후되면서 매년 2퍼센트씩 가치가 하락한다고 해보자. 10년이면 20퍼센트가 하락했을 것이니 현재 그 주택의 가격은 2억 원의 80퍼센트 수준인 1억 6천만 원이 된다.

처음 1억 원을 투입하였다 하여 1억 원 또는 감가수정하여 그보다 낮은 가격으로 보상한다면 그 보상금으로는 현재의 상태에서 유사한 주택을 매입하지 못할 것이다. 결과적으로 10년이 지난 주택이지만 당초에 투입된 원가보다 많은 금액을 보상받게 된다. 물론 그와 유사한 주택을 새로이 신축한다면 2억 원이 소요된다.

그런데 보상금을 받는 소유자와 보상금을 책정하는 감정평가사 사이에는 생각의 차이가 있다. 소유자들은 당장 주택을 신축하거나 매입하여야 한다. 신축하려고 하니 2억 원이 소요된다고 한다. 소유자들은 1억 6천만 원을 가지고는 새로운 주택을 매입하거나 지을 수 없다고, 그래서 너무 낮은 금액으로 보상금이 책정됐다고 한다. 감정평가사들은 2억 원은 새로 지은 주택의 가격이며, 10년이나 지난 주택은 새롭게 지어지는 2억 원짜리 주택과 같은 가격으로 보상금을 책정할 수 없다고 한다. 이런 시각 차이가 분쟁의 원인이 되는 것 같다.

거래사례비교법으로 보상액을 산정하는 경우도 있다. 구분소유권의 대상이 되는 건물은 아파트나 다세대주택과 같이 구분된 호별로 소유권이 인정되고 거래가 되는 건물을 말한다. 이들은 감정평가 대상과 유사한 건축물의 실거래가를 기초로 여러 가지 가치형성과 관련되는 요인의 비교를 통해 적정가격을 산정하는 거래사례비교법으로 보상금을 산정한다.

원가법으로 평가한 금액보다 거래사례비교법으로 평가한 금액이 큰 경우는 국유지 위에 소재하는 주택을 예로 들 수 있다. 토지는 국유지이며 건물은 개인 소유인 경우, 주택의 소유자는 일정한 토지 임대료는 부담할 것이지만 토지의 소유권을 보유하지 않고서도 안정적으로 토지를 사용, 수익할 수 있다. 이런 주택은 그 대지사용권을 전제로 시중에서 거래가 되며 저렴한 임대료, 토지 보유 관련 조세 절감 효과 등이 복합적으로 작용한 결과로 그 거래 가격이 원가법으로 평가한 금액보다 높을 수 있다. 이런 경우에는 원가법으로 산정된 가격보다 큰 금액인 거래사례비교법으로 평가된 금액으로 보상한다.

주거용 건축물에 대해서만은 특별한 규정이 있다.

「공익사업을 위한 토지 등의 취득 및 보상에 관한 법률 시행규칙」 제58조(주거용 건축물 등의 보상에 대한 특례)(조문 일부 수정)

① 주거용 건축물로서 제33조에 따라 평가한 금액이 6백만 원 미만인 경우 그 보상액은 6백만 원으로 한다. 다만, 무허가건축물 등에 대하여는 그러하지 아니하다.

② 공익사업의 시행으로 인하여 주거용 건축물에 대한 보상을 받은 자

가 그 후 당해 공익사업 시행지구 밖의 지역에서 매입하거나 건축하여 소유하고 있는 주거용 건축물이 그 보상일부터 20년 이내에 다른 공익사업 시행지구에 편입되는 경우 그 주거용 건축물 및 그 대지에 대하여는 당해 평가액의 30퍼센트를 가산하여 보상한다.

주거용 건축물은 주거안정이라는 일차적인 가치를 충족시키는 중요한 수단이므로 일반적인 건축물과는 다른 특례를 규정하였다. 하나는, 보상액의 최저한도로서 그 금액은 6백만 원이다. 보상금의 최저 기준을 제시하여 최소한의 생활 안정을 도모하려는 생활보상의 하나라고 생각된다.

또 하나는 2차례 이상 보상의 대상이 된 경우 보상액에 30퍼센트를 가산하는 것이다. 두 번씩이나 주택이 공익사업에 편입된다면 심리적인 피해를 포함하여 국가의 행위로 인하여 받는 손실이 가중된다고 보아 대물적인 보상 외에 추가로 이루어지는 보상으로서, 그 최대금액은 1천만 원이다.

공작물의 보상금도 건축물의 기준에 따라 원가법으로 평가한다. 그런데 폐우물이나 사용하지 아니하는 굴뚝과 같이 공작물의 기능이 없어져 사용 불가능한 경우, 석축과 같이 공작물의 가치가 다른 토지 등의 가치에 충분히 반영되어 그 토지 등의 가격이 증가한 경우는 보상하지 아니한다.

그리고 공익사업으로 철거되어야 하는 공작물을 대신할 수 있는 시설을 사업시행자가 새로이 설치하는 때에도 별도의 보상은 하지 않는다. 마을의 주택 대부분은 사업지구 밖에 남아 있으나 이 마을의 주민들이 사용하던 공동우물이 공익사업에 편입되었다면, 사업시행

자가 공동수도시설을 설치해주고 공동우물에 대해서는 별도의 보상
을 하지 않을 수 있다.

수목 보상

수목의 보상금도 토지보상법 제75조의 규정에 따라 원칙적으로 이전비로 책정된다. 그리고 이전이 어렵거나 이전으로 인하여 종래의 목적대로 사용할 수 없는 경우, 이전비가 수목의 가격을 넘는 경우, 사업시행자가 수목을 직접 필요로 하는 때에는 그 수목의 가격으로 보상한다. 수목의 경우는 보통 이전비보다는 '이식비'라는 용어를 사용하기도 한다. 토지보상법은 과수 등 수익수, 묘목, 입목으로 나누어 수목의 보상금 책정 방법을 규정하고 있다.

수익수의 보상 규정은 다음과 같다.

「공익사업을 위한 토지 등의 취득 및 보상에 관한 법률 시행규칙」 제37조(과수 등의 평가)(조문 일부 수정)

① 과수 그 밖에 수익이 나는 나무(이하 이 조에서 "수익수"라 한다) 또는 관상수(묘목을 제외한다)에 대하여는 수종·규격·수령·수량·식수면적·관리상태·수익성·이식 가능성 및 이식의 난이도 그 밖에 가격형성에 관련되는 제 요인을 종합적으로 고려하여 평가한다.

수익수 및 관상수는 수종이나 규격 등 제반 나무의 상태를 기준으로 보상금을 산정하되, 이식이 가능한 경우와 이식이 불가능한 경우는 산정 방법을 달리한다. 이식이 가능한 경우는 이식과정에서 말라 죽을 가능성을 반영한 고손율과 이식에 따른 수확의 예상 감소분을 반영하는 감수율을 고려한 이식비로 평가한다. 감수율은 결실기에 이르지 아니한 과수 그리고 과수가 아닌 관상수에는 적용하지 아니한다. 그리고 이식 불가능한 경우로서 결실기에 이르지 아니한 과수는 지금까지 투하된 비용을 현재가치로 환산한 금액으로 평가하며, 그 이외에는 거래사례비교법 등을 이용하여 보상금을 산정한다. 현재가치로 환산한다는 것은 과거 투하된 금액의 이자 상당액을 고려하라는 의미이다.

묘목의 보상금은 다음과 같이 산정한다.

「공익사업을 위한 토지 등의 취득 및 보상에 관한 법률 시행규칙」 제38 조(묘목의 평가)(조문 일부 수정)

① 묘목에 대하여는 상품화 가능 여부, 이식에 따른 고손율, 성장 정도 및 관리상태 등을 종합적으로 고려하여 평가한다.

② 상품화할 수 있는 묘목은 손실이 없는 것으로 본다. 다만 매각손실액 (일시에 매각함으로 인하여 가격이 하락함에 따른 손실을 말한다)이 있는 경우에는 그 손실을 평가하여 보상하여야 하며, 이 경우 보상액은 제3 항의 규정에 따라 평가한 금액을 초과하지 못한다.

상품화할 수 있는 묘목은 바로 시중에서 매각하고 그 대금을 수취할 수 있으므로 손실이 없는 것으로 본다. 일시에 매각함으로써 가격이 하락하였다면 그 손실액만 보상하면 된다. 이때에도 매각손실액이 이식비를 초과할 수 없다. 매각손실액이 이식비를 초과한다면 이식을 하는 비용을 지급하는 것이 사업시행자 관점에서, 그리고 국가 전체적인 차원에서 타당한 선택이다.

입목에 관한 보상규정은 다음과 같다.

「공익사업을 위한 토지 등의 취득 및 보상에 관한 법률 시행규칙」 제39조(입목 등의 평가)(조문 일부 수정)

① 입목(죽목을 포함한다)에 대하여는 벌기령·수종·주수·면적 및 수익성 그 밖에 가격형성에 관련되는 제 요인을 종합적으로 고려하여 평가한다.

② 지장물인 조림된 용재림 중 벌기령에 달한 용재림은 손실이 없는 것으로 본다.

③ 지장물인 조림된 용재림 중 벌기령에 달하지 아니한 용재림에 대하여는 다음 각 호에 구분에 따라 평가한다.

1. 당해 용재림의 목재가 인근 시장에서 거래되는 경우: 거래가격에서 벌채비용과 운반비를 뺀 금액

2. 당해 용재림의 목재가 인근 시장에서 거래되지 않는 경우: 가격시점까지 소요된 비용의 현가액. 이 경우 보상액은 당해 용재림의 예상 총수입의 현가액에서 장래 투하비용의 현가액을 뺀 금액을 초과하지 못한다.

여기에서도 벌기령에 달한 용재림은 손실이 없는 것으로 보고 있다. 벌기령에 도달하였다면 바로 매각을 히여 소유자가 입목의 가격을 회수할 수 있기 때문이다. 다만, 벌기령이 명확하지 아니할 뿐 아니라 입목의 소유자가 처분을 지연하여 토지사용에 지장이 있을 수 있으므로 사업시행자가 보상을 하고 직접 매각하거나 제거하기도 한다. 그리고 거래사례비교법으로 평가하는 때에도 시장에서 거래되는 가격으로 보상금을 산정하는 것이 아니라 거래되는 가격에서 벌채비용과 운반비용을 뺀 금액으로 보상한다. 보통 이런 방식을 보고 시장가역산법이라고 한다. 쉽게 예로 들면 다음과 같다.

시장에서 주당 10만 원을 받을 수 있는 용재림이 있다고 해보자. 이 용재림의 보상금이 10만 원이라면 입목의 가치에 비해 과하다는 이야기이다. 시장에서 10만 원을 받기 위해서는 벌채비용과 운반비용이 소요되기 때문에 이러한 비용을 뺀 금액이 실제 입목소유자가 받을 수 있는 금액이며 이것이 임야상의 입목 가치가 된다. 벌채와 운반에 드는 비용이 4만 원이라면, 수목 가격 10만 원 중에서 4만 원을 비용으로 사용하였으니 벌목하여 시장에서 판매하는 수목의 소유자가 수취하는 금액은 실제 6만 원일 것이므로 이 입목의 실질적인 가치는 6만 원이다. 비용이 12만 원이라면 입목을 매각할 때 오히려 손실이 발생하므로 이 입목의 실질적인 경제적 가치는 없다고 보는 것이 타당하다.

다툼이 있는 경우는 자연림의 경우이다. 자연림은 보통 수목 가격을 별도로 정하지 않고 임지와 함께 거래되는 관행에 따라 거래가 이루어지는 경우가 많다. 나무만을 판매한다고 하더라도 벌채비용과 운반비용 등이 나무가격을 초과할 가능성이 크다. 그러므로 보상을 할 때도 자연림의 가격은 보통 토지에 포함하여 평가하며, 별도의 수목 가격이 책정되지 않는다. 토지보상법은 다음과 같이 규정하고 있다.

「공익사업을 위한 토지 등의 취득 및 보상에 관한 법률 시행규칙」 제39조(입목 등의 평가)

⑦ 제2항·제3항 및 제6항의 규정은 자연림으로서 수종·수령·면적·주수·입목도·관리상태·성장 정도 및 수익성 등이 조림된 용재림과 유사한 자연림의 평가에 관하여 이를 준용한다.

소유자들은 본인의 수목이 자연림임에도 불구하고 생육상태가 조림된 용재림과 유사하므로 용재림의 기준에 따라 별도의 가격으로 보상해 주기를 원하는 경우가 있다. 사업시행자는 내부 또는 외부의 감사를 의식해서 소극적으로 대응하는 수가 많으므로 종종 다툼이 발생한다. 그런데 그 판단의 기준은 명확하지 않은 것 같다. 전적으로 사업시행자의 판단 사항으로서, 산림조합과 같은 전문기관의 의견을 들어 결정하기도 한다. 벌기령에 달하고 생육상태가 양호하여 상품성이 있는 자연림이라면 소유자가 바로 매각할 수 있어 오히려 손실이 없는 것으로 볼 수 있으며, 용재림과 유사하게 보상의 대상으로 판단하였다고 하더라도 시장가역산법에 의해 그 경제적 가치가 인정되는 경우에만 보상금이 책정될 것이다.

농작물 보상과
농업보상

　농경지에 식재된 농작물도 보상의 대상이 될 수 있다. 다만 모든 농
작물이 보상의 대상이 되지는 아니한다.

> **「공익사업을 위한 토지 등의 취득 및 보상에 관한 법률 시행규칙」 제41**
> **조(농작물의 평가)(조문 일부 수정)**
>
> 　① 농작물을 수확하기 전에 토지를 사용하는 경우의 농작물 손실은 농
> 　　작물의 종류 및 성숙도 등을 종합적으로 고려하여 다음 각 호의 구
> 　　분에 따라 평가한다.
> 　　1. 파종 중 또는 발아기에 있거나 묘포에 있는 농작물: 가격시점까지
> 　　　소요된 비용의 현가액
> 　　2. 제1호의 농작물 외의 농작물: 예상 총수입의 현가액에서 장래 투하
> 　　　비용의 현가액을 뺀 금액. 이 경우 보상 당시에 상품화가 가능한 풋
> 　　　고추·깻잎 또는 호박 등의 농작물이 있는 경우에는 그 금액을 뺀다.

　우선, 보상의 대상이 되기 위해서는 농작물을 수확하기 전에 토지
를 사용하여야 한다. 벼, 보리, 배추, 무 등 대부분의 농작물은 단년
생 작물이며, 이러한 단년생 농작물의 경우는 그 생육 기간이 길어도

6개월을 초과하지 않는 경우가 대부분이다. 그런데 물건조사와 보상금 확정 그리고 협의가 성립하는 데는 보통 몇 개월이 소요되기 때문에 일반적으로 토지 위에 농작물의 파종 또는 식재가 이루어졌다 하더라도 수확하는 시기 이후까지 위의 보상 협의가 진행되고, 실제 공사는 보상 협의가 성립된 이후 이루어진다. 따라서 굳이 농작물이 남아 있는 토지를 사업시행자가 사용할 필요성은 거의 없는 편이다. 조금 기다렸다가 수확이 끝난 다음에 토지를 사용하게 되면 아무런 문제가 없다.

그런데 보상이 완료되기 전 공사를 급하게 해야 할 필요성이 있을 때가 있다. 이런 경우에는 사업시행자가 농작물 보상금을 지급한 다음 수확 시기 이전에 농작물을 제거하고 농작물이 식재되어 있던 토지를 사용할 수 있다.

인삼과 같은 다년생 작물의 경우에는 사정이 달라진다. 인삼은 보통 5~6년을 자라야 상품화가 되므로 사업시행자가 수확이 가능한 때까지 공사를 미루고 기다리기가 어렵다. 그래서 이런 다년생 작물은 농작물 보상을 하고 수확기 이전에 토지를 사용할 수밖에 없다. 미나리, 부추와 같은 농작물은 작물 일부분을 수확하고 일부분은 남겨두는 방식으로 한 장소에서 계속하여 수확할 수 있다. 이같이 생육 기간이 수년씩 되는 작물이나 일부만을 수확하는 방식으로 동일 토지 위에서 계속하여 재배되는 농작물을 생육 중에 제거하고 토지를 사용하기 위해서는 농작물 보상이 사전에 이루어져야 한다.

보상 시점에 상품화가 가능한 풋고추, 깻잎 또는 호박 등의 농작물은 보상의 대상이 되지 아니한다. 바로 수확하여 판매하거나 사용하게 되면 손실이 발생한다고 볼 수 없기 때문이다.

농작물 보상액의 산정은 파종 중 또는 발아기에 있거나 묘포에 있는 농작물과 기타의 농작물로 구분하어 이루어진다. 파종 중 또는 발아기에 있거나 묘포에 있는 농작물은 비용을 투입한 후 시간이 얼마 지나지 않아 수확에 따른 영농 이익을 기대하기가 어렵다. 이런 작물은 그동안 투입된 비용을 기준으로 보상액을 산정한다. 여기에서 현가액이라 함은 비용투입 기간의 이자액을 고려하여 산정된 금액이다. 1개월 전에 1천만 원을 투입했다면 1천만 원의 1개월간 이자액을 추가로 보상한다는 의미이다.

　파종 중 또는 발아기에 있거나 묘포에 있는 농작물 이외의 농작물은 예상 총수입의 현가액에서 장래 투하비용의 현가액을 뺀 금액으로 보상액을 산정한다. 파종 이후 어느 정도의 시간이 지나 영농에 따른 이익을 얻을 수 있는 상태에 있는 농작물이 해당한다. 영농에 따른 이익을 고려하여야 하므로 지금까지 투입된 비용이 아니라 예상 총수입이 보상액의 기준이 된다. 다만 예상 총수입은 미래의 수익으로서, 이를 얻기 위해서는 추가적인 비용이 투입되어야 할 것이며 지금까지는 그 비용이 투입되지 않았기 때문에 투입되지 아니한 비용만큼은 총수입에서 공제한다.

　예상 총수입이나 장래 투하비용을 모두 현가액으로 하는 것은, 보상금의 지급은 현재 시점에서 이루어지나 농작물의 예상 수입이나 추가적인 비용의 투입은 현재 시점이 아닌 장래에 발생할 것이므로 미리 지급하는 보상금의 이자 상당액을 고려해서 보상액을 책정하라는 의미이다. 보상금의 지급 시기, 장래에 수입이 발생하는 시기, 추가비용의 지출이 일어나는 시기가 모두 다를 것이므로 이들을 현가화하여, 즉 현재의 시점으로 모두 통일하여 보상금을 산정한다.

실무적으로는 농촌진흥청에서 발간하는 지역별·작물별 농축산물 소득 자료를 기초로 하는 경우가 많다. 이 자료에는 지역별로 그리고 작물별로 표준적인 소득과 투입비용이 상세하게 제시되어 있다. 농작물의 보상액은 보상 대상 농작물의 총수입과 총비용을 기초로 하되 보상액 산정 가격시점 당시의 생육 단계별로 적절한 수익률 및 비용률을 적용하여 산정한다.

과수목도 넓은 의미에서 농작물이지만 이들은 수목 보상의 대상으로 보며 농작물 보상의 대상이라고 하지는 않는다.

농작물 외에 농업을 영위한 그 자체에 대한 보상도 있으며 이를 농업의 손실에 대한 보상이라고 한다. 이는 공익사업의 시행으로 인하여 농지가 없어져서 더 이상 농업을 생업으로 영위할 수 없게 된 것에 대한 일종의 생활보상 차원에서 이루어지는 것이다.

「공익사업을 위한 토지 등의 취득 및 보상에 관한 법률 시행규칙」 제48조(농업의 손실에 대한 보상)(조문 일부 수정)

① 공익사업 시행지구에 편입되는 농지에 대하여는 그 면적에 「통계법」 제3조 제3호에 따른 통계작성기관이 매년 조사·발표하는 농가경제 조사통계의 도별 농업총수입 중 농작물수입을 도별 표본농가현황 중 경지면적으로 나누어 산정한 도별 연간 농가평균 단위경작면적당 농작물총수입의 직전 3년간 평균의 2년분을 곱하여 산정한 금액을 영농손실액으로 보상한다.

④ 자경농지가 아닌 농지에 대한 영농손실액은 다음 각 호의 구분에 따

라 보상한다.

　1. 농지의 소유자가 해당 지역에 거주하는 농민인 경우

　　가. 농지의 소유자와 실제 경작자 간에 협의가 성립된 경우: 협의
　　　　내용에 따라 보상

　　나. 농지의 소유자와 실제 경작자 간에 협의가 성립되지 아니하
　　　　는 경우에는 다음의 구분에 따라 보상

　　　1) 제1항에 따라 영농손실액이 결정된 경우: 농지의 소유자와
　　　　　실제 경작자에게 각각 영농손실액의 50퍼센트에 해당하는
　　　　　금액을 보상

　2. 농지의 소유자가 해당 지역에 거주하는 농민이 아닌 경우: 실제
　　　경작자에게 보상

　농업의 손실에 대한 보상금액은 감정평가를 통해서가 아니라 통계
자료에 의해 사업시행자가 산정하며, 일반적으로 작물의 종류와 관계
없이 농지의 면적당 얼마 이렇게 책정된다. 이 금액은 지역별로 다르
게 적용되며, 2020년도 전라남도의 경우 개략적으로 농지 제곱미터
당 2,920원이다.

　위 규칙 제4항은 농업보상금을 누구에게 지급할 것인가를 규정하
고 있다. 본인이 본인 소유 토지에서 직접 경작하는 자경농의 경우에
는 논란 없이 본인에게 지급한다. 그런데 토지의 소유자와 경작자가
다른 경우에는 문제가 된다. 토지의 소유권은 등기사항전부증명서를
통해 쉽게 확인할 수 있으나 경작자는 서류상으로 드러나지 않으므
로 당사자 또는 관계인의 주장이나 증언에 의할 수밖에 없으며, 이때
토지소유자와 경작자 사이에 다툼이 발생하기도 한다.

오래전, 어느 보상 현장에서 토지소유자와 경작자가 다른 사례가 있었다. 농업보상금은 약 500만 원 수준이었는데, 농민이 아닌 사회 지도층 인사였던 토지소유자가 경작자의 경작 여부를 인정해줄 수 없다고 하였다. 사업시행자는 당사자의 주장이 다르므로 실제 경작자를 임의로 확정할 수 없었고, 경작자임을 주장하는 자에게 토지소유자로부터 경작확인서를 발급받아 오도록 하였다. 토지소유자는 결국 농업보상액 500만 원의 절반인 250만 원을 경작자로부터 받기로 하고 그가 경작자임을 인정하는 확인서에 날인하여 주었다. 그 토지소유자가 받는 전체 보상금은 약 50억 원이었다. 무슨 뒷사정이 있었는지, 왜 감정의 골이 깊어졌는지는 알 수 없으나 보상의 현장에서 가끔 볼 수 있는 모습이다.

자경농이 아닌 경우, 농지의 소유자가 해당 지역에 거주하는 농민이 아니라면 경작자에게 모두 지급된다. 농지의 소유자가 해당 지역에 거주하는 농민이면, 당사자 간에 합의가 성립되면 합의 내용대로, 합의가 성립되지 않으면 토지소유자와 경작자 각자에게 50퍼센트씩 지급한다. 보상금 수령자를 결정하는 방법의 제도화를 통해 불필요한 다툼을 예방하고, 토지소유자와의 합의 과정에서 불리한 위치에 있는 경작자에게 최소한 50퍼센트의 보상금을 보장하기 위한 장치로 보인다.

농지 대부분, 즉 당해 지역에서 경작하고 있는 농지의 3분의 2 이상에 해당하는 면적이 공익사업에 편입된다면 영농에 필요하지 않게 된 농기구도 보상한다. 삽이나 호미와 같은 농기구는 보상의 대상이 되지 아니하며 통상 트랙터, 콤바인과 같이 동력에 의해 가동하는 농기구가 보상 대상이다.

농기구의 보상액은 매각손실액으로 평가하여야 하나 매각손실액의 평가가 현실적으로 곤란하므로 통상 원가법에 의한 가격의 60퍼센트 이내에서 보상액을 정한다(토지보상법 시행규칙 제48조 제6항).

5년이 경과한 트랙터의 보상금을 구해보자. 같은 제품 트랙터의 신품 가격이 4,000만 원, 내용년수 20년, 잔존 사용 가능 연수 15년이면 통상적인 원가법에 따른 대상 트랙터의 가격은 약 2,240만 원이며, 보상액은 60퍼센트 이내인 약 1,340만 원이다. 1,340만 원을 보상금으로 받아도 트랙터는 본인이 계속 보유하거나 처분할 수 있다. 농기구를 사용할 수 없게 된 것을 손실로 보고 보상하면서도 사업시행자가 트랙터를 취득하지는 않기 때문이다.

분묘 이전에
따른 보상

　분묘(墳墓)는 시체나 유골을 땅에 묻어 놓은 것으로, 간단히 말하면 무덤이다. 익숙한 말임에도 불구하고 평소에는 잘 사용하지 않는 용어인 듯하다. 보통은 조상의 묘를 높임말로 산소라고 하며 이 말이 일반적으로 가장 많이 사용된다.

　개발사업 특히 대규모의 택지나 산업단지 등을 개발할 때 논이나 밭뿐 아니라 임야도 편입되는 경우가 많으며, 이때 임야상에는 많은 분묘가 소재한다. 1990년대 초 240여만 평을 개발한 광주첨단산업단지는 일부 야산이 포함된 농촌 마을과 농경지 중심의 도시 근교 지역에 조성되었으나 사업지구 내에만 약 3,500여 기의 분묘가 소재하였으니 대규모 개발에 따라 이전되어야 하는 분묘의 수를 짐작해 볼 수 있다.

　분묘는 크게 연고자가 있는 분묘와 연고자가 없는 분묘로 나누어진다. 자녀나 후손 또는 권한 있는 관리인이 있어 이전의 권리와 의무의 주체가 분명한 분묘의 경우에는 해당 연고자에게 분묘를 이전케 하고 이전에 따른 보상금을 지급한다. 연고자가 없는 경우에는 사업시행자가 관련 법령(「장사 등에 관한 법률」)에서 정하고 있는 절차를 거쳐 직접 이전하는 것이 일반적이다.

　우선, 「장사 등에 관한 법률」에서는 연고자를 규정하고 있다. 연고자는 사망한 자의 배우자, 자녀, 부모, 자녀 외의 직계비속, 부모외의 직계존속, 형제·자매 등의 순으로 되어 있다(「장사 능에 관한 법률」 제2조 제16호). 연고자를 분명히 해야 하는 이유는 후손들 간의 혼란을 방지하기 위함일 것이다. 일부 돈을 중요하게 생각하는 사람들은 연고자가 아니면서도 분묘를 대신 이전하면서 보상금을 수령하는 사례도 있다. 관습상 우리 국민은 분묘관리나 장사 등에 있어서만큼은 매우 신중하게 행동하며 매사를 조심하는 경향이 있으나 보상금이라는 돈을 앞에 두고는 그런 전래의 양식들마저 무시되는 경우가 종종 있는 것이 현실이다. 1990년대 초 군사학교가 이전하는 과정에서 마을 주민 몇 사람이 연고자 사칭을 하거나 가짜 분묘를 만들어 1인당 20~30여 기의 분묘 보상비를 챙겼던 것이 드러나 형사처분을 받았던 사례가 한 예이다.

법률에서 정한 자들이 분묘 이전과 보상금 수령이라는 의무와 권리를 동시에 갖는다. 보통은 아무리 보상금이 주어지더라도 특별한 연고가 없는 자의 분묘에 대한 이전 의무를 스스로 지려고 하기는 쉽지 않을 것 같다. 연고자들이 분묘를 이전하고 보상금을 받는 것이 마땅하다. LH공사 같은 경우는 연고자를 확인하기 위해 집안 족보의 사본을 요구하기도 하였다.

분묘 이전에 따른 보상금은 어느 정도일까? 토지보상법은 다음과 같이 규정하고 있다.

「공익사업을 위한 토지 등의 취득 및 보상에 관한 법률 시행규칙」 제42조(분묘에 대한 보상액의 산정)(조문 일부 수정)

① 연고자가 있는 분묘에 대한 보상액은 다음 각 호의 합계액으로 산정한다. 다만, 사업시행자가 직접 산정하기 어려운 경우에는 감정평가업자에게 평가를 의뢰할 수 있다.

　1. 분묘이전비: 4분판 1매·마포 24미터 및 전지 5권의 가격, 제례비, 노임 5인분(합장인 경우에는 사체 1구당 각각의 비용의 50퍼센트를 가산한다) 및 운구차량비

　2. 석물이전비: 상석 및 비석 등의 이전실비(좌향이 표시되어 있거나 그 밖의 사유로 이전사용이 불가능한 경우에는 제작·운반비를 말한다)

　3. 잡비: 제1호 및 제2호에 의하여 산정한 금액의 30퍼센트에 해당하는 금액

　4. 이전보조비: 100만 원

② 운구차량비는 특수여객자동차운송사업에 적용되는 운임·요금 중 당해 지역에 적용되는 운임·요금을 기준으로 산정한다.

　분묘의 이전에 따른 보상금은 원칙적으로 사업시행자가 위의 규정에 따라 산정한다. 감정평가를 통해 산정할 수도 있다. 그런데 위 규정은 매우 복잡하게 구성되어 있어 실무에 적용하기가 쉽지 않다. 그리고 분묘 형태별(단장 또는 합장 여부), 지역별로 균형을 유지할 필요가 있으므로 위의 기준을 기초로 지역 단위별로 각기 다른 적정한 비용을 적용하여 정하기도 한다. 한국감정평가사협회의 경우 2020년도 기준 분묘 이전비로서 단장의 경우 1기당 최소 301만 원 최대 367만

원을 제시하고 있다. 지역마다 물가수준과 비용이 상이하여 이전비가 다를 수 있으며, 광주광역시와 전라남도 지역의 감정평가사들은 2020년도 1기당 분묘 보상액으로 310만 원을 적용하고 있다.

이 금액은 적절한 금액일까? 분묘를 이전할 본인 소유의 토지를 가지고 있는 경우에는 어느 정도 합당한 수준이다, 그런데 토지 매입비용까지를 고려한다면 충분하다고 말할 수 없다는 평이 많은 듯하다. 최근에는 분묘개장 시 봉안당 등에 안치하는 경우가 많으므로 보상금으로 어느 정도 충당이 가능한 것 같다.

즉, 적다면 적지만 많다면 나름 많은 금액이다. 앞에서 예를 든 군사학교 이전과정에서 보상금 편취가 이루어진 1인당 30기의 분묘에 해당하는 보상금은 2020년도 기준으로 약 9,000만 원이 된다. 이 금액을 받고 나서 실제 존재하였던 분묘는 비용이 적게 소요되는 납골당에 안치하였고 실재하지 않는 분묘의 경우는 전액을 부당하게 수취한 것이다.

분묘에 함께 설치된 둘레석, 비석, 상석, 망주석 등 석물과 분묘를 보호하는 축대 그리고 분묘 주변의 식재된 수목 등은 모두 보상의 대상이며, 이들의 일반적인 공작물 또는 수목과 같은 방법으로 물건의 가격 내에서 이전비로 보상금이 책정된다. 석축이 보상 대상이 되는 것은 석축이 분묘가 소재하는 임야 전체의 가치를 보호하는 것이 아니라 분묘 자체만을 위해 비용이 투입되고 분묘만을 지지하고 있기 때문이다. 좌향은 상석이나 비석을 설치하면서 그 설치 방향을 석물에 표시한 것으로서, 좌향이 표시된 석물을 이전한다면 위치와 방향이 달라져 잘못된 표기가 되므로 이러한 석물은 이전이 불가능하다고 보아 이전비가 아닌 물건의 가격으로 보상액을 산정한다.

분묘 연고자가 조상의 산소를 이전한다는 것은 쉬운 일이 아니다. 이사하듯이, 나무를 이전하듯이 쉽게 옮길 수 있는 사안이 아니다. 우선 날짜가 문제가 된다. 윤달을 기다리는 것이 보통이다. 문중의 경우에는 종중 묘지 이전에 수년이 걸리기도 한다. '봉분을 만들 것인가.', '평장을 할 것인가.', '합장을 할 것인가.', '납골묘를 조성할 것인가.', '봉안당에 안치할 것인가.' 많은 논란이 있을 수 있다. 새로운 분묘를 조성할 토지가 있다면 그나마 다행이지만 그런 경우는 극소수에 불과하다. 그런데 공익사업을 시행한다며 갑작스럽게 이전하라고 하니 참 답답할 노릇이다. 돈이 문제가 아닐 수도 있다. 다행스럽게 윤달이 가까이 있고 가족들 간에 합의가 잘 이루어진다면 이전이 비교적 쉽게 이루어지기도 하지만 돈을 떠나 가정불화나 형제간 친척 간 다툼이 발생하는 수도 있다. 종교적인 문제, 추후 관리 책임의 문제, 보상금의 사용 및 배분 문제 등 복잡한 문제들이 많이 있다.

사업시행자도 분묘의 이전에 어려움이 많다. 물건의 소유자가 이전하지 않는다면 심지어 사람이 거주하고 있는 가옥까지도 사업시행자는 행정대집행이라는 실체적 수단을 통해 강제적으로 철거 또는 이전시키기도 한다. 분묘를 대상으로 한 대집행도 가능하기는 하다. 그런데 문제는 분묘를 강제적으로 철거시킬 수 있는 포클레인 기사가 없다고 한다. 뱀 한 마리가 나와도 불경스럽다고 작업을 중단하는 사례도 있는데, 타인의 분묘를 포클레인이나 삽으로 파헤칠 간 큰 실무자가 많지 않으므로 사업시행자는 어떻게 해서든지 연고자의 협조를 얻어 분묘를 이전시키려고 한다.

끝까지 이전하지 않는다면 어떻게 될까? 개발사업이 이루어지는 곳의 지표면이 고르지 않기 때문에 사업지구의 거의 모든 부분은 땅을 깎는 절토 또는 흙을 쌓는 성토가 이루어지는 것이 일반적이다. 사업시행자는 이전하지 않는 분묘가 있으면 그 주위만 남겨두고 주변 토지를 모두 절토하거나 성토하기도 한다. 분묘 주변의 모든 토지가 깎여지고 자신 조상의 분묘만이 저 꼭대기에 솟은 채 남아 있다면 후손의 마음은 편치 않을 것이며 대부분 이런 보기 좋지 않은 상황이 만들어지기 전에 이전을 서두르기도 한다. 사업시행자 또는 시공사의 행위가 적절한가 적절치 못한가를 떠나서 현실에서 일어나는 이야기이다.

연고자가 없는 분묘는 사업시행자가 이전한다. 「장사 등에 관한 법률」에서 정한 분묘 개장(改葬)의 절차를 거쳐서 봉안당에 안치하는 것이 보통이다. 일반 공사와 같이 입찰의 절차를 통해 분묘개장공사를 실시할 업체를 선정하고 선정된 업체가 이전을 완료한다. 일반 공사와는 다르게 분묘개장 업체는 개토제와 같은 제례 절차를 충실히 이행하고 예를 다하여 이전 절차를 수행하며 이를 기록과 영상으로 모두 남긴다. 한편으로는 혼백이 무서워서일 것이고, 전통을 해치지 않으려는 노력으로도 보이며 또한 나중에 발생할 수 있는 연고자의 민원에 대비하기 위한 목적도 있다.

연고자가 없는 분묘로 파악을 하고 무연고 분묘 개장절차에 따라 이미 이전을 완료하였으나 한참 후에 갑작스럽게 연고자가 나타나기도 한다. 보통은 국외에 거주하였거나 고향에 수년 동안 왕래하지 않았던 경우 발생할 수 있는 사건이다. 고향의 부모님 산소를 오랜만에 찾았는데 산소의 흔적도 남아 있지 않고 주위는 온통 공사판이 벌어져 있을 때 느끼는 연고자의 황당함은 매우 클 것이다. 분노와 죄책감이 섞여 나타난다.

보통 이들은 불같이 화를 내며 사업시행자를 찾는다. 동시에 엄청난 배상을 요구하기도 한다. 수도권의 신도시 개발과정에서 부모님 분묘 1기당 1억 원의 배상을 요구한 사례도 있다. 이해는 가지만 사업시행자도 황당하기는 마찬가지이다. 수차례의 공고를 내고 연고자를 수소문하여 찾으며 현지에 팻말을 부착하는 등 분묘개장을 안내하고 독려하는 조치를 하였으나 연고자가 나타나지 아니하여 무연분묘 개장절차에 따라 임의로 이장을 하였는데 갑작스럽게 연고자가 나타나서 민원을 제기하면 당황스러울 수밖에 없다.

그런데 이런 경우 의외로 쉽게 문제가 해결되기도 한다. "부모님 산소를 도대체 언제 방문하고 이제 다시 방문하였느냐."고 오히려 사업시행자 담당자가 큰소리를 쳐 꾸짖으면서, 예를 다하여 부모님을 잘 모셨다고 그간 경위와 사정을 설명하여 복잡해 보였던 문제가 원활하게 해결되었던 사례도 있다.

영업손실에 대한
보상

공익사업이 시행되는 사업지구 내에는 주거용 건물뿐 아니라 많은 영업 시설과 사업체가 존재한다. 영업보상은 공익사업에 따른 영업의 폐지나 중단으로 인하여 공익사업이 없었더라면 얻을 수 있는 기대이익을 얻지 못한 것에 대한 보상이다. 보상의 대상이 되는 영업이란 일정한 장소에서 인적·물적 시설을 갖추고 계속하여 영리적인 행위를 하는 것을 의미한다. 그리고 영업보상의 대상이 되지 않더라도 시설물이나 비품, 물품의 이전비는 보상금으로 지급된다.

「공익사업을 위한 토지 등의 취득 및 보상에 관한 법률 시행규칙」 제45

조(영업손실의 보상대상인 영업)(조문 일부 수정)

영업손실을 보상하여야 하는 영업은 다음 각 호 모두에 해당하는 영업으로 한다.

1. 사업인정고시일 등 전부터 적법한 장소(무허가건축물 등, 불법 형질변경 토지, 그 밖에 다른 법령에서 물건을 쌓아놓는 행위가 금지되는 장소가 아닌 곳을 말한다)에서 인적·물적 시설을 갖추고 계속적으로 행하고 있는 영업. 다만, 무허가건축물 등에서 임차인이 영업하는 경우에는 그 임차인이 사업인정고시일 등 1년 이전부터 「부가가치세법」 제8조에 따

른 사업자등록을 하고 행하고 있는 영업을 말한다.

2. 영업을 행함에 있어서 관계 법령에 의한 허가 등을 필요로 하는 경우
에는 사업인정고시일 등 전에 허가 등을 받아 그 내용대로 행하고 있
는 영업

영업보상의 대상이 되기 위해서는 몇 가지 요건을 모두 충족하여야
한다. 시간적 요건과 장소적 요건, 인적·물적 시설 요건, 적법성 그리
고 영리 목적을 갖추어야 하며, 실질적인 영업 중단이 있어야 한다.

먼저, 영업은 사업인정고시일이나 기타 사업의 개시를 알리는 고시
일 이전부터 이루어지고 있어야 한다. 행위 제한 등의 기준일 이후에
시작된 영업도 보상 대상이 된다면 그 이후에도 보상금을 목적으로
많은 개업이 있을 것이며, 이는 국가 재원의 낭비를 가져올 뿐 아니라
여러 정의롭지 못한 결과를 낳을 것이다. 개업 일자는 통상 허가일
또는 등록일을 기준으로 하며, 각종 과세자료나 세무관서에서 담당
하는 사업자등록 일자를 참고하기도 한다. 시설물에 대한 과거 항공
사진 등도 활용된다. 아울러 영업은 계속하여 이루어지고 있어야 한
다. 과거에는 영업행위를 하였으나 물건조사 당시에 휴업상태라면 얻
을 수 있는 기대이익이 없기에 보상의 대상이 될 수 없다.

두 번째는 적법한 영업장소를 요건으로 한다. 대표적으로 무허가건
축물에서의 영업이나 노점상은 보상의 대상이 되지 아니한다. 그러나
노점상은 그렇다고 하더라도 무허가건축물에서의 영업을 모두 제외
하는 것은 적지 않은 문제점을 안고 있다. 따라서 모든 경우가 보상
에서 제외되지는 않는다.

우선 건축물을 꼭 필요로 하지 아니하는 업종이 있을 수 있다. 예를 들면 비닐하우스 화원 내에서 화분이나 꽃을 판매하는 영업은 행위 제한이 엄격한 개발제한구역 내가 아니라면 보상의 대상이 될 수도 있다. 건축물보다는 토지 자체가 주요 영업장이 되는 고물상도 토지의 지목이 합법적으로 변경된 경우라면 마찬가지이다. 시내의 도로상에 있는 시설물에서 구두를 닦는 사례는 국민권익위원회의 권고에 따라 영업보상이 이루어지기도 하였다.

또 다른 경우로 무허가건축물에서 영업하는 세입자가 문제 된다. 세입자는 자신이 임차한 건물이 무허가건축물인지 아닌지를 알지 못할 수도 있으며, 건축물의 허가 유무에 관계없이 정상적인 임대차계약을 체결하여 임대료를 지급하고 있었는데 임차한 건물이 무허가란 이유로 보상 대상에서 제외된다면 이는 예측 가능성을 넘어서는 너무 가혹한 처사가 될 수 있다. 따라서 임차인의 경우 사업인정고시일 등 1년 전부터 세무관서에 사업자등록을 하였다면 건축물의 허가 여부에 관계하지 않고 보상의 대상이 된다. 투기 목적 없이 해당 공익사업이 알려지기 훨씬 전부터 영업한 세입자들은 정상적인 영업자로 보고 이들을 보호하면서 보상을 목적으로 하는 무분별한 개업을 막기 위해 사업인정고시일 등 1년 전 사업자등록이라는 요건을 두고 있다.

세 번째는 인적·물적 시설을 갖추어야 한다. 겸업을 할 수 없는 자나 원격지 또는 해외 거주자가 영업자가 되는 때에는 보상의 대상이 될 수 없으며, 공장으로 등록하였는데 공장시설이 없거나 영업을 할 수 없는 주거 공간에서 사업자등록만 한 경우도 마찬가지다.

네 번째는 관계 법령에서 정한 허가 등을 필요로 하는 경우 사업인정고시일 등 전에 허가 등을 받아 그 내용대로 행하고 있어야 한다.

허가나 등록·신고가 필수적인 영업이라면 반드시 사업인정고시일 등의 전에 허가 등을 필하여야 하니 허가받지 아니하거나 신고하지 아니한 음식점, 등록하지 아니한 학원 등은 영업보상의 대상이 될 수 없다.

다섯 번째는 영리를 목적으로 하여야 한다. 대표적으로 유치원과 종교시설을 예로 들 수 있다. 유치원은 영리를 목적으로 하지 아니하는 교육 시설이기 때문에 영업보상의 대상이 될 수 없다. 실제 유치원을 설립하여 운영하는 이들이 자신의 인건비를 초과하는 수익이 있다고 하더라도 유치원이 형식상 영리를 목적으로 하지 않기 때문에 영업보상은 불가능하다. 참고로 「영유아 보육법」에 근거한 어린이집은 교육기관이 아니므로 영업보상의 대상이 된다고 한다. 종교시설도 마찬가지이다. 종교활동을 영업이라고 하기는 곤란하다. 영업보상의 대상에 해당하지 않는다면 시설물의 이전에 소요되는 비용이 보상금으로 책정된다. 사업지구 토지이용계획 범위 내에서 수용 가능할 때 토지와 건물을 동시에 보유한 유치원이나 종교시설에 대해 대체시설용지, 즉 이주대책이나 생활대책과 유사하게 보상금 외에 새로운 시설을 설치할 수 있는 토지를 분양한 사례도 있다.

그리고 공익사업을 원인으로 영업이 실질적으로 중단되어야 한다. 사무실은 사업지구 내에 소재하면서 실제 일 처리는 지구 외 현장에서 이루어지는 건설업이나 택배업, 사업지구 내의 영업장은 단순히 창고 역할을 하는 도매업 등은 사무실이나 창고 등을 이전한다 해도 실제 업무는 중단되지 않고 수익 활동은 계속될 것이므로 영업보상의 대상이 되지 아니한다. 이와 같은 영업의 보상액은 시설물과 상품·비품 등의 이전비로 책정된다.

영업보상은 영업의 폐지에 대한 보상과 영업의 휴업에 대한 보상으로 구분된다. 공익사업의 시행으로 현 장소에서 이전한 후 다른 곳에서는 영업을 영위할 수 없어 영업을 폐지하여야 하는 경우는 영업폐지의 보상, 영업장소를 이전하여야 하는 때에는 영업휴업의 보상이 된다. 폐업보상과 휴업보상의 가장 큰 차이는 보상금의 규모이다. 폐업보상은 2년, 휴업보상은 4개월 치의 소득을 보상하기 때문에 시설 이전비 등을 제외한 보상금의 차이는 6배에 이른다.

「공익사업을 위한 토지 등의 취득 및 보상에 관한 법률 시행규칙」 제46 조(영업의 폐지에 대한 손실의 평가 등)(조문 일부 수정)

① 공익사업의 시행으로 인하여 영업을 폐지하는 경우의 영업손실은 2 년간의 영업이익에 영업용 고정자산·원재료·제품 및 상품 등의 매각 손실액을 더한 금액으로 평가한다.

영업폐지의 요건으로 영업장소 또는 배후지의 특수성으로 인하여 다른 장소에 이전하여서는 영업을 할 수 없는 경우, 당해 지역 또는 인접 지역에서 영업의 허가 등을 받을 수 없는 경우, 해당 영업소가 소재하고 있는 지역 또는 인접 지역 안의 다른 장소로 이전하는 것이 현저히 곤란하다고 특별자치도지사·시장·군수 또는 구청장이 객관적인 사실에 근거하여 인정하는 경우 등 3가지를 제시하고 있으나 실무적으로 영업폐지의 보상이 이루어진 사례는 거의 없다. 과거에 주류 생산업과 같이 영업장소가 특정된 경우가 해당하였다. 보상액은 2년간의 영업이익에 영업용 고정자산·원재료·제품·상품 등의 매각손실액을 더한 금액으로 산정한다.

　대부분의 영업은 휴업보상의 대상이다. 많은 영업자가 보상 과정에서 현실적으로 폐업이 불가피하므로 폐업보상의 대상이 된다고 주장하지만 이러한 의견이 인정되는 경우는 거의 없다.

「공익사업을 위한 토지 등의 취득 및 보상에 관한 법률 시행규칙」 제47조(영업의 휴업 등에 대한 손실의 평가)(조문 일부 수정)

① 공익사업의 시행으로 인하여 영업장소를 이전하여야 하는 경우의 영업 손실은 휴업 기간에 해당하는 영업이익과 영업장소 이전 후 발생하는 영업이익감소액에 다음 각 호의 비용을 합한 금액으로 평가한다.

　1. 휴업 기간 중의 영업용 자산에 대한 감가상각비·유지관리비와 휴업 기간 중에도 정상적으로 근무하여야 하는 최소인원에 대한 인건비 등 고정적 비용

　2. 영업 시설·원재료·제품 및 상품의 이전에 소요되는 비용 및 그 이전에 따른 감손 상당액

　3. 이전광고비 및 개업비 등 영업장소를 이전함으로 인하여 소요되는 부대비용

② 제1항의 규정에 의한 휴업 기간은 4개월 이내로 한다.

⑤ 개인 영업으로서 휴업 기간에 해당하는 영업이익이 「통계법」 제3조 제3호에 따른 통계작성기관이 조사·발표하는 가계조사통계의 도시근로자가구 월평균 가계지출비를 기준으로 산정한 3인 가구의 휴업 기간 동안의 가계지출비에 미달하는 경우에는 그 가계지출비를 휴업 기간에 해당하는 영업이익으로 본다.

휴업 기간과 관련하여 다툼이 많은 편이다. 휴업 기간은 법령상 4개월 이내로서, 임시영업소를 설치하고 영업을 개시하여 조기에 휴업을 종료하는 등의 특별한 사정이 없다면 통상 4개월을 기준으로 한다. 4개월 이상도 가능할 수 있으나 이는 대규모 공장 등 아주 특별한 경우에만 해당한다. 식당을 예로 들더라도 부지확보 및 건물신축 또는 이전장소 물색 및 임대차계약 체결, 식당설비 설치, 홍보 활동 등 이전 및 개업에 4개월 이상 소요될 수 있으나 이러한 개업 준비 과정이 모두 인정되지는 않는다. 새로운 장소를 물색하거나 시설을 준비해야 하는 기간은 휴업 기간에 포함하지 않고, 현재 존재하는 보상대상 시설물의 기본적인 이전과 개업 준비에 필요한 기간을 휴업 기간으로 보는 듯하다.

휴업보상액은 개략적으로 휴업 기간 4개월 동안의 영업이익, 영업장소 이전 후 예상되는 영업이익 감소액, 영업시설 및 물품 이전비, 새로이 개업하는 데 소요되는 비용 등의 합계액으로 산정된다.

영업이익은 보통의 경우 가장 큰 보상금 항목이다. 영업이익의 수준을 찾아내는 것은 감정평가사의 역할이다. 영업자가 제시하는 매출자료, 탐문 조사에 의한 추정치, 동종 업종의 평균적인 매출 및 이익 규모 등을 종합적으로 고려하여 영업에 따른 이익을 산정한다. 보통의 경우는 영업자들이 매출자료를 제공하여 이를 기준으로 하고 있다. 영업보상 대상자는 적극적으로 매출자료를 제공하는 것이 적절하다.

일부 제공된 자료는 신빙성에 의심을 가질 수 있을 정도로 과도하게 포장된 사례도 있다. 그런데 보상금을 많이 받기 위해 법의 테두리를 벗어나 자료를 위·변조하는 것은 적절하지 않다고 본다. 거짓의 자료를 제공하여 보상금을 받는 자에 대한 벌칙을 정한 조항도 토지보상법에 마련되어 있다.

「공익사업을 위한 토지 등의 취득 및 보상에 관한 법률」 제93조(벌칙)

① 거짓이나 그 밖의 부정한 방법으로 보상금을 받은 자 또는 그 사실을 알면서 보상금을 지급한 자는 5년 이하의 징역 또는 3천만 원 이하의 벌금에 처한다.

② 제1항에 규정된 죄의 미수범은 처벌한다.

고의로 오류가 있는 자료를 제공하였다고 하여 모두 법적 처리까지 요청하지는 않겠지만 작은 욕심이 자칫 화를 불러올 수 있으니 영업보상 대상자들은 주의해야 할 것이다.

영업장소 이전 후 예상되는 영업이익 감소액은 통상 영업이익의 일정 비율, 예를 들면 20퍼센트 정도로 계산된다.

영업시설 및 물품의 이전비는 지장물인 공작물 또는 동산의 감정평가와 같은 방법으로 산정한다. 사업시행자는 물건조서를 작성하며, 이를 바탕으로 하여 감정평가사는 실지조사를 실시하고 물건의 가격 범위 내에서 이전비를 기준으로 보상금을 산정한다.

새로 개업하는 데 소요되는 비용은 개업비, 광고비 등이 해당한다. 간판의 설치와 같은 시설에 관련된 비용은 포함되지 아니하며, 개업식을 한다든가 명함을 새로이 만든다든가 홍보용 전단지를 돌리는 것과 같은 개업을 위해 필요한 비용이다. 이 비용은 통상 개별 영업장별로 산정하기보다는 업종별로 구분하여 규모가 유사한 동일 업종은 대부분 같은 금액으로 산정한다.

특이한 점은 토지보상법 시행규칙 제46조 제5항이다. 법인이 아닌 개인 영업의 경우 도시 근로자가구 월평균 가계지출비를 기준으로 산정한 3인 가구의 휴업 기간 가계지출비를 휴업의 최저 보상액으로 한다는 규정이다. 위 금액은 2020년 기준 약 1,739만 원 정도이다. 그런데 많은 소규모 영업은 휴업보상액이 이 금액을 초과하지 못한다. 4개월의 영업이익이 이 금액을 초과하기 위해서는 월평균 영업이익이 434만 원이 되어야 하나 골목에서 소규모로 영업하는 상당수의 영세 영업장이 이 금액에 미치지 못하고 있다. 이는 영업이익이 크지 아니한 소규모 영업을 영위하고 있는 자에게 최소한 보상금을 보장하기 위한 장치로 보인다. 시설 이전비 등을 제외하고 실제로 지급되는 휴업보상액의 최저금액은 위 최저액에 영업이익 감소액이 20퍼센트라면 이를 더한 2,086만 원 정도이다.

그런데 이러한 긍정적인 규정이 논란의 씨앗이 되기도 한다. 현실적으로 규모나 영업능력에 따라 영업장별로 영업이익의 차이가 있을 수밖에 없는데 지급되는 보상금은 그 차이가 상대적으로 크지 않으므로 비교적 영업이익이 큰 영업장에서 불만이 나오기도 한다. 사례를 들어 월평균 500만 원의 이익을 내는 식당과 바로 옆에 있는 월평균 200만 원의 이익을 내는 식당을 비교해 보자. 시설 이전비 등을 제외한 전자의 4개월 휴업보상액은 2,000만 원이며 후자는 800만 원이 아니라 최저 보상액이 적용된 1,739만 원이다. 500만 원의 수익을 내는 가게의 입장에서 옆 가게의 매출이나 이익 규모가 짐작되는데 우리 가게와 큰 차이가 없으니 보상금의 산정에 의문을 품게 되며, 이러한 의문이 보상 과정 전체의 불신으로 나타나는 것을 목격할 수 있다.

영업보상과 관련하여 빼놓을 수 없는 것이 이른바 용산 참사이다. 용산 참사는 2009년에 발생한, 용산 재개발 보상대책에 반발하던 철거민과 경찰이 대치하던 중 화재로 사상자가 발생한 사건이다.[28] 사건의 배경과 내용을 구체적으로 언급할 수는 없으나 임차인인 영업자의 권리금 등이 포함되지 아니한 영업보상금이 문제의 출발점이 되었다. 권리금의 보상에 대해 국회와 정부에서 여러 검토가 있었지만 뚜렷한 해결책을 제시하지는 못하였다. 수많은 사상자가 발생하고 큰 사회적 논란이 되었어도 그 결과치는 기존의 휴업보상액 산정 기간 3개월을 4개월로 연장하는 토지보상법 시행규칙 개정이었다.

---

28) "용산참사", 시사상식사전, 『네이버 지식백과』.

이주대책과
생활보상

    공익사업이 시행되는 과정에서 가장 불안할 수밖에 없는 이들은 실제 사업지구 안에서 거주하고 있는 주민들이다. 짧게는 몇 년, 길게는 태어나서부터 수십 년을 그곳에서 거주하여 온 이들의 불안감을 경험해 보지 않은 사람들이 이해하기가 쉽지는 않을 것 같다. 비록 그 금액 수준에 만족하지 못하는 사람이 많더라도 토지만을 소유한 이들에게는 보상금이라는 대가를 통해 형식상 등가교환이 성립한다. 그러나 정든 고향, 손때 묻은 옛집은 천금으로도 보상이 되지 않을 것이며, 현실적으로 이들에게는 당장 이사 가야 할 새로운 집을 찾아나서야 하는 절박함이 코앞에 닥쳐 있다.

    심리적인 것을 포함한 이 모든 손실을 완벽하게 보상할 수 있는 수단이 있었으면 좋겠지만 그것은 거의 불가능에 가깝다. 이 때문에 충분하지는 못하겠지만 기존 거주자들의 이사와 그리고 새로운 곳에서의 정착에 도움이 될 수 있는 안전장치를 제도적으로 보장하고자 하는 것이 이주대책과 생활보상이다. 일반적으로 이주대책보다는 생활보상이 더 넓은 의미를 지니며, 이주대책은 생활보상의 한 가지 수단인 것으로 본다. 토지보상법의 이주대책에 관한 규정은 다음과 같다.

「공익사업을 위한 토지 등의 취득 및 보상에 관한 법률」 제78조(이주대책의 수립 등)(조문 일부 수정)

① 사업시행자는 공익사업의 시행으로 인하여 주거용 건축물을 제공함에 따라 생활의 근거를 상실하게 되는 자를 위하여 이주대책을 수립·실시하거나 이주정착금을 지급하여야 한다.

「공익사업을 위한 토지 등의 취득 및 보상에 관한 법률 시행령」 제40조(이주대책의 수립·실시)(조문 일부 수정)

② 이주대책은 국토교통부령으로 정하는 부득이한 사유가 있는 경우를 제외하고는 이주대책대상자 중 이주정착지에 이주를 희망하는 자의 가구 수가 10호(戶) 이상인 경우에 수립·실시한다. 다만, 사업시행자가 이주대책대상자에게 택지 또는 주택을 공급한 경우에는 이주대책을 수립·실시한 것으로 본다.

「공익사업을 위한 토지 등의 취득 및 보상에 관한 법률 시행령」 제41조(이주정착금의 지급)(조문 일부 수정)

사업시행자는 다음 각 호의 어느 하나에 해당하는 경우에는 이주대책대상자에게 이주정착금을 지급하여야 한다.
1. 이주대책을 수립·실시하지 아니하는 경우
2. 이주대책대상자가 이주정착지가 아닌 다른 지역으로 이주하려는 경우

「공익사업을 위한 토지 등의 취득 및 보상에 관한 법률 시행규칙」 제53조(이주정착금 등)(조문 일부 수정)

> ② 이주정착금은 보상 대상인 주거용 건축물에 대한 평가액의 30퍼센트에 해당하는 금액으로 하되, 그 금액이 6백만 원 미만인 경우에는 6백만 원으로 하고, 1천2백만 원을 초과하는 경우에는 1천2백만 원으로 한다.

이주대책의 대상자는 공익사업의 시행으로 인하여 주거용 건축물을 제공함에 따라 생활의 근거를 상실하게 되는 자로 하고 있다. 주거용 건축물을 제공하여 생활의 근거가 상실된다고 보기 때문에 상가건물이나 공장 등의 소유자와 주거용 건축물을 소유하지 않은 세입자는 해당하지 않는다. 무허가건축물, 불법용도변경 건물도 마찬가지이다. 그리고 생활 근거의 상실은 실제 거주하다가 보상으로 인해 불가피하게 이주하는 것을 의미할 것이므로 사업인정고시일 등의 이전부터 보상계약이 체결되는 시점 등까지 계속하여 사업지구 내에 거주해야 하는 것을 요건으로 한다. 즉, 이주대책의 대상자가 되기 위해서는 주거용건물을 소유하고 사업지구 내에 거주하고 있어야 하는, 소유와 거주 두 가지 요건을 모두 충족해야 한다.

이주대책의 내용은 이주정착지의 조성, 이주자택지 또는 이주자 주택의 공급, 이주정착금 지급 등이다. 이주대책을 원하는 대상자가 10호 이상인 때에는 이주정착지를 조성하거나 택지 또는 주택을 공급하여야 한다. 이러한 방법은 공익사업의 성격이나 주민의 현 거주환경 또는 성향 등에 따라 그 실행의 가능성이나 선호도에 차이가 있다.

주로 집단 마을을 포함하는 산간이나 농촌 지역에서 광범위한 범위로 이루어지는 댐 건설의 경우 이주정착지의 조성이 선호되었다. 댐 건설의 특성상 사업지구 내에 택지나 주택을 새로 마련하여 공급할 수 없으며, 농촌이나 산간지역에서 오랫동안 인연을 맺어온 마을 주민들이 새로운 정착지에 다시 모여서 사는 것을 선호하였기 때문이다. 댐 건설로 인하여 기존의 마을은 수몰이 되고 인근 지역에 새로운 주택단지를 조성하여 이주자들이 거주할 수 있도록 한 것이 대표적인 이주정착지 조성을 통한 이주대책이다.

수도권의 신도시와 같은 대규모 택지개발사업에서는 이주자택지의 공급이 주를 이루고 있다. 사업지구 내에서 토지이용계획에 따라 새로이 조성되는 단독주택용지를 확보하고 이를 대상자들에게 분양하는 방식이다. 택지개발사업인 만큼 단독주택용지는 사업지구 내에 계획되기 때문에 새로운 택지를 조성하는 것과 같은 번거로움이 없이 비교적 손쉽게 수립할 수 있는 이주대책이다. 이주대책 대상자들의 선호도도 높은 편이다. 인기가 많은 새로이 조성되는 단독주택용지를 경쟁 없이 비교적 저렴한 가격으로 분양받을 수 있기 때문이다.

이주정착지를 조성할 때 사업시행자는 도로와 같은 생활에 필수적인 기반시설을 설치하여야 하며, 같은 취지로 이주자택지를 공급할 때에도 택지조성원가에서 기반시설 설치비용에 상당하는 금액을 공제한 가격으로 분양가격이 책정되므로 이주자택지의 분양가격은 매우 저렴하다. 개발사업지구 조성토지의 일반적인 수요자는 추첨이나 입찰을 통해서 감정평가액 또는 낙찰가액으로 토지를 분양받아야 하나 이주대책 대상자들은 경쟁 없이 택지조성원가보다 낮은 가격으로 분양을 받으니 이주 문제의 해소를 넘어 큰 경제적 혜택이 될 수 있다.

특히 토지이용계획에 분포된 여러 단독주택용지 중에서 선호도가 높은 토지를 선택할 수 있는 혜택을 부여받은 사례도 있다. 앞에서 언급한 보상대책위원회 등의 교섭능력에 따라 사업시행자와의 협의를 통해 더욱더 좋은 위치를 선택할 수 있었으며, 이주대책 대상자들은 큰 경제적 이득을 얻는 것이 가능하였다.

그런데 비록 좋은 위치의 단독주택용지를 저렴한 가격으로 분양받았다 해도 수령한 보상금이 적어 주택을 건축하는 것이 불가능하거나 토지의 분양대금을 치르지 못하는 이주자들도 있을 수 있다. 이들을 위해 이주자택지는 보통 한 차례에 한정하여 다른 사람에게 매매할 수 있도록 허용되고 있다.

택지를 분양받을 대상자로 확정되었다면 토지의 실체가 분명하지 않거나 없는 상태에서도 이주자택지를 분양받을 수 있는 권리가 매매되기도 한다. 이것이 이른바 '딱지'라고 하는 권리이다. 경제적 능력이 다소 부족한 이주자들은 이러한 '딱지'의 매매를 통하여 조기에 이익을 얻고, 이를 전매한 새로운 소유자들은 장래의 위험부담이 고려된 다소 저렴한 금액으로 단독주택용지를 확보하여 건축물을 짓는 구조가 합법적으로 형성되었다. 이주자택지의 위치가 이미 지도상에 확정된 경우는 물론 위치마저 정해지지 않은 때에도 그 수분양(受分讓) 권리만으로 거래금액이 형성되어 '딱지'의 거래가 이루어지기도 한다.

기존 도심에 소규모로 이루어져 토지이용계획에 단독주택용지가 없이 아파트만을 건설하거나 단독주택용지의 수가 부족한 사업지구에서는 이주대책의 하나로 아파트를 공급한다. 한 사업시행자가 도로개설사업과 아파트건설사업을 거의 동시에 시행할 때 도로개설사업의 이주대책 대상자들에게 다른 공익사업지구의 아파트를 공급하기도 하였다.

다른 사람의 소유 주택에 거주하고 있는 세입자들은 이주대책의 대상이 될 수 없다. 이들의 처지는 주택의 소유자보다 더욱 곤란하겠지만 현행 법령상 세입자에게는 이주대책을 수립할 수 없고, 주거이전비를 지급하거나 사업지구 내에 건설되는 임대아파트의 입주권을 부여하여 주거안정에 도움이 될 수 있도록 하고 있다.

이주정착지를 조성할 수 없거나 토지 또는 주택을 공급할 수 없는 때에는 이주정착금을 지급하여야 한다. 도시계획시설 도로와 같이 택지나 주택의 공급이 불가능한 소규모 개발사업의 경우에는 이주대책의 수립이 현실적으로 불가능한 경우가 많다. 새로운 이주정착지를 조성하는 것은 배보다 배꼽이 더 큰 상황일 수 있으며, 사업 특성상 분양할 토지는 없다. 이런 때에는 불가피하게 이주정착금의 지급을 통해 이주대책을 대신하여야 한다.

이주정착금은 600만 원에서 1,200만 원의 범위에서 주거용건물 보상액의 30퍼센트로 책정된다. 현금 지급을 통해 이주민의 새로운 주거안정에 도움을 주는 긍정적인 장치이다. 그러나 불가피한 경우라고 하지만 이주정착지 조성이나 이주자택지의 공급에 비해 이주자들에게 주어지는 경제적 혜택은 상대적으로 너무 적은 편이다.

생활보상은 공익사업의 시행으로 인하여 생활기반을 상실한 자에게 종전의 생활 상태를 유지·회복시키기 위해 행하는 보상을 말한다. 재산권의 대물보상만으로는 충분하지 못한 점이 있으므로 더 나아가 종전과 같은 수준의 생활 상태를 보장하기 위해 등장한 것이 생활보상이다. 생활보상은 재산권 보상 외에 추가로 이루어지는 보상으로 이해되고 있다.

대표적인 생활보상은 앞에서 언급한 이주대책이다. 그 외에 생활대책용지 공급, 휴직보상, 실직보상, 주거이전비, 이농비, 이어비, 주거용 건축물의 보상 최저한도 등이 있으며, 그리고 공익사업지구 밖에 소재하나 사업시행으로 손실이 발생하는 것에 대한 보상인 간접보상도 생활보상에 포함될 수 있다. 실제 보상 과정에서 자주 적용되는 생활대책용지와 주거이전비에 대해서 설명하고자 한다.

생활대책용지의 공급은 택지나 산업단지 개발사업에서 적용한 거주자와 영업자를 위한 생활보상의 하나이다. 공익사업의 시행으로 생활 근거를 상실한 이주대책 대상자들과 정상적인 영업을 영위하다 영업보상을 받은 자들을 대상으로, 보상금 지급에 더하여 추가로 상업용 토지를 공급하는 생활대책의 한 방법이다. 그런데 공급의 대상물이 되는 상업용 토지가 해당 공익사업지구 내에 조성되는 때에만 적용 가능하다는 한계가 있다. 이주대책 대상자로서 순수 주택용지가 아닌 점포주택용 이주자택지를 분양받은 자는 대상에서 제외하기도 한다. 사례를 보자.

광주빛그린산업단지 보상안내문: 생활대책(2012년 7월)

- 대상자
  1. 이주대책 수립대상자
  2. 산업단지정고시일 이전부터 보상계약체결일 또는 수용재결일까지 당해 사업지구 안에서 영업을 한 자로서 영업보상 등을 받은 자
- 공급기준: 근린생활시설용지 또는 지원시설용지 20㎡~27㎡ 이하

- 공급가격: 감정가격
- 공급방법: 공급대상자들로 구성된 조합에 공급, 생활대책용지 공급신청 조합을 대상으로 위치 추첨

　생활대책용지는 주로 개발사업지구 내의 근린생활시설용지나 지원시설용지 등 상업용 건축물의 건축이 가능한 새로 조성되는 토지이다. 상업용 건축물을 이용하여 기존의 생업 또는 새로운 사업의 영위가 가능하도록 하는 취지이다. 가격은 감정평가액으로 결정된다. 일면 제값을 주고 토지를 분양받는다고 생각할 수 있으나, 상업용 토지는 통상 경쟁입찰의 방식으로 공급되기 때문에 입찰을 거치지 아니한 토지 가격은 사실상 저렴한 수준이다.

　특이한 것은 개인별로 1필지의 토지는 공급할 수 없다는 점이다. 개인별로 하나의 토지를 공급하는 것은 공급물량과 대상자의 수를 고려할 때 불가능하거나 그 취지에 비추어 과도한 규모일 수 있기 때문이다. 따라서 공급대상자들이 그룹을 지어 조합을 결성하고 그 조합에 1필지의 토지를 분양하는 방식이 택해진다.

　20제곱미터를 분양받을 수 있는 대상자 20명이 모여 조합을 결성하면 이 조합에 400제곱미터의 토지를 제공한다. 조합은 분양받은 토지 위에 건물을 신축하고 각 조합원이 규약에 따라 일정한 부분을 소유할 수 있다. 용적률 500퍼센트를 적용하여 건축이 이루어진다면 추가로 건축비를 부담할 경우 단순히 계산했을 때 1인당 평균 100제곱미터의 상가를 가질 수 있다.

　분양받는 개인별 토지면적은 대상자가 기존 가옥이나 영업용 건물의 소유자였는지 혹은 세입자였는지에 따라 달라진다. 부동산을 소

유하면서 거주하거나 영업을 한 자들과 영업용 시설을 소유는 하지 않고 임차하여 영업한 자들 각각에 대해 서로 차능을 두고 있다.

그런데 생활 안정을 위한 대책이라는 명분과는 다르게 많은 대상자가 주로 소규모 가옥소유자나 영세한 임차 영업자들이기 때문에 토지를 분양받아 건축하고, 그 건물을 다시 자신들의 영업용으로 사용한다는 것이 쉽지만은 않은 실정이다. 그래서 처음 의도와는 다르게 이 생활대책용지의 수분양 권리가 여기에서도 '딱지'로 거래되는 사례를 목격할 수 있다. 이주자택지와 마찬가지로 대상자들은 단순히 토지 지분에 해당하는 지가 차이를 이득으로 얻고, 그 토지는 자금력을 가진 다른 사람들이 매입하여 실제 건축하는 사례가 있다.

주거이전비는 주거용건물에 거주한 자들에 대한 대책이다. 주거용건물의 소유자와 세입자가 모두 포함된다. 소유자든 세입자든 거주를 이전하는 자들에게 현금을 직접 지급하여 이들의 생활 안정에 도움을 주고자 하는 제도로 이해된다.

「공익사업을 위한 토지 등의 취득 및 보상에 관한 법률 시행규칙」 제54

조(주거이전비의 보상)(조문 일부 수정)

① 공익사업 시행지구에 편입되는 주거용 건축물의 소유자에 대하여
는 해당 건축물에 대한 보상을 하는 때에 가구원 수에 따라 2개월분
의 주거이전비를 보상하여야 한다. 다만, 건축물의 소유자가 해당 건
축물 또는 공익사업 시행지구 내 타인의 건축물에 실제 거주하고 있
지 아니하거나 해당 건축물이 무허가건축물 등인 경우에는 그러하

지 아니하다.

② 공익사업의 시행으로 인하여 이주하게 되는 주거용 건축물의 세입자
로서 사업인정고시일 등 당시 또는 공익사업을 위한 관계 법령에 의
한 고시 등이 있은 당시 해당 공익사업 시행지구 안에서 3개월 이상
거주한 자에 대하여는 가구원 수에 따라 4개월분의 주거이전비를 보
상하여야 한다. 다만, 무허가건축물 등에 입주한 세입자로서 사업인
정고시일 등 당시 또는 공익사업을 위한 관계 법령에 의한 고시 등이
있은 당시 그 공익사업지구 안에서 1년 이상 거주한 세입자에 대하
여는 본문에 따라 주거이전비를 보상하여야 한다.

주거용 건축물의 소유자는 소유 건물이 무허가건축물이 아닐 것과
본인이 사업지구 내에 거주하고 있을 것을 요건으로 한다. 본인 소유
주택이 아니라면 다른 주택에라도 거주하고 있어야 한다. 세입자이면
서 사업지구 내에 다른 주택을 보유한 자는 세입자가 아닌 주거용 건
축물의 소유자로 분류된다.

주거용건물의 세입자는 소유자와 달리 사업인정고시일 등 특정 일
자 3개월 이전부터 사업지구 내에 거주하여야 한다. 3개월의 기간을
앞당겨 적용한 것은 공익사업의 소문이 있을 때마다 어떤 혜택을 바
라는 전입신고가 이루어져 왔기 때문으로 보인다. 세입자의 지위는
부동산의 매매 없이 전입신고만으로 손쉽게 획득할 수 있으므로 건
물의 소유자와는 다른 기준을 적용한 듯하다.

무허가건축물 거주자도 차이가 있다. 무허가건축물의 소유자는 주
거이전비의 지급 대상이 되지 못하나 세입자는 사업인정고시일 등 특
정 일자 1년 전부터 거주한 자라면 지급 대상이 된다. 1년이라는 상

당한 기간 이전부터 정상적인 계약을 체결하고 임차료를 지급하면서 거주하고 있는 세입자까지 투기 목적이 있다고 의심하여 내상자에서 제외하는 것은 적절하지 않다는 의미 같다.

주거이전비 지급 액수는 통계상의 월평균 가계지출비를 기준으로 산정하며 가구원 수에 따라 달라진다. 그리고 주거용건물 소유자는 2개월 치, 세입자는 4개월 치로 한다는 차이가 있다. 통상적으로 세입자는 토지나 물건의 보상금이 없다는 점을 고려한 것으로 보인다.

2020년도 적용 가옥소유자와 세입자의 주거이전비는 개략적으로 다음과 같다. 가옥소유자는 월평균 가계지출비의 2개월분으로서 1인 가구는 약 470만 원, 4인 가구는 약 1,080만 원이며, 세입자는 월평균 가계지출비의 4개월분으로서 1인 가구 약 950만 원, 4인 가구는 약 2,160만 원 정도이다.

사회의 민주화와 더불어 국민의 권리의식이 높아지고 복지에 관심이 증가하면서 갈수록 대물적인 재산권의 보상 외에 종전의 생활 상태를 유지·회복시킬 수 있는 생활보상의 중요성이 커지고 있다. 국민의 재산권 보호와 복리 증진을 위해서도, 공익사업의 원활한 추진을 위해서도 보상을 받는 이들을 위한 관련 제도의 개선은 계속되어야 할 것이다. 비록 공익사업을 시행하는 과정에서 다소의 비용 증가가 예상되더라도 생활보상의 확대는 바람직한 방향이라고 본다.

용어 정리

- **가격시점**(價格時點)

  보상액 산정의 기준이 되는 시점. 협의에 의한 경우에는 협의 당시, 재결에 의한 경우에는 재결 당시를 가격시점으로 한다.

- **간접보상**(間接補償)

  토지·건물 등이 사업지구 밖에 위치하여 직접 공익사업에 제공되지 않았으나 해당 사업으로 인하여 본래의 기능을 발휘할 수 없을 때 그 소유자 등이 입은 손실을 보상하는 것.

- **감정평가**(鑑定評價)

  토지 등의 경제적 가치를 판정하여 그 결과를 가액으로 표시하는 것. 부동산을 조사하고 분석하여 가격을 결정하는 작업.

- **개별공시지가**(個別公示地價)

  표준지공시지가를 기준으로 시장·군수·구청장이 조사·산정하여 공시하는 개별 토지의 지가.

- **공용수용**(公用收用), **수용**(收用)

  특정한 공익사업을 위해 사업의 주체가 국가권력에 의해 타인의 특정한 재산권을 강제적으로 취득하는 것.

- **공탁**(供託)

  수용재결이 있었으나 보상금을 지급할 수 없는 특별한 사정이 있는 경우, 즉 토지 등의 소유자가 보상금의 수령을 거부하거나 보상금을 받을 자를 알 수 없을 때 공탁 기관인 법원에 보상금 상당액을 맡겨 놓는 것. 이로써 사업시행자는 보상금 지급 의무를 다하고 수용의 효과를 얻을 수 있다.

■ **물건조사(物件調査), 지장물조사(支障物調査)**

공익사업을 따른 손실보상의 대상물을 확정하기 위해 사업시행자가 사업지구 내의 토지 위에 있는 물건의 종류, 수량, 규격 등을 조사하는 행위.

■ **물건조서(物件調書)**

공익사업을 위해 협의에 의한 취득, 재결에 의한 수용을 필요로 하는 토지와 그 토지 위에 있는 물건의 내용을 사업시행자가 일정한 절차를 거쳐 작성하는 문서.

■ **미지급용지(未支給用地)**

종전에 시행된 공익사업의 부지로서 보상금이 지급되지 아니하였으나 새로운 공익사업지구에 편입되어 보상의 대상이 된 토지.

■ **보상계획공고(補償計劃公告)**

토지조서와 물건조서의 내용을 소유자 또는 관계인에게 열람시키고 소유자 또는 관계인의 이의신청을 받아들여 보상의 대상을 확정시키며 일반적인 보상의 절차와 추진 일정, 토지소유자에 의한 감정평가사 추천제도 등을 알리는 절차.

■ **보상채권(補償債券)**

현금 대신에 보상금으로 지급하는 국가에서 발행하는 무기명 채권.

■ 보상협의회(補償協議會)

보상액 평가를 위한 사전 의견수렴에 관한 사항, 잔여지의 범위 및 이주대책
수립에 관한 사항, 토지소유자나 관계인 등이 요구하는 사항 중 지방자치단체
의 장이 필요하다고 인정하는 사항 등을 협의하기 위하여 공익사업이 시행되
는 해당 지방자치단체의 장이 설치하는 기구. 위원 중 3분의 1 이상은 토지소
유자 또는 관계인으로 구성하여야 한다.

■ 부동산가격공시(不動産價格公示)

적정한 가격형성과 각종 조세·부담금 등의 형평성을 도모하고자 국가 또는 지
방자치단체가 토지, 주택 등 부동산의 적정가격을 공시하는 것.

■ 사실상의 사도(私道)

공도 또는 「사도법」상의 사도가 아닌 도로로서, 토지소유자가 자신의 토지의
편익을 위해 설치하거나 토지소유자가 그 의사에 의하여 타인의 통행을 제한
할 수 없는 도로. 타인의 통행을 제한할 수 없다는 말은 도로의 상태가 자연
적 관습적으로 굳어져 개인이 그 도로부지 토지소유권을 갖고 있다 하여도
임의로 차단할 수 없다는 의미이다.

■ 사업시행자(事業施行者)

공익사업을 수행하는 자로서 보상의 주체가 된다. 정부기관, 지방자치단체, 정
부투자기관 등 공공기관은 물론 민간사업자도 사업시행자가 될 수 있다.

■ 사업인정(事業認定)

토지를 수용할 사업이 공익사업에 해당하는 것으로 인정하는 것. 대부분은 공

익사업의 시행을 규정한 개별 법률의 개발계획승인, 실시계획승인, 지구지정, 도로구역결정 등 처분이 사업인정의 효과를 발생시키는 구체적 모습이다.

- **선하지(線下地)**
  송전선로가 지나가는 그 아래의 토지.

- **손실보상(損失補償), 보상(補償)**
  공공필요에 의한 적법한 행정상의 공권력 행사에 의하여 사인에게 가하여진 재산상의 특별한 희생에 대하여, 사유재산권의 보장과 공평 부담이란 견지에서 행정주체가 행하는 조절적인 재산권 보전. 공익사업을 위해 토지 등을 수용하고 그 대가로 금전 등을 지급하는 것.

- **수분양권(受分讓權)**
  사업시행자가 수립한 이주대책용 택지나 아파트, 생활대책용지 등을 받을 수 있는 구체적인 권리.

- **수용재결(收用裁決)**
  협의가 불가능하거나 협의가 성립되지 않은 때에 관할 토지수용위원회에 의하여 보상금의 지급 또는 공탁을 조건으로 하는 수용의 효과를 완성하여 주는 행정행위. 이의재결에 대비되어 지방토지수용위원회의 재결이나 중앙토지수용위원회의 1차 재결을 칭하는 용어로 사용되기도 한다.

- **이의재결(異議裁決)**
  통상 수용재결에 불복하고 이의신청을 하였을 때 중앙토지수용위원회에서 이루어지는 재결.

■ **이주대책**(移住對策)

공익사업의 시행으로 인하여 주거용 건축물을 제공함에 따라 생활의 근거를 상실하게 되는 자에게 제공하는 이주정착지의 조성, 이주자택지 또는 이주자 주택의 공급, 이주정착금 지급 등의 조치.

■ **잔여지**(殘餘地)

동일인 소유의 일단의 토지 일부로서, 보통 사업지구의 경계에 위치하여 일부 는 편입되고 남은 자투리 토지.

■ **재결신청의 청구**(請求)

사업인정고시가 된 후 협의가 성립되지 아니하였을 때 사업시행자가 재결신청 을 지연하여 토지소유자 등에게 불이익이 가지 않도록 토지소유자 등이 사업 시행자에게 조속히 수용재결을 신청하여 줄 것을 청구하는 것. 사업시행자는 청구를 받은 날부터 60일 이내에 관할 토지수용위원회에 재결을 신청하여야 한다.

■ **지가변동률**(地價變動率)

전국의 지가변동상황을 조사하여 토지정책수행 및 감정평가 시 시점수정 등 을 위한 자료로 활용하기 위하여 매월 국토교통부 장관이 발표하는 지가지수 의 기준시점과 비교시점의 비율.

■ **지장물**(支障物)

공익사업 시행지구 내의 토지에 정착한 건축물·공작물·시설·입목·죽목 및 농 작물 그 밖의 물건 중에서 당해 공익사업의 수행을 위하여 직접 필요하지 아니한 것. 사업시행자가 반드시 취득할 필요가 없고 이전시킬 수 있다면 이전을 시켜야 하는 물건을 말하며, 보상금은 물건의 가격 내에서 이전비로 산정된다.

■ **토지수용위원회(土地收用委員會)**

토지 등의 수용과 사용에 관한 재결을 관장하는 기관. 국토교통부에 설치된 중앙토지수용위원회와 각 특별시, 광역시, 도에 설치된 지방토지수용위원회가 있다.

■ **표준지(標準地)**

토지이용 상황이나 기타 자연적, 사회적, 행정적 조건이 일반적으로 유사하다고 인정되는 일단의 토지 중 대표적인 토지. 국토교통부 장관이 결정·공시하는 표준지의 가격을 표준지공시지가라 한다.

■ **행정대집행(行政代執行)**

행정상의 대체적 작위의무를 이행하지 않을 때 행정청이 나서서 의무자 대신에 직접 그 의무를 이행하거나 또는 제3자로 하여금 이를 이행하게 하고 그 비용을 의무자로부터 징수하는 것. 물건의 보상을 받은 자가 그 물건의 이전 의무를 이행하지 아니할 때 행정기관이 대신하여 이를 이전하고 그 비용을 보상을 받은 자에게 징수할 수 있다.

■ **협의취득(協議取得)**

일반인의 사적 거래인 매매와 유사한 형식을 취하는 공공용지 확보 과정. 강제적 방법인 수용에 의한 취득에 대비되는 개념으로서, 자발적 의사를 바탕으로 하는 것을 의미하나 협의가 성립되지 아니할 때 수용에 의한 취득이 전제되고 있어 사적인 매매계약과 유사하다고 볼 수는 없다. 협의에 의한 취득은 「민법」상 승계취득이다.

- **환매권(還買權)**

  공익사업을 위해 토지를 취득하였으나 그 사업이 폐지되거나 변경되어 토지의 전부 또는 일부가 필요 없게 된 경우 이를 전 소유자가 다시 매수할 수 있는 권리.